ハンメの詩

梁川 玄太郎
朴 泰植

自伝

カナリア書房

ハンメの詩　目次

プロローグ …… 5
一 …… 8
二 …… 24
三 …… 54
四 …… 79
五 …… 124
六 …… 174
七 …… 199
八 …… 226
九 …… 247
十 …… 281
エピローグ …… 323

私の思う在日とは？……359
主な登場人物の現在……361
私の現在……366

プロローグ

東京拘置所の冬は限り無き寒さを感じずにはいられないほどの冷気にあった。当然桑田親分もこの東京拘置所に収監されているに決まっている。その事を思うと私の胸の中で厳しい冷気は一層のものとなっていた。

この頃は日本での通名として梁川博史を名乗っていたが、ここでは本名の朴 泰植と呼ばれている。在日という存在は、二つの名前を持つのが通常であったが、ここではそれが許されないのだ。

１Ｆにある私の房には何故か鉄の網戸がついている。網戸越しに二匹のネコが歩いているのが見える。エサを与えてくれる房を探しているのだろう。網戸の隙間から裂いたスルメを外に放る。

「ニャー、ニャー」

ネコ達は独居房に居る私にとって、とても近づきたくなる存在に変わっていた。

時が過ぎ、季節も移っていく。二匹のネコのうち片方のお腹が大きい。きっと妊娠しているのだろう。

しばらくすると、ネコ達は四匹の子ネコを連れてくるようになった。出産祝いにいつもより多めにスルメをやった。

「ニャー、ニャー」

本当にかわいい声だ。

人間も動物も親と子の愛情は何ら変わらないように感じる。生き物はみんな優しい魂にあるのに、人の道は多方の団体に染まり、生きてゆく。環境とはその川の向うとこちら側の違いにあって、正義と悪を問うのだ。その川を渡りたくても弱者の力では渡り切れない激しい流れが待ち受けている。でも人は命がある限り、生きてゆかなくてはならない宿業に、その全ての力を注ぐだけで精一杯なのかもしれない。

また季節が過ぎ去ると親ネコの姿は無くなり、四匹いた子ネコのうち三匹しか姿を見せなくなった。あとのネコ達はどこへ行ってしまったのか。親ネコはエサ場を子ネコ達に譲るため、他の地域へ行ったに違いない。だか、もう一匹は？

目を閉じながら考える。このような境遇にいる私もかつては子供だったのだ。愛くるしい表情を見せながらエサをもらいにきている三匹ではなく、姿を見せなくなった一匹の子ネコ。あれは私だったのではないのか……？

人は人を愛して死んでゆくんや
決して人を恨んで死んだらあかん
人間ってほんまはええ人だらけやから

一

もはや戦後ではない。昭和三十一年十一月初日、兵庫県尼崎市守部という所で私は生まれた。

ここは、尼崎市最大の朝鮮、同和の部落である。尼崎市守部という所は私の父母の住まいではなく父母の実家でもなんでもない土地だった。では、なぜ私が尼崎市守部に誕生したのか？

父の名は、朴　哲植。職業は悪霊祓いの祈祷師と聞いている。いわゆる大金をせしめるサギ師の教祖のようなものではなかったのか。父の本妻は大阪市生野に在り、朝鮮総連の職を全うした女性である。筆頭愛人は名古屋にて巨大な屋敷を持つ、古来より朝鮮の神とされるチョンジェンインの女ボス。愛人二号は京都の民団系の幹部。愛人三号は神戸の生地屋。末席の愛人が私の母である。父には五人の女性がいたのであった。

父と知り合った頃、母の年齢は四十位で、父の末席愛人として兵庫県西宮市に暮らしていた。

この時、父は五十歳を過ぎている。

元々、母は名古屋の駅裏で生地屋を営んでいたが、最初に結婚した主人が三人の子供を残して死別してしまった。その後、私の父と知り合い、私が生まれる事になるのだが、前夫の長男（当時十七歳）に私の存在を知られたくない為に、「いい仕事があるんだわ」とウソを言って、兵庫県西宮市に私を生みに行ったのである。

前夫の長男、兄に当たる人は難しい年頃だった。私より十七歳上である。長女、とし子はやはり同じ女性であり、母には理解があったようだ。私より十九歳上だ。次男は医者になりたいと言って北朝鮮に帰国してしまった。

では、なぜ私が尼崎市守部に生まれてしまったのか。ある日のこと、尼崎市守部に暮す新井家（朴家）の奥さんと、その次男、和真（カズマ）の二人が原因不明の病いにかかり困っているという事で、父は知り合いの人から頼まれ、新井家の奥さんと次男を悪祓いの祈祷する仕事に出かける事になった。その時隣町（西宮市）に居た母が今にも生まれそうな大きなお腹をして、父と一緒に尼崎市守部の新井家に行く事になったのだ。

母の家は西宮市で武庫川の橋ひとつ渡れば尼崎市守部の新井家に行ける。新井家の奥さんは「耳元で女の声がずっとする」と、気が狂いそうな状態だ。次男、和真は熱が上ったりして、ずっと床の間にいる。

私の父が、何らかの祈祷をすると三十分位で二人共、もとの元気に戻ったという。「そんなバカな」と私は思うが、当の本人、新井家の奥さんと次男が言うのだから全面的に否定もできない。それにしても「ウソっぽい」とにかくそういう事があったらしい。

母はというとなんの縁か、私をその時、新井家で出産してしまったのだ。

この事から私と新井家奥さん（申　男玄）のちにハンメ（朝鮮半島慶尚道の方言でばぁちゃん）との深い縁が始まるのである。

新井家の主人と私の父とは、朝鮮の故郷と、姓も朴と同じで縁戚のような感を持したに違いない。ちなみにこの頃、祈祷の礼金はとんでもなく高い、ぼったくり相場だったが、村一番の貧乏だった新井家からは一銭の金も父は受け取らなかったそうだ。

とにかくこうして新井家との縁の中、この尼崎市守部部落に生まれる事になった。

武庫川の白橋を渡れば、母の家から新井家はすぐ近く、行き来し、深く付き合うようになった。また、私の母は私の出産後、居酒屋と競輪のノミ屋など忙しい毎日であった為、新井家の次女、順子姉さん（私より十歳上）が、私の子守りによく来てくれた。順子姉さんはしっかりした娘だった。

母は早朝、木や鉄などをリヤカーを引き、拾う仕事もしていたので、私が朝起きると母がいなく、頭上にいつもパンと牛乳が置いてあり、それを泣きながら一人で食べている記憶が今も明確に残っている。母と二人暮らしは何かと寂しい記憶でいっぱいだ。

守部の順子姉さんは、私の母の用事をする事で、この頃ではそこそこ大金の小遣いをもらう事ができたそうだ。母は必ず新井家の長男、恵日（私より十五歳上）、次男、和真（私より十二歳上）の分も一緒に小遣いを渡していた。新井家の長女、明姫（私より十八歳上）は東京に嫁いでいた。小遣いの力もあり、順子姉さんは私の子守りには喜んで来てくれていたようだ。

余談だが、私が生まれた時、チンチンと耳がすごく大きかった（笑）。赤ちゃんでは当たり前だが、頭も大きかったので、私の事を皆が赤ちゃんの時、「タコ」「タコ」と呼んでいた。

私はいつも面倒をみてくれる、孤独から逃れられる相手、順子姉さんや新井家の人達にとてもなつくようになっていった。しかし、母との二人暮らしは一層私を孤独にさせてゆく。生まれた時から寂しいという言葉が常に私を征服しているのだ。

私が三歳位だったたか、朝早く起きてもやはりいつものように母がいないので、一人母を探そうと思い、外に出歩いた時の事だ。草むらの中にある池の周りの柵に登り、足をすべらし、アゴに針金がひっかかり、そして数秒その針金に吊るされ、その後池の中に落ちてしまった。この池の周りは長く伸びた草や木が茂っており、歩く人からは全く見えない位置にあり、普通なら完全にそのまま溺れ、死んでいたと思うが、偶然、その近くに住む女性が家の二階から私が落ちるのを一瞬見えたらしく、私を池から引き上げ助けてくれたのだ。

それから、よくこの命の恩人の女性の家に遊びに行き、いつもやさしくしてもらった記憶がある。私自身は全くといっていいほど、この事については記憶にないが、今もそのアゴの傷跡は左の頬にくっきりと残っている。

この事件の後、母や助けてくれた女性が「この子は、なんと運の強い子や」と新井家のハンメ（奥さん）が詳しくこの話を教えてくれた。

私はこの頃、新井家の奥さんをハンメ（朝鮮の方言でばぁちゃん）と呼んでいた。

私の本名は「朴　泰植」。

生まれた時の日本名は「ひでお」。ただ、「ひでお」の漢字が分からない。とにかく、幼少の頃は皆が「ひでお」とか、「ひで」と呼んでいた。その後大きくなるにつれて、名は色々と変わってゆくが、それはあとにて。

ある日の事、母が体調の異変に気付き、長男、私の兄の居る名古屋の病院に入院する事になってしまった。その時母は、私の存在を知られたくない為、入院する間だけという事で私の父の元に預けたのだ。ただ大阪の本妻の所ではなく、名古屋屋敷のチョンジェンイの女ボス、筆頭愛人だった。父は仕事柄いつもこの名古屋の屋敷にいた。

父との思い出の記憶はこの頃のほんの少し、二つか三つ位のものだけであった。屋敷の近くにある奥山深い中で、父と私二人、白装束姿で手を合せ滝に打たれ、神への修業のような事をしていた記憶が残っている。私は屋敷にある神への供え物の果物や色々盗んで食べたり、近場の子とよく喧嘩をしたりするので、この筆頭愛人からひどく殴られ、いじめられているような記憶しか残っていない。

私の中で、今日まで封印してきた恐ろしい出来事を四歳頃のこの頃に犯してしまったので、ここに告白しておく。

屋敷の近くにある民家に、生後何カ月の赤ちゃんがいた。その寝ている赤ちゃんを連れ出し、近くの池の近くに置き去りにして、それから赤ちゃんの母らが数人とたむろしている場所に行き、「赤ちゃんが、池の近くに出ているよ！」と、私が叫ぶのだ。

結局、この事は私一人の芝居であった事がすぐにばれてしまった。赤ちゃんは無事であり、何ともなかったが、この話を知った筆頭愛人は鬼の形相で私をその池の中に引っぱり込んで、無理やり私の顔を池の水につけ、「イーノムチュグラ！（この野郎、死ね！）」と、殺されかけた。「ほんまに、死ぬわ……」と、真に思ったひとコマ。その日は屋敷の横にある薪、炭などを入れる物置小屋に閉じ込められた。この小屋は真っ暗で「ほんまに怖かったわ」。

その日の夜遅く、父が私の閉じ込められている小屋に来た。

「ひでお、お前が悪いんやぞ」とやさしい声でおにぎりを置いていった。

この時の事が父との二、三コマの思い出の一つだった。その日は一晩、その小屋で過ごした。しかし、その後も筆頭愛人は私にきつく当たるので、見かねた父は大阪の本妻の長男の家に私を預ける事にした。

本妻の長男は、信心深い人で私より二十五歳年上だ。人柄は良さそうだが、なんせ難しい性格だった。この兄には、私と変わらない歳の長女、長男、次女、次男と四人の子がいる。この兄とは異母兄弟なのだが、兄の子が私と年が変わらないなんて、何か変だった。

この兄の家では、食事の前に必ず神棚に向かって正座をし、神言を唱えないとご飯を食べさせてくれない。それが朝、昼、晩と毎日苦痛で仕方なかった。それでも血の通いはそう悪くない。父の本妻とは、この頃会った記憶はない。長男が気を使って会わせないようにしていたのだろうか。

どれだけの日がたったのか、母の体調がよくなり「帰ってくる」という。兵庫県西宮市に戻って母との生活が始まるのである。しかしそれは孤独の世界にまたもや戻る事を意味しているのだ。

母との二人の生活が始まると同時期に、晴天の霹靂、突然父が亡くなってしまった。父が早朝、屋敷の玄関を出て「ええ天気やな」と言った瞬間、そのまま倒れ、何度か起きようとしたが、帰らぬ人となった。脳溢血と言っていた。私が五歳になる前位の事だ。

父の本妻に気を使ってか、私の母は葬儀に出席せず、その代わりに私を連れて新井家の奥さん（ハンメ）が出席した。

なぜか葬儀は本妻宅ではなく、あの恐ろしい鬼、筆頭愛人の屋敷で行った。父が屋敷前で倒れたので仕方なかったのか、その屋敷には本妻も来ていた。

大広間には本妻から愛人スリーまで食事の席が準備されていたが、末席愛人の子、私の席は皆からずっと離れた端に置かれてあった。新井家の奥さん（ハンメ）と私は小さくなってその端の席に座った。父の葬儀では本妻から筆頭愛人、愛人ツー、愛人スリーから本当に冷たくされたと記憶している。あとからハンメも「悔しかった」と、言っていた。

一番ここで大事な事は、私を父の息子として認めようとしなかった事だ。私の籍はもちろん父方に入っており、戸籍上では本妻の子となっている事実があるのに。

ちなみに私の母の母子手帳には本妻の名前が明記してあった。その母子手帳を見た時、女として母として、とても辛い心情の母を感じずにはいられない。

「もはや戦後ではない」という時代だが、まだまだ女一人が食うのには大変な時期である。

父の本妻、筆頭愛人、愛人ツー、愛人スリーはそれなりに生活が確立していた。しかし、私の母は父の援助がなければ、たちまち生活の地獄に入ってしまう。

母の営む居酒屋はツケばかりでやっていけない。競輪のノミ屋も同じで、女にはなめて入金しない。四十半ばの女性にはこの頃、仕事はない。母はいつも鉄や木、アカを拾いに早朝に出掛ける。私の孤独は限界だった。

近場の年上の兄弟二人と喧嘩して大ヤケドをさせられた。それでもまたその兄弟の所に行って遊ぶ。私の最敵は孤独だけだった。この頃から孤独に勝つ為の道を探し続け、歩いてゆくのだが、その道がどれほど辛い道とは知らずに……。

もう、母の生活は乞食に等しかった。私をリヤカーの紐に巻いて乗せ、鉄や木を拾う毎日。この光景を思い浮かべれば分る、乞食同然だ。この頃の母と私に何の未来があるというのだ。

父の死後、一年位たったのだろうか。ある日の事、またもや母が突然、体調が悪くなった。名古屋の病院に再度入院、検査することになり、「すぐに帰ってきますので、ひでおをお願いします」と言って、西宮の家の近場の知り合いに頼んで、私を預けて名古屋の病院に行ってしまった。

新幹線もない、電話も少ない頃、だが母はすぐに帰って来れると思い、特別な連絡先を伝えず名古屋に行ってしまっていたので、母の帰りが分からないと不安で仕方なかっただろう。名古屋の長男に私の存在を隠している事で、手紙なども長男に見られないようにしていたのかもしれない。

やはり私を預かった家の人達の不安は的中した。母が中々帰って来ないのだ。私を預かった人達にも色んな都合もあり、その家のまたその知り合いの家に私を預けてゆくのだ。気がつくと七～八軒の家をたらい回しになっていた。尼崎市守部の新井家は、皆が仕事や学校で私を預かる事は不可能だった。

その頃、色んな家に預けられている私は、「もしかしたらお母さん、家に帰って来てるかもしれん」そう思い、毎日母と暮らしていた家を見に行った。

家の玄関に大きな鍵が掛かっている。「帰ってないな」毎日その鍵を確認しに行った。そしてまた預けられている家に帰る。

そんな私の姿を近場の人達が見ていた。毎日私が鍵を確認しに来るのを見て、近場の人達が「お母さん、もうすぐ帰ってくるから心配しなや」と、やさしい顔でお菓子や果物を沢山私にもたせてくれるのだ。最初は母の帰りを確認しに行っていたのだが、最後の方はそのお菓子や果物をもらいに行っていたように思う。

毎日一人でブラブラしている私は、この時期に近場の子らとよく喧嘩になった。相手が「お前、親もおらへんのやろ」同年位の子がいじめに来る。だから一発殴ってやった。すると相手の兄がやって来る、弟の仕返しに来るのだ。相手は私より大きい、だからつかみ合って戦う。すると近場の大人が止めに来る。いつも一対一の喧嘩じゃなかった。

相手が私に殴られて泣いて帰っても、それを抱きしめてくれる優しい母がいる。でも私には泣いて帰る場所などどこにもない、天下のみなしご状態なのだから。

私は決して人の前では泣かないように耐えていた。どんな時でも飛んで跳ねて笑うように心がけた。「かわいそうな子」と言われるのは嫌じゃなかったが、「弱い子」と見られるのは、絶対嫌だったからだ。毎日いじめに合う生活だった。

そんなある日の事だ。守部の新井家のハンメと順子姉さんが、私を連れに来てくれたのだ。

「ヒデや、ヒデや、ハンメの家に行こか」

「うん！」

私は新井家に暮らす事になったのだ。どんなに心の中でこの日を待っていたか。本当に嬉しかった。この時、私は六歳と記憶している。もともと私は自分の母より新井家の人達になついていて、私にとって孤独から逃れる唯一の家がハンメの家、新井家だとこの頃から確信していた。とにかく一番嬉しい結果だ。

尼崎市守部での新生活が始まった。しかし、どこに行っても近場の子はよく似てる。私が「もらわれて来た子や」と言って、いじめに来る。もう私も慣れたものだ。今までいつも一人で頑張って来ているのだ。そう簡単にはやられない。また、新井家の近場の子はほとんど私より歳が上である。自分よりも大きい子ばかりと喧嘩していた事になる。私は同年の者と比べ、特別大きい体ではない。普通だ。小さい時の一つの差の歳は大きく体が違うので、いつも顔から血を吹き出していたように思う。

新井家の人達は全員、朝から仕事に出て行くのだが、ハンメは市の安定所の仕事（草むしり）で、そこはほとんどの人が朝鮮人であった。細かい事もうるさくもない簡単な作業だったので、私をいつも一緒に連れて行っていた。この頃から私は新井家の奥さんを「ハンメ」と呼ぶようになり、ハンメもまた私の事を「ヒデ」と呼んでいた。

新井家の長男、恵目はおとなしく無口だが、まじめで優しい。そして俳優以上の美男だ。次男はおとなしく真面目で優しさ一杯そのもの。次女、順子姉さんはきれいな人で本当に優しくおもしろい。料理もすごくうまい働き者。

新井家の主人は博打うちでどうしようもないが、月に一度帰宅する優しい美男。だが、家に生活費は一銭も入れない。女は作るし、酒癖も悪い。子供達から「クソジジィ」と呼ばれ、嫌われていた。それでも私には「ヒデオ、ヒデオ」と言って、本当に優しかった主人（ハルベ）。

とにかく新井家の優しく、温かい生活の中にいて、今までに比べ天国のような日々だった。しかし、こんなに温かい新井家の人達の中にあっても常にどこか寂しく孤独は消えはしなかった。なぜなのかそれはただ一つ、母への思いがあったからだろう。でもハンメの私を見つめる目は、たった生まれて六年しかたっていなくても分かる。愛がある。私の事を真に「かわいい」と訴えている目である。

「カレーが好き」と言うと毎日カレーを作ってくれる。「オムライスが好き」と言うと、毎日オムライスである。マルシンのハンバーグはいつもあった。玉子焼きも毎日、貧しい、部落一の貧乏の家とは思えない私への料理だった。実の子らがいつもやきもちをやいていた。人の子だから大事にしてやらなくては、ではなく、本当にかわいく思ってくれた。

ハンメと私は相性が合った。ハンメに気を使った事がない。本当のハンメ以上、本当の孫以上の間柄、相性、天が定めた出逢いだと言える。

しかし、ハンメは主人に対しては偏屈になる。一本、筋を通す正直者である。「うちが偏屈やからハルベ（じいちゃん）が、他に女をつくるんかな」と、よくハンメが私に言っていた。でも月に一度ハルベが家に帰って来ると鯉の刺身を必ず買ってきて、日本酒を出して、至れり尽くせりである。

何を言っても優しい人につきる。貧乏だがハンメは心の金持ちだ。自分にはケチだが、人には気前が良い。自分にケチした分、人に奉仕する仏である。そのハンメに引き取られ、私は生きているのだ。私は恵まれた運を持っている。でもその運を将来、ハンメの為に使いたい。きっとそう念じていたに違いない。

ハンメが仕事場に私を連れて行けない時は、順子姉さんが私を学校に連れて行く。順子姉さんの授業が終わるまで運動場で一人遊ぶ。校舎の中を走り回って、先生によく怒られた。「えらい足の速い子やな」と、褒めてもいたらしい。

朝鮮の小中学校はそれなりに融通が利く。ちょくちょく順子姉さんの学校についていった。朝鮮学校の生徒は私の行動を見て皆が大笑いする。私は運動場を走り回り校舎近くになると、野球のスライディングをする。逆立ちもする。両手を上げて舌を出して、大ジャンプして、教室の中の生徒を笑かす。すると先生がそんな私を制止しにやってくる。運動場で先生と追いかけっことなる。私は決して捕まらない。いつまで走ってもバテない。先生は諦めて順子姉さんに注意する。そんな学校が私はおもしろかった。

そんなある日、私の母が新井家に来るという話をハンメから突然聞かされた。私は内心とても喜んでいたが、この嬉しさを顔や態度には一切出さないようにした。ハンメや新井家の人達に申し訳ないような感じがしたからだ。

それから何日かして、遂に母が新井家にやって来た。内心、待ちに待ったこの日である。

母は私にグローブ、バット、サッカーパンツ、ボールなど色々なプレゼントを持って来てくれた。

その日の夜は強風と豪雨に荒れ狂うほどの天気となり、新井家のトタンの屋根が「ダダダダッー！」と、何かに怒り叫ぶような、すごい雨音のする中、母とその夜、一緒の布団で寝た。その布団の中で母はこう言った。

「ヒデや、お前の本当のお母さんは、今、隣に居るハンメなんですよ。これからハンメの言う事をちゃんと聞くんですよ。分かったね」

いくら子供でも自分の母が誰なのか、分からないはずがない。なぜ母はそんな嘘を言うのか。その時はあまり意味が分からなかったが、また私を置いたまま名古屋に行ってしまうんだなという事だけは、なんとなく分かった。

しかし、私は新井家の人達に情が移っており、そう苦になる感情は何もなかったと記憶している。

そして次の日、あの豪雨が嘘だったかのように晴れていた。

新井家の家は長屋で、「昔、豚小屋だったんでは」と誰かが言っていた。雨が降ると部屋のあちこちに茶碗を置く。雨が漏るからだ。茶碗に落ちる雨音も子守唄に聞こえてくる。優しい生活音のようなもの。

ハンメと私は母をバス停まで見送りについていった。そしてバスが着く。母はバスの入口ドアの所に立ち、私の方を向いて手を振った。その時、ハンメが「ヒデ、お母さんと呼んであげ、早く、早く！」と言った。

私は躊躇した。どうしても「お母さん」という言葉が出てこない。心の中では、大きな声で「お母さん、僕も一緒に行きたい！」と、思いっきり叫んでいたが、どうしても声にならない。そして母は、涙をぬぐいながら、手を振り続ける。そのバスのドアは閉まり、いつの間にかそのバスは小さくなっていった。

私は泣かなかった。ハンメは「何でお母さんって言うてやれへんねん」と、半分怒った顔で聞いていたが、私はただ黙っていた。大体、お母さんって言葉、普段から言った事がないのに照れくさい。未だに母、父って言葉、どうも苦手だ。でもこの時、私の中のどこかで「お母さん、いつかまたきっと会えるんだから、その日を待ってるからね」そう母に心で伝えていた。

新井家の人達はいつも私の母について口を揃えて言う。母が守部に来ると新井家のみんなの「自慢だった」と。

母はいつもきれいな着物で、背が高く、女優のように見惚れてしまうほどの美人で「日本人みたいで、とても上品な人」と評判だった。ハンメはいつも母の事を「あんなきれいな人、今まで見たことないわ」と言っていた。

その母が新井家に来るとたちまち着替え、一日中、新井家を隅から隅までゴミ一つなく磨き、掃除するらしい。順子姉さんはいつも「ヒデのお母さん来たら、家の中ピカピカや」と言う。

また母はよくしゃべる人だったらしい。しかし、母にすれば当然だろう。村一番の貧しい新井家が、お荷物の私を食べさせてくれてるんだから。

こうしてまた年月が過ぎてゆく。ハンメと新井家の人達皆の温かく、優しい中で私は小学校に入学する事になった。

さあ、ヒデオの活躍する場所が遂にやって来るぞ！


星になったお父さん、知ってる。

お母さんの家のちゃぶ台には、いつも大きな箸、中くらいの箸、小さな箸。

大きな箸は一ヶ月に一度位しか使ってなかったね。

でもお母さん、いつもその大きな箸を見つめながらご飯を食べてたよ。

そうそう、お父さんが空気銃で捕ってきたスズメ、美味しかったね。

空気銃の玉で、僕、いつも遊んでたよ。

「お父さんがまたこの玉で、スズメ、捕ってきてくれるんやで」と
お母さん、笑顔で言ってたよ。

二

小学校の入学式の写真には一人だけ、紺のスーツにネクタイをしめ、キチッとした正装で誰よりもええとこの息子のように写っている子がいた。貧しい守部村の守部朝鮮分校小学校にこんなボンボンがいるとは。

よくよく見ると、その子は私だった。この写真一枚で分かる。人知れぬハンメの私への思い。私は超貧乏人のボンボンだ。ハンメは私を宝物のように大事に包んで育てた。実の息子、娘も私のようにしてもらった事がないと愚痴を言って、ふてくされていた。

ハンメはいつも、

「ヒデが人の子やから、ええかげんにしてる思われるのがいややから、何でもキチッとせなあかん思ってるねん」

と言っていたが、私には感じる。過去、あまりにも貧し過ぎて、実の子にしてやれなかった事の全てを、今、私に変えてやっているのだと思った。しかし、それも本当はハンメの言い訳で、ただ単に私とハンメは天命と天運の相性がバッチリ合っただけなのではないのか。

ハンメの長男、恵目兄さんは高校の修学旅行の時の写真に、皆が学生服の中、一人だけ白のカッターシャツで写っている。何らかの理由で学生服が買えなかったかも知れないが、この一枚の写真を見てハンメが涙を流して「かわいそうに、ごめんやで」と私に言っていた。

それを思うと私は、何と幸せな子だったのか。つくづく新井家皆に感謝する気持ちでいっぱいだ。この私の幼児期の体験が私という人間を形成していたのか、性質と性格は別ものではないのか、今でも時々この頃の幼児期に放り込まれたように感じる時がある。

・孤独過ぎる孤独との闘いだった事。
・この世に天の神が必ず存在する事を信じようとしていた事。
・決して他の者（新井家ハンメも含む）に自分の弱い部分を見せなかった事。
・苦しく、悲しい時は武庫川の土手に行き、一番輝く星を父母の星と思い、強く生きる事を誓い、自分自身のエネルギーにしてきた事。
・弱い者、孤独な者、悲しむ者を決していじめない事。
・きっといつか僕に父母のいる天の神が、輝く人生の道をプレゼントしてくれる日がくると、祈り信じていた事。
・ひとりぼっちじゃない今日である事。

このような感覚が幼児期の私にきざみ込まれていた。将来の私の単純な血と骨になる根源ではないか。いわゆる現実から逃れる為の妄想主義者の始まりと言える。とにかく、勝つというよりも、負けたくないという事だ。

母との思い出もほとんどない私だ。ただ、なぜかどこからか、母の私に対する愛情だけは感じるのだ。父に対しても全くと言っていいほど記憶がない。だのに、父の私への愛情だけは感じてしまう。

このような感覚は一体どこからやってくるのか。何度も私を置き去りのような事をした母に対して、何人もの女性を囲い、母に苦労だけさせて、先に一人死んでいった父。このような二人になぜ、私は愛を感じ、愛しているのだろう。

赤ちゃん、子供の時の記憶が無くても、その時々の現実を体で覚えているような気がする。だからこそ、私は愛の姿を感じる事の可能な人間として生きてこられたのか。赤ちゃん、子供が何も知らない、分からないと思っていたら、大人達は大きな過ちを犯す事になると感じる。私の誕生から幼児期の暮し、生活とは全て孤独から生まれた感情ただ一つである。

その為、普通の精神では満足出来ない性格と人格になっていくのだ。真の愛情を求め、そのまた真ん中の真を追求してしまう。

幻想と妄想に似た一般的常識人間には、とうてい見えない部分にしかないその愛情を求めてしまう。神の照らす光というようなものなのだろう。

幼い頃から、このような愛を密かに求める子供がどのようにして、その日その日の喜びがあるのか。そんな中、明るく優しく寛大なハンメの愛情が支えではあるが、それはまた、本当に甘えられない自分自身がどこかに存在し、生きていたのではないか。孤独とはそこからどんなに蹴られて、殴られても、そこにいたいのだ。

幼児の子供には、自分の足で行く場所などどこにもない。地獄に落ちれば落ちたままその地獄で暮す以外に道はない。

血縁とは幼児、子供にとって疑う事のない真実の証である。しかし、血のつながりを持たない私はその真実の証がどこにあるのか。それを追求する事から人生の始まりがあるという、とても厳しい幼児期の体験をしてしまったようだ。

この幼児期を一言で表わすのであれば、「この世の中の最高の敵は孤独だけ」である。

幼稚園なんぞ聞いた事もない私にとって、孤独から逃れる小学校に行ける日がやって来た。心浮き浮き楽しみいっぱい。なんせいつも一人でブラブラの日々から、ある日突然、子供達が沢山集まる学校に行けるのだ。ここは天国小学校といった所だ。

担任の先生の名前がスッキ先生。女性でベッピンでとても優しい先生だった。私は学校ではもちろん活発で、同級生は喧嘩の相手にもならない。

身長は全体の真ん中位。もちろんスマート。授業中は冗談ばかり言って、先生によく叱られた。でも、みんなが大笑いするので、またやってしまう。そのうち先生も一緒になって笑っていた。今までたまっていたエネルギーの全てがこの小学校で大爆発したのだ。元気爆発の子供である。

ある日、教室に大人の男の人や女の人が沢山入ってくるので、隣の子に「あの人達はなんや」と聞くと、今日はお父さん、お母さんが授業を見に来る参観日だと言うのだ。

それを聞いた私は、授業の途中、思わず不覚にも泣いてしまった。本当に一生の不覚だった。いつもニコニコ陽気で明るい性格に見える私に、みんなはよく「天真爛漫な子や」と思わせていたのに。実際、新井家の中においても、自分の母や父の話など一切口にしなかった。

ハンメの方から時々「母さんや父さんの事、思い出せへんのか?」と逆によく聞かれていた。もし、父母の事をハンメに聞いたりすると、私が母に会いたくて悲しい思いをしているように思われ、ハンメの愛情が足りないのかとハンメに悲しい思いをさせてしまいかねないからだ。ハンメや順子姉さんには逆に常に甘え、面倒をかけていた。

そんな私が、参観日に涙を流してしまった。「ほんまに一生の不覚や」と言っても、その涙は元には戻らない。その時、担任の先生は「体調が悪いのね」と言って、ごまかしてくれた。なぜ泣いたのか、スッキ先生だけはこの時知っていた。優しい顔で見つめてくれていたから。

二年生になった頃だろうか。学校から家に帰ると、小さな体をしたハンメが、「ヒデ、お母さんに会いに名古屋に行こか」と言った。

私は黙って「ふうん〜」と答えた。喜ぶ振りはしない。新幹線に乗って行った記憶があるので、東京オリンピックの頃なのだろう。

国鉄名古屋駅裏に降り、タクシーに乗った。着いた場所はガンセンターという病院だ。母がそこにずっと入院していた事をその時、初めて知った。小学二年ならそれ位分かる。ガンがどういう病気なのか。

病院に入った母は、腹の横に孔を開け、そこから便を取っていた。大腸ガンという事だ。母は私を見るなり、大きく包むように私を抱いた。

「ハンメの言う事、ちゃんと聞いているか？」

「うん」

母はハンメにも「ヒデオの事、頼みます。頼みます」と繰り返し言っていた。そしてハンメがトイレかどこか病室から出ていったすきに、母が私に少し膨らみのある封筒を私のジャンパーのポケットに押し込み、

「電車に乗ったら、ハンメに渡すんですよ」と何度も口にし、その後、「あのハンメがお前のお母さんやで。言う事をちゃんと聞かなあかんよ」と以前と同じ事を語った。

そしてハンメと私は、母と共に病院のエレベーターに乗って、1Fに着き、そこでお別れである。

エレベーターに乗っていた時の母が私を見つめるその表情と、私の体をギュッと抱き引き寄せる手の力の感触が今もそこに感じる。

「これで本当に最後かも……」

そう感じるしかなかった。

新幹線に乗った後、母から預かった封筒をハンメに渡した。ハンメは封筒から中身を取り出し、「アイゴッ」と呟いた。ハンメは片腕で私を抱きしめ、泣いていた。いくらかの母の全財産のお金だったのだろう。母の前夫の長男で私より十七歳年上の異夫兄弟の兄さんは姿を現さなかった。


いく日が去っただろうか。その間、雨も嵐も晴れ日もあったろう。この地球は動いて生きている。永遠を思わせるが如く動いている。地球に終わりはないのか。

しかし母は死んだ。この世から消えた。

母の葬儀にはハンメと二人で出席した。棺の中の母と最後のお別れ対面をする時、棺の中の母の顔を見ながら「ニヤッ」と笑ったかのような表情をしてやった。それを見ていた参列者達が、「あの子、お母さんの事も何も知らないいんだわ」と呟いていた。

「私は負けない」「負けない」「お母さん、負けへんで」強がりの一面が「ニヤッ」とさせてしまったのだろう。

この棺の中にいる人は僕のお母さんだ。泣きたくない訳がない。でも泣けない私の人生。またハンメにも泣いている自分の姿だけは絶対に見せたくなかった。

母の葬儀の日、初めて名古屋の兄さんと対面したが、その時の記憶は全く無かった。母にはもう一人別の子供、私という存在を知って、それはもう大きなショックを受け、一晩中泣いていたという兄さん。

あとから聞いた話だが、母が死ぬ前「ヒデの事頼む」と兄さんに言ったらしい。母が亡くなり、私は誠のみなしごになった。でも優しい、優しいハンメがいる。

「それでいいやん」天真爛漫な私に戻って、明日、学校に向かう。


母が亡くなった後、守部の新井家全員が集合した。新井家の長男、恵目兄さんが「ヒデ、これからハンメの事を母さんて呼ばなあかんで」と話しを切り出した。

次男、和真兄さんも「そやで」、順子姉さんも「ほんまにお母さん言いや」と言葉を続ける。

しかし私は、一度もハンメの事をお母さんと呼ぶ事はなかった。ハンメはハンメであり、お母さんはお母さんで、この世に一人しかいないんだから。ハンメだけは私が何にも言わなくても、私の気持ちを分かっていたはずだ。悪い意味じゃなく、良い意味で、ハンメもこの世にたった一人のハンメなんだから。

「代わりなんかおるか！　なあ、ハンメ」


守部分校小学校（朝鮮学校）は尼崎市守部内にある。この守部は尼崎市一の朝鮮、同和の部落だが、小学生は中学に上がるまで、守部以外の世界をほとんど知らないのではないか。私もこの守部から外に出た事はほとんどないし、外食は守部内にあるお好み焼き屋だけだ。いわゆる鎖国状態の部落と言える。また、この守部分校小学校は日本の統治体制にあったせいか、日本人教師がまだ何人か残って、日本語授業をしていた。正式に朝鮮学校になるのは、私が小学四年生になってからだ。

この守部分校小学校にやりっぱなしの同級生一人がいた。もちろん男子で、ソンギュンという名だ。このソンギュンとは仲が良かった。仲が良かったというよりもお互い両親がいなかったせいか、気持ちが合ったんだろう。

小学二年生で守部から離れた場所のスーパーで万引きをしたり、年上の子を捕まえて喧嘩を売ったりした。どちらかというと主犯はソンギュンで、私はあまり好ましくない気持ちで悪に付き合っていた感があった。一旦友達になった以上、最後まで付き合わなければならないという性格になっていた。

初めて警察の世話になったのもこの頃のソンギュンとの万引きが元だ。警察に連れられて、ハンメの新井家に行く。ハンメにホウキでお尻を何度も殴られ、ハルベには、大きな耳を引っ張られ、一晩家の前に立たされた。

また喧嘩で相手の家の親が文句を言いに来る。この時期、新井家の人達もちょっと頭を痛めていた。ハンメにいつも言われる言葉は、「何してもええけど、人にだけは迷惑かけたらあかん。悪い事だけはやめてや」この頃、毎日言われていたような気がする。

「ハンメ、ごめんな。もう二度と悪い事せんから」と心の底でいつも謝っていた。

新井家の人達は皆が仕事に出掛けているので、帰宅は夕方五時を過ぎないと家には誰もいない。だから私は守部分校小学校のグラウンドで、いつも先輩達のサッカー練習を見ていた。時にボール拾いもして手伝った。こうして、新井家の人達の帰りを待つのだ。

守部分校小学校のサッカー部は、朝鮮学校の中では、尼崎市チャンピオンの実力だ。この頃、日本の小学校にはほとんどサッカークラブはなかった。だから、守部分校小学校が尼崎ナンバー1のチームと言える。特に六年生のエース、金 栄一はスーパースターだった。カッコ良かった。これが私のサッカーとの最初の出逢いだ。

ただ、私が毎日サッカーの練習を見に来ていることをソンギュンは知っている。だから、彼も毎日、私を探してグラウンドに来るのだ。やはりそこで事件は起きた。

その事件を綴る前にソンギュンの家庭の事情を簡単に説明したい。彼の母は、よそに男をつくり駆け落ちをした。その後、父は女をつくり、遠き山形県に行ったまま帰らない。ソンギュンは残され、祖母に預けられて育つ。

両親から裏切られ、愛の一つも信じる事の出来ない子になっていた。生きている両親に捨てられる。この孤独にある恨みと怒りは、幼い子にとって、縫い合わせても一生閉じる事の不可能な傷であろう。

ソンギュンは根っから悪に染まっていってしまったのではないか。寂しさと孤独、恨み、その全てをこの私に投げかけていたのかもしれない。それを思うと私は良かった。両親は早く死に、愛を感じて孤独だが生きている。また、人に恵まれハンメという人に出逢えた。ハンメの愛情を授かって、未来に夢と希望を感じる事も出来、両親も早く死に、両親の善悪を問う事もない。だから私は真に悪にはなりきれない。それが我が全身にとりまく環境だ。

ある日、私がサッカー練習のボール拾いをしていたら、案の定、ソンギュンがやって来た。

「ヒデ、武庫之荘(尼崎市の地名)にな、新しいスーパーが出来たんや。開店やから人がいっぱいやから、何でもうまい事盗めるで」

「あかん、あかん。今日は練習見るんや」

「ヒデ、今日はほんまうまい事いくから行こうや」

「ほんまにあかんて」

「チェッ」

その時、グラウンドの横の端で、ノルティギ(長い太い板の中心に、台を下から載せて、お互いジャンプして板を踏み合って跳んで遊ぶゲーム)をして遊んでる同級生の子らがいた。ソンギュンはその子らの所に行って、「俺にやらせろ」と強引に迫った。

「ちょっと待って、順番やから」

「うるさい、はよのけっ!」

ノルティギで順番を待っていた一つ年上の稔徳が、

「ちゃんと並べや!」と揉めていた。それを見ていた私が、そこに駆け寄り、

「稔徳、ソンギュンに先にやらせたれや」

「なんでや！　次はわしや！」

そう言って、稔徳がノルティギに乗ってスタートしてしまった。ソンギュンは鬼の形相でそのノルティギの板を横から足で蹴った。板を踏んでジャンプしようとした瞬間だったので、板が横滑りして、稔徳は地面に叩きつけられ、左手を押さえながら泣きだし、「え～ん、え～ん、お母さんに言うたる」と言って、家に帰ってしまった。

ソンギュンは悪気もなく、

「ふん、あいつが悪いんじゃ」と「ニヤッ」としていた。

「これが小学校二年生か」と私は思った。私も二年生だが。

この事が私の人生をまたもや大きく、左右する事になるとは、その時の私には知るよしもなかった。稔徳は左腕を骨折していた。その日の夜、スッキ先生と稔徳の母親が新井家にやって来た。稔徳の母親の話では「ソンギュンと朴 泰植（私の朝鮮名）の二人にやられた」と本人が言っているらしい。スッキ先生はその話が事実なのか、確認を取りに来たのだろう。

ハンメは何度も頭を下げ、「アイゴッ、ミヤネ、ミヤネ（申し訳ない）」

私は「ほんまに、何もしてない！」

確かにソンギュンを「先にやらせたれや」とは進言したものの、ノルティギを蹴るなんて考えもしてなかった。揉めない為に一言進言しただけなのに。

どちらにしても大人の話し合いで決着はついたが、何日か過ぎ、私の事で新井家は会議となった。

私は部屋の隅に座り、みんなの話を聞いていた。

新井家の長男、恵目が「おっかん（ハンメのこと）、うちは貧乏やし、ヒデを見る時間もあらへん。このままあったら、ヒデが悪なるばっかりや。見るもんおらんから、あのソンギュンみたいなワルとつるむんや。なぁ、おかん。やっぱりヒデは西宮の金村さんに預けた方がええんとちゃうか。あこは、金持ちやから何の心配もないし、ヒデのためやで」

西宮の金村さんは、以前から私を引き取りたいと先方から申し入れがあったようだ。私の母の深い友人とのことだった。

順子姉さんは「ほんま、あのソンギュンは悪いわ。一緒におらしたらあかんな。母さん、ヒデのためや。金村さんに預けた方がええわ」

次男、和真は「いや、なんとかしてヒデはうちで育ててやろうや。なあっヒデ、ソンギュンとは絶対、遊ばんとちゃんと出来るやろ」と私の方を見て言った。私は頷いて黙っていた。

長男、恵目は「あかん、あかん、そんなん無理や。手遅れになるで」

順子姉さんも「仕方ないわ。母さん金村さんに預けた方がええ。ヒデのために言ってるんやで」

次男、和真は「そうかな。そうかもな。今のうちの状態では、ちゃんとヒデを育てられんかな」

ハンメは私のセーターを編みながら、みんなの話を黙って聞いているだけだったが、私の方を向いて、「ヒデ、金村さんのとこ行くか？　うちにはポギオッタ（福がない）ヒデのためには、金村さんのとこ行った方がええやろな」寂しい表情で小さな声で呟いた。

結局、結論としては、ソンギュンと同じ学校ではヒデが悪くなるばかりだ。そして貧しい新井家よりも将来のある金持ち金村さんの家で育つ方がヒデの為に良い。新井家は私を金村さんに預ける事を決定するしかなかった。私はその結果を聞いても、泣きもせず、平静を装っていた。

なぜか、これで新井家のハンメとお別れになるとは、全く思えなった。必ずまたいつか、ハンメの所に戻って来るような気がし、悲しみなどどこ吹く風だ。いや、そう信じたかったのか。現実を見たくなかったのか。私特有の妄想にある理想を自分の中で成立させ、己自身を励ます。この保身術精神をもって完全なる絶望から逃れ、避ける手法にあるのだろう。とにかく私は涙一つ見せずに、西宮の金村家に行く事にした。

小学二年生の二学期の事だ。金村家に行くその日。ハンメが、

「むこうの家は金持ちやからヒデのためにええ事なんやで」と言い、続いて「嫌あったら、また帰って来いや」と言ってはならない言葉をハンメは私に告げてしまった。

こうして西宮市の金村家で暮すことになるのだ。もともと西宮市の村は私と母が暮した町だ。母の知り合いは沢山いたようだ。

最初に金村家を見てビックリした。なんと長屋ではなく、立派な豪邸である。「金村土建」という看板が制服者の威厳のように立っていた。金村家の主人は、大きな体でおとなしそうな、笑顔の多い人だった。奥さんはよく肥えた肝っ玉母さんのような人。そして息子が二人、私より二歳年上と一歳年下だ。

金村家は朝鮮人であったので、私は阪神朝鮮初級学校に転校する事になった。金村家の息子二人も同じ小学校に通っていた。

ただやはり、「やっぱりか」どこに行っても同じ事が続く。金村家の両親がいない時は必ず、この息子二人が私をいじめに来るのだ。布団を出して来て、私の上にかぶせ押さえてきたり、押し入れに閉じ込めたりと「まあヒドイ兄弟」だった。

いつも二対一の喧嘩になる。私が弟の方を一人の時に殴る。兄の方が後からそれを知って、私を殴りに来る。私は相手を掴んで押す。それが、ドアガラスにあたり、ガラスが割れる。両親が帰って来ると、兄の方が「ヒデオが弟を殴って、ガラスが割れた」と訴える。私が金村家の母親に叱られる。また、何日過っても私が金村家の両親に「お父さん」「お母さん」と呼ばない。なつかない。結局、金村家では長続きしなかった。いくら私の母の友人の金村家といっても、私と同じ年頃の息子が二人いるのに、無理して私を引き取る必要はないだろう。

それからどのような流れになったかは知らないが、私は西宮の村にいる日本人の家に引き取られる事になり、朝鮮学校から日本の学校、芦原小学校にまたもや転校する事となった。

この日本の家は東野という。それはそれは、本当に優しく、教養のある人達だった。主人は細い体で、眉の下がった仏のような心を感じた。奥さんも優しさの塊のような女性だ。この東野家にも息子一人と娘一人がいた。今までの子供達とは違って、本当におとなしく、優しい子達二人だった。

息子は私より一つ上、娘は一つ下だ。いつも仲良く二人共、私と楽しく遊んでくれた。この一つ上の息子が近場の子にいじめられたら、私は真っ先に飛んで行って仕返ししてやった。そんな私を東野家の両親は頼もしく見つめてくれていた。

朝鮮人の家庭というのは、やはり全体的に封建的思想が強く、私のような立場の子を見下げて差別する所が多くあり、実の子は良くても私には許さない。だからと言って、決してその人間自体が悪いとは言えず、貧しい世の中にあって、私のような子は当然、区別されるのは仕方のない存在だったと言える。

それに比べてこの日本人の家、東野家は全く違って、仏の中で暮しているようだった。ただ、この東野家は私をいつまでも預かる約束ではなかったようで、私はまたもや次の引き取り先に行く日が、ある日突然やってくるのだ。

私の母とはとても仲が良かったという、富川家の奥さんが東野家に私を迎えに来た。富川家は朝鮮人で主人がダンプ屋を営み、裕福な家だった。そして、同じ西宮の村の家だった。そして私はまた朝鮮の小学校に戻って通う事になった。

富川家には長男二十二歳、次女二十歳、次男十五歳と三人の子がいた。小学二年生の私とは年齢が離れすぎていたので、この家では全くいじめはなかった。この富川家は以前の朝鮮の家とは違って、日本人的優しさがあった。ただ一度、朝、目が覚めて鏡を見たら、眉毛が剃られて全くなかった。きっと次男、中学三年生の仕業だったろう。

家がコロコロ変わるので、ある日、学校の帰りに迷子になって、家と学校中が大騒ぎになった事がある。その時は警察に補導され、無事に収まった。

朝鮮小学校で、みんなが一人の女の子をいじめているので、私が「やめたれ！」とみんなに対して強く文句を言うと、「お前、こいつ、好きなんやろ」と同じように私をいじめに来る。まあこのような同級生など相手にはならんが、小学生ながら「しょうもないやつらばかりやな」と相手にもしなかったが、いつの間にかこの子らは私のケツを歩くようになっていた。

この阪神朝鮮小学校の時に不思議といえる話がある。ある日校長先生に呼ばれ、北朝鮮に帰国するという老夫婦が、私を連れて帰国したいと言ってきた事があった。私にとっては、何が何だか意味が分からない。私は富川家でずっと過ごすのではないのか。富川家の人が勝手にこんな話を進めているのか。理解に苦しむ。

この話は未だに謎の話で、不思議としか言えない内容だった。ただ、これ以降にこの話は全く消えていた。親のないみなしごにとっては「ほんまになめとんな」と言いたい。

そしてまたもや一つの事件が起きる。小学二年生の終わり頃に、富川家の近場の一つ年下の男の子二人を連れ、尼崎市守部のハンメの家まで一緒に連れて行った時の事だ。

ハンメから小遣いをもらって、この二人の男の子らにお好み焼きでもおごってやろうと思って、尼崎市守部、ハンメの家の近くの公園にこの男の子二人をちょっと待たせて、私はハンメの家に懐かしく再会に向かった。ハンメは私を見てビックリした表情で、

「アイゴッ、ヒデや、ヒデや。どうした、一人で来たんか？」

そこでハンメと話が長くなってしまった。

「ハンメ、お好み焼き食べさせて。友達が公園で待ってんね」

ハンメはビックリして急いでその公園に行ったが、二人の男の子がいない。私とハンメは守部中を探したが、どこにもいない。困ってしまって、また元の公園に戻った。するとそこに警察官二人と二人の男の子がいるではないか。こうして私とハンメ、男の子二人は交番所に行って、事情を説明した。

その頃、西宮市の富川家では大騒ぎになっていた。ヒデオが近場の子二人を連れてどこに行ったか分からない。夜は深くなっていた。

警察官の話では「公園で二人の男の子が泣いている」と通報があり、補導したとの事だ。最終的に警察が私を含め、男の子二人を同時に西宮市の富川家に身柄を届けてくれた。この事件は結局、私が男の子を勝手に連れ出し、迷子にさせたと結論づけた。

私はただハンメに会いたい気持ちと、男の子二人にイイカッコしてお好み焼きを食べさせてやろうと思っただけだったが、男の子はやはり幼い子供で弱虫すぎたのかもしれない。

富川家の奥さんは、私が一番情を持っているのは、尼崎の新井家なのかと深く感じたのだろう。とても寂しい表情で「ヒデオ、お前はハンメの家に行きたいんか?」と私に聞いたが、私は黙っていた。

ただここで一つ疑問がある。北朝鮮に帰国するにあたり、私を連れて行きたいと校長室に来た老夫婦の話は一体何だったんだ。富川家の奥さんは、その話を知らないはずがないだろう。それなら、私が尼崎の守部のハンメの所に戻っても、何一つ寂しくはないはず。

だのになぜ、寂しい顔でハンメの事を質問するのだろう？　ハンメの家があまりにも貧しいので私を戻す訳にはいかないと思っていたのか。何はともあれ、この事件がきっかけで私は再び新井家ハンメの家に帰れる事になったのだ。


実際、新井家の人達は私が戻って来る事に困っていたかもしれないが、そこはハンメと私の間柄、「ヒデや、もうずっとハンメのとこにおったらええからな」。新井家の人達をよそに、ハンメと私は心の中で抱き合い喜び合っていたようだ。

この頃、朝鮮小学校は尼崎市内の各分校からいくつかに合併する事になり、新井家に戻り、私はこの合併した大島朝鮮初級学校に通う事になった。小学三年生の始まりである。

担任の先生は、あのやさしくベッピンさんで一年生の時の担任、スッキ先生である。この時の問題がもう一つあった。ソンギュンの事だ。

私が守部に戻って来るという事で、ソンギュンの実の姉が阪神朝鮮小学校の教師という事もあり、ソンギュンは西宮の阪神朝鮮小学校に行く事になった。大人達が私とソンギュンを一緒にさせたくなかった結果だ。

大島朝鮮初級学校は当時としては、とても素晴らしい校舎で、グラウンドも広くて、日本学校に負けないほどになった。私の勉強の方といえば、全くさっぱりだった。なんせ幼稚園も行ってないし、まともに鉛筆にノートを持っていない。とにかく家で鉛筆を持つ時はマンガを描く時だけ。この身があっちこっちと忙しいのに、勉強なんて考えた事もなかった。基礎が出来ていないので、どうする事も出来ない。

合併して生徒数も以前の五倍位になっていた。孤独から逃れる事の可能なこのマンモス学校は、私の天国と言える。私の中に潜む全ての能力とエネルギーがいつでもこの学校で発揮出来る。しかし、私に何の能力があるのか。そこに気がつく事はもう少し後になる。

合併した時は初めて見る生徒同士なので、何かと権力争いが起きる。だが、「お前が、築地地区で一番強いってか。なめとったら、しばき倒すぞ！」と、私の口一つで相手はすくむ。喧嘩しなくても勝てる相手らだ。

私は大きな能力一つを持ち合わせていた。それは健康そのもの病気一つした事がない。貧乏人の財産は丈夫な体一つだけだというが、本当に天はうまく調整しているものだと感じさせられる。

その健康な身体をもって「さあー！　行くぞ！」。

私は四年生となった。朝鮮学校では四年生からクラブに入れる。私は迷う事なく、サッカー部に入った。母が亡くなる前にプレゼントしてくれた体操着がサッカーパンツみたいなものだから決断は早かった。

朝から晩までサッカー一色の生活だ。五年、六年生の上級生はいつも私のキックを見て、将来必ず「ええ選手になる」と太鼓判を押してくれた。ブタもおだてれば木に登るじゃないが、私はアホがつくほど単純で真っ直ぐな性格。その気になって頑張りまくった。

練習が終わって下校する時は、家まで三十分の道のりをいつも一つの石をボールに見立て、ずっと蹴りながらドリブル形式で帰宅する。五年生になってレギュラーになった。

ある日、教室内で喧嘩を売られて、突き飛ばしたら、その子の頭が窓ガラスに当たり割れてしまった。担任のボギョン先生がやって来て、ボコボコに私一人だけをしばきにしばき回した、沢村忠のキックボクシングが流行っていた頃なのか、ひじ打ちからひざ蹴りまでされて、私は血だらけ、喧嘩の内容も聞かずにだ。

喧嘩相手が「親もおらんのに、ええかっこすんな！」と私を侮辱したから突き飛ばしたのに、なぜ何も内容を聞かずに、ただ、ただ私だけを一方的にしばき回すのか。もし、私に両親がいて、このことを聞いたらどうするだろうか？　これも両親のいない区分けされた、差別の一つじゃないのか。小学五年生の私にはなすすべがない。でも泣かずに先生の顔をずっと睨んでいた。ちなみに大人になって、この先生に居酒屋であった。朴　泰植ですと挨拶をしたら、いつの間にか消えていなくなっていた。あの時の私への暴力に愛情のかけらもなかった事をこの時知った。

新井家に帰宅してもこのような話を一切ハンメらにはしなかった。私は常に何があっても新井家の人達、ハンメにはこのような出来事を話さない。いや、話せなかった。私の辛い話をして、むやみに心配させたくなかったからだ。だから、新井家ハンメらは私の細かい学校生活は全く知らなかったと思う。私が「サッカーのエースやで」と言っても、「なにホラ吹いとんねん」くらいしか受け取ってなかった。

短距離こそ学年で二、三番目位だったが、中距離、長距離は断トツのトップ、サッカーはもちろんエース。センターハーフのポジションだ。グラウンドでは、ボールのある所に向かって常に走り回るプレイヤーであった。

身長は普通より少し大きめ。喧嘩では当然、私にかかってくる子は一人もいない。大体、上級生の六年生らも私の事を一目置いていたふしがある。

小学校の五年生の頃は、六年生のエース、リョンイというスターがいたが、兵庫県大会でいつも東神戸朝鮮小、中学校に決勝で負けてしまう。東神戸朝鮮小、中学校はその前年も優勝していて無敵のチームだ。大島朝鮮小学校は常に決勝戦で負けていた。天敵だ。確かに東神戸朝鮮小、中学校は、上に中学部と付属となっているので、技術のレベルは自然と高くなるのは分かるが、どうしても勝てなかった。

この頃の朝鮮小学校の大会は兵庫県大会が最大で全国大会はない。全競技の総合成績でも常に神戸に負け、総合準優勝であった。このような悔しさをバネと胸に、私は小学六年生になった。

社会主義、共産主義の思想に基づいて、最も勉強ができ、サッカーにしてもセンターフォワードのソッチュがキャプテンに指名され、私は副キャプテンの立場にされた。

この頃、私にはもう一つずば抜けた才能があると言われた。それは絵だ。絵を描かせたら、右に出るものはおらず、先生、みんなからビックリされていた。学校行事の絵をよく描かされるようになったが、サッカー練習があるので嫌だった。特に好きなのはマンガの絵で、自分でストーリーマンガを家ではいつも描いていた。家の近場の子を沢山集めて、小学六年生にして、マンガ教室みたいな事もしていた。また、ものまねが大得意で誰のものまねでもした。みんなが思いっきり笑ってくれるので、それが嬉しくて、しょっちゅうやっていた。

勉強はしないが、それなりにトップの芸が私の中で生き始めていた。そして、その芸が少しずつ世に出てくる。それがこの小学六年生の頃だ。

長距離は一番。

絵は天才かと。

ものまね、歌、笑かす芸。

サッカーはもちろんエース。

校内相撲大会で優勝もした。

とにかく私はそれなりに成長していた。後輩にはとても優しい先輩だった。弟のように連れていた子が沢山いた。私といればいじめられる事はまずない事もあっただろう。

女の子のファンも小学六年生ともなれば沢山増えてくる。それなりに好少年でもあった。決して弱い者をいじめない。逆に味方になる方だから嫌われる事はなかった。

小学六年生の時の担任はミネ先生。年はまだ若く二十歳位だ。チョゴリの中からいつも胸が飛び出る位、ボインである。そのボインに向かって一人の生徒が、頭からなでるように突進する。そして、そのボインのあたりをその石頭でこすりつけ、はしゃぎながら逃げてまた戻っては同じ事をする。いくら怒っても言う事を聞かず、ミネ先生は生徒皆の前で泣きだす。そんな先生の姿を見て飛び跳ねて喜んでいる男の子が一人いた。ハズンと言った。身長が学校一小さいが、まぁごんたそのものの石頭、やんちゃ坊主だった。

やっと来た。大島朝鮮初級学校がリベンジの東神戸朝鮮小、中学校と戦う日が、私六年生最後の年の兵庫県大会。まず相撲大会では自分よりも大きい相手と戦い勝利。「相撲団体優勝」「四〇〇ｍリレー優勝」、そして私が最も得意としている「八〇〇ｍ競争」「ヨーイドン！」私は最初から最後まで猛ダッシュ。四〇〇ｍのトラックをあっという間に二周トップでゴール。大会新記録での優勝だった。「朴　泰植この記録は二度と誰も敗れんやろ」と関係者達が口を揃えて言っていた。

そして待ちに待ったサッカーの決勝は、まぎれもなく、あの東神戸朝鮮小、中学校だ。

試合は五分五分でスタートした。やはり強いチャレンジャーの立場はその倍の力がなければ、中々勝てないというが、その通りの試合だ。試合は五分だが、気持ちの面で負けかねない。

大島朝鮮初級学校が先制点を入れた。しかしすぐ同点にされた。そして試合終了間際、私の思いっきり蹴ったボールが私の母の胸の中に飛び込んでゆくかの如く吸い込まれ、風なく静止していた黒いネットを突いた。

私が小学四年生から得意とするコントール絶品のロングシュートがこの決勝の舞台で花を咲かせた。「ピピッー」試合が終わった。

「勝った！」あの神戸に勝った。尼崎の大島朝鮮初級学校が優勝した。この時の感激は、この真っ直ぐで純な感激は決して生涯忘れないだろう。その後も大島朝鮮初級学校は全ての大会で優勝した。無敗の王者となる。そして兵庫県大会の総合優勝も勝ち取った。

ハンメが一度だけサッカーの試合を見に来た時があった。真夏のど真ん中日和、試合は勝って、帰る時にハンメの口が乾ききっているのが分かった。

「ハンメ、のど無茶、乾いとんちゃうの？」

「みんなが水飲まんと、頑張ってるのにうちだけ水飲めんやろ」

今も私は思う。このハンメ「ほんまもんや」と。

兵庫県体育大会では、総合優勝を勝ち取った私達関係者全員、学校に戻って優勝パーティーをする事になった。その時、全員で記念写真を撮る事になった。

サッカー部のチョル監督が「朴 泰植が一番活躍したから、優勝旗を一人持って撮れ」と言った。するとＰＴＡ役員の一人が優勝旗を持つ役は自分の息子にさせると言い出した。

チョル監督は「朴 泰植が本当に一番活躍したので持たせてやって下さい」

監督は真顔で言葉を返した。結局、優勝旗の芯棒を私が持って、その幌の部分をＰＴＡ役員の息子が広げて持ち、二人で写真を撮る事にした。もしその場に私の両親がいたら、何て言っただろう。私は別に優勝旗を一人で持ちたいと思ってもなかったが、子供の私から見てもなにか違う。こんなあつかましく、他の子を無視するような大人が沢山この世の中にはいるのだ。それも権力者の中に多い。それは、貧乏でみなしごの私にとっては決して譲る事のできない天命の闘いでもあったのだ。

このような出来事は新井家の人達、ハンメには一切黙していた。ハンメに私の事で悔しいお思いをさせたくないという事もあったが、「親がいないからなめとる」なんて言ったら、ハンメの事を親として否定している事になる。とにかく親のいない事を私自身いつもそこに問題があるように感じてしまっていた。

絵の好きな私は、教室の中央正面上に飾ってある金 日成元帥の写真を見て似顔絵を描いた。そこに男の先生が入って来て、私の描いた絵を取り上げ破って捨てた。

「朴 泰植、金 日成元帥の似顔絵は在日同胞のなかでは、二人しか描けないんだ。分かったな、二度と描いてはならんぞ」

この頃、ガムだめ、ジーパンだめ、アメリカに関する事は一切だめ。ここは日本なのに朝鮮学校内は外国だ。私から言えば外国と表現するしかない。歩いている日本人を見て、「あいつらは外国人や」と皆が口を揃える。「そんな言葉、この日本の地でおかしいやろ」と私は思うのだが……。

在日とは何か「よう分からん」である。とにかく殴られても、蹴られてもまたその場所に行く。私の身の上が、たとえ区分けされた目に見えぬ差別の中にあったとしても、今この学校が私の存在を強烈に示す舞台にある以上、細かい物事に神経をすりへらしているヒマはない。

その日は激しい雨だった。昼過ぎから突然降り出したので、学校帰りの生徒は誰一人、傘がない。しかしそこは朝鮮学校の親たちのこと、自営がほとんどなので、自家用車とかタクシーで迎えに来て全員下校して行った。

私の新井家ではこの時間に迎えに来られる状況の人はいない。校舎で一人、雨が止むのを待っていた私に担任のミネ先生が、「泰植、この傘をかぶって帰りなさい」と母親のような優しい表情で傘をくれた。

ミネ先生がくれた傘を持って、私は猛スピードで走りながら下校した。道行くすれ違う人達はたたんだ傘を手に持って走る私を見て、理解に苦しむかのような表情で私を見ていた。

猛スピードで雨に濡れ走る私の目には、涙が飛び散っていた。豪雨の中だ、通りすがる人達からは、私の涙には誰も気がつかない。だから私は、思いっきり涙を走る道にまいて帰宅した。びちょぬれだ。

なぜ傘をかぶらなかったのか。走りながら私は決心した。親心のミネ先生が愛情いっぱいにこの傘を私にくれた。しかし私という生い立ちの人間はその愛情たっぷりの傘をかぶってはならないんだ。その傘を胸に感謝しつつも、直接雨に打たれ、どのような時でも一人強く、くぐり抜けて生きてゆかなくてはこの世間に負けてしまう。

「いくら雨が降っても、明日は晴れるよ」

北朝鮮系兵庫県尼崎市大島朝鮮初級学校のホームルームの時間の話。教育係のエリート先生がクラス全員に「将来、大きくなったら何になりたいか?」質問した。六年生の頃、親友となっていた都亢基（トハンギ）は「ダンプの運転手になります」と元気よく答えた。学年一背の低いハズンは「スケコマシに決まってるやんか」と皆が大爆笑した。そして、私の番だ。将来の目標は決まっていた。「サッカー選手」と力強く返答した。

この頃の朝鮮人の中でも金持ちの子らは、皆特に勉強もできた。いわゆる朝鮮エリート達だ。これらのボンボンの夢は子供ながらにすごい。「僕は北朝鮮に帰国して、人民軍隊に入ります」さすが作られたエリートの子らだ。

教育系のエリート先生は子供達の返答を聞いて次のように言った。「朴 泰植、都 亢基はもう少し勉強しろ。ハズン、お前はムンデゥングリ（ノータリン）か！ 廊下に立ってろ！」エリート先生は間を置き、「他の同務（トンム）達は立派だ。アメリカに勝利する為には朴大統領を打倒しなくてはいけない。その為に、我々が人民軍隊となって、戦わなくてはならんのだ」と言う。何か納得できない授業だったが、結局大人になってその夢を実現したのは、私と都 亢基、ハズン達だけだった。

「どんな夢でも先生達は応援せなあかんのとちゃうの。まあ、ハズンの夢は応援できんやろけどね」

私はキムチ屋の熱湯の大鍋を店の人らにひっくり返され大ヤケドしてしまった。ヒザから下、両足だ。学校を一ヶ月休んだ。その時、近場の一つ年下のヨンジンが毎日、ボンチあられを持って、見舞いに来てくれた。私はこのヨンジンを弟のようにかわいがっていた。しかし、私はこの子らと距離を置く選択をする事になった。私は一般家庭の日本人の優しさに興味がつのっていた。

私という人間は、日本社会の群れに飛び込んだ方がベストではないかと感じ、決断した。中学校は日本の尼崎市立武庫中学校に入学する事を。

もう一つの理由は、朝鮮中学校は西宮市、尼崎市、川西市、宝塚市、芦屋市、伊丹市、阪神間全体の朝鮮小学校の生徒が尼崎市にある、尼崎朝鮮中学校に集中して入学して来るのだ。そうなるとあのソンギュンとまたもや同じ学校になってしまう。

私が「日本の中学校に行きたい」と言った時、新井家の人達は「それがいいね」と大賛成してくれた。ただ、担任のミネ先生は泣きながら、「泰植、あかん、あかん、日本の学校、行ったらあかん」と毎日、家に来た。

学校の女の子の中では一番かわいいサンミも一緒に来て、「朴 泰植、日本の学校、行かんとって」と泣いていた。このサンミとは子供ながらお互い「好き」と言い合っていた子だ。ミネ先生は日本の中学校の入学式の前日まで毎日来て、止めようとしていたが私の心は鉄のように固く決まっていた。

「ミネソンセンニン（先生）、コマッスンミダ（ありがとう）。ソンセンニン（先生）の事は絶対忘れへんよ」

この頃のアニメの主人公はほとんど親のない貧乏人であった事に、私はダブラせて、常に主人公の気分で成功だけを信じて、大きな希望を抱いて、日本の学校尼崎市立武庫中学校に入学する事になった。

小学校生活最後の大晦日、ハンメと二人、尼崎商店街に正月の服を買いに行った。二千円のジャンパーと五千円のジャンパーが表に吊るし飾ってあった。私は五千円の方をハンメにねだったが、ハンメは高すぎて「アンデ（ダメ）」と言って、二千円のクリーム色のジャンパーを仕方なく買って帰った。

正月の朝、目覚めると部屋の隅にあの五千円のジャンパーが掛かってあった。

「ハンメありがとう。無理言ってごめん。いつか大人になったら必ずお返しするからね」

三

守部の近場の同級生二人と私の三人で尼崎市武庫中学校の入学式に登校した。

武庫中学校はマンモス学校であった。新一学年は一～十二組まであり、約六百名の生徒が入学した。この中に朝鮮人は一クラス三～五名として計一学年四十～六十名いた。一年生から三年生まで合せると百二十～百八十名いる事になる。このように考えると朝鮮人の多い学校とも言える。

入学式が終わり、各クラスに入る。私は一年一組。先生が「あ」の順番から生徒の名を呼ぶ。私は「新井 泰植」の名で入学した。新井家の名を取った。

各自己紹介は明日となっていた。その時、同じ姓の「新井」という子がいた。私はすかさず新井に近寄り、「お前、朝鮮やろ」と聞いた。以外にも返事が、

「俺、朝鮮ちゃうぞ」

「ウソ言うな。お前の歯にとんがらし付いとるやんけ」

「えっ、ほんま?」

「人に言わんとってや」

「隠したってすぐ分かるわ」

日本学校に行ってる朝鮮人はどうも自分が朝鮮人である事を隠しているようだ。ただ、この新井は「汚い」「不潔」本当に「汚れ」に見えた。だからその後すぐに、担任となる江川 洋子先生の所に行って、入学した時の「新井」の姓を「柳川」に急遽変更してもらった。

なぜ「柳川」なのかと言えば、ハルべの友人でいつも遊びに来て私に小遣いを沢山くれる優しいおっちゃんが「柳川」と言ったので、「柳川」がカッコイイと思って、急遽、「新井」から「柳川」と勝手に変えたのだ。

在日はすぐに通称名を変更できるのでこういう時は便利である。同じ守部村から通う日本人と朝鮮人の同級生もそれなりに多くいた。この守部村部落という所には当時よそからは、一切人が入ってこない。なぜなのか簡単だ。「恐ろしい」からである。

中学校に入学した時、私の身長は百三十九センチ、全体の真ん中位の高さだ。新井家の人達はこの頃の私を見て、長男恵目は「ヒデは大きなったら何か知らんが、大物になる気がするわ。言う事がちょっと他の子とちゃうからな」とよく言っていた。

次男和真は「ヒデはわしが働いて、絶対大学まで行かしたる。こいつは何かやりそうな子や」といつも言ってくれていた。

順子姉さんは「ヒデはお母さん似で、ほんま男前やな。絶対女にもてるでこの顔は」そういう言葉を聞いて私もその気にはなっていたが、不安の方がやはり多かった。自信過剰な性格だが、内心は私という人間が本当に世間に通じるのか、その事がいつも頭をよぎって、人見知りするクセも持ち合わせていた。

次の日、学校にて自己紹介の時間が来た。私は「新井」から「柳川」に変えていたので、その順番は最後のケツとなっていた。

朝鮮学校から来た私は、他の生徒達の中で情報を持つ者は一切いなかった。その分、私がどういう子なのか、興味を持つのも当然だ。自己紹介のトップはあの新井である。「おっ、今日は歯にとうがらし付いてないな」

新井は少しどもりなので何をしゃべってるのか聞きとりにくい。ふと教室の中央にある黒板上を見て、「あれ?」日本の首相か天皇陛下の写真がない。花の絵の額が飾ってあるだけだ。朝鮮学校はどこでも常に教室には金 日成元帥の写真が飾られていたのに。

そして遂に私の自己紹介の順番がやってきた。一年一組の教室は最上階の４Ｆにある。窓から遠き家並みが見えるその向こうは青空、春だ。私は静かにみんなの前に出た。

そして一礼して、大きな声で、

「僕の名前は柳川 泰植です」

泰植は朝鮮の言い方では「テシッ」になるが、この頃は日本読みが普通なので「タイショク」と言った。

「大島朝鮮初級学校から来ました！」

「サッカーが大好きです！」

「仲良くお願いします！」

とにかく大きな声だったらしい。

「質問はありますか？」

すると一人の男の子が、

「タイショクという名は誰がつけたんですか？」と聞いてきた。

日本人では聞きなれない名だったのだろう。

「お父さんです」

「そのタイショクの字を黒板に書いてくれませんか？」

「分かりました」

超巨大に名前を書くと、クラス全員がその大きな字見てビックリしていた。担任の江川 洋子先生は笑顔で「立派に書いて良い事です」と褒めてくれた。こうして私の中学校生活は始まった。

入学早々、最初に全校生徒の体力テストがある。朝鮮学校と日本学校の体力の違いが全く分からない私にとっては大きな不安があった。朝鮮学校ではほとんどの競技でトップだったから負ける事の恐怖がよぎった。

生徒数も朝鮮学校は少数で、この武庫中学校は何と朝鮮学校時代の十倍はいるのだ。やはり日本学校は私にとって、未知の世界にあって不安が常についてくる。

体力テストは懸垂・走り幅跳び・走り高跳び・五〇ｍ走・一五〇〇ｍ走の五種目である。私は自分の人生を決定するかの如く集中した。全ての競技を終え、満足感はもう一つだった。特に懸垂は十八回しか出来ず、納得がいかない。

総合結果が一週間後に教室の前に貼り出されると聞いた。クラス内ではすべてにトップの内容だったが、十二組もあるのだ。不安で体が震えた。私にとってスポーツは自己のプライドの全てだ。両親が無いみなしごになり、貧乏で私の為に苦労ばかりかけているハンメに誇れる何かをプレゼントしなくてはいけない。それは私の人生の天命だとこの頃から考えていた。

どんな小さな事にも全力で真っ直ぐな、単純な性格だ。朝鮮学校時代は自信過剰な私は常に競技を始める前に口で一番だったが、日本のマンモス学校では口は控えた。相手を知らずの能書きはヘタしかねない。

一年一組では懸垂以外は全てトップだったので、クラスのみんなの私を見る視線が尊敬の目に変化していたように感じた。

体力テストの結果が教室の前に貼りだされた日、私はあえて見に行かなかった。慌てて見に行く姿に王者の風格はない。ここは黙して、自分の教室内にて何食わぬ顔で、他の事をしてる振りをするのが賢明だろう。すると同じクラスの女の子達が騒ぎながら私に向かって、教室に入って来た。

「柳川くんすごい！　懸垂以外ぜんぶ一番よ！」

「すごい！」「すごい！」「すごい！」

私は内心、「やった！」と思ったが「それがどうしたんや」という表情で「あ、そう」と、当たり前だという顔でその後、一人でゆっくり教室前の貼りだされた結果表を見に行った。

走り幅跳び・走り高跳び・五〇m走・一五〇〇m走、全て「一位、柳川 泰植」とまぎれもなく明記してあった。懸垂だけはダメだったが、十分満足のいく結果である。

それからというもの毎日休み時間になると、他の組の生徒達が「柳川くんて誰？」と、私を探しに見に来るのだ。

「あの子が柳川くん」

「すごいね」「カッコイイ！」

同級生が六百名もいる学校だ。転校生のような私はみんなの輝く宝物のようにもてはやされた。

歴史の授業が不思議と朝鮮半島の所から始まった。先生が「朝鮮半島は北朝鮮と南朝鮮の何度線で分断されていますか？」と言った。日本学校の生徒は朝鮮についてほとんど知らなかった。すかさず私が、

「はい！　三十八度線です」

「北朝鮮の首都は？」

「はい！　ピョンヤン（平壌）です」

「南朝鮮の首都は？」

「はい！　ソウルです」

クラスのみんながビックリした。

「柳川くんは勉強も出来るんだ」

この授業のおかげで、最初のうちだけ私が「アホ」だという事がばれずに済んだ。そして美術の時間が来た。

「自由な絵を描きなさい」というので、私はサッカーの絵を描いた。

またもや全員が私の机の周りに集まって、「すごい！」「柳川くん、絵も天才ね！」

美術の女性先生も

「柳川くん、どこかで絵をならっていたの？」

「いえ、家で一人でたまに描くだけです」

「柳川くんはすごく絵の才能があるわよ。一度、本格的に先生について習ってみたら？」

と言われた事もあった。

しかし私はサッカー部に入っていた。三年生のキャプテンは守部村の近場の先輩で、藤田と言って朝鮮人だ。この頃、武庫中学校は尼崎市の大会で常に優勝していた。半数以上が朝鮮人であった。監督はなく、名前だけの顧問先生はいたが、全ての采配と練習はキャプテンの藤田先輩が行っていた。藤田キャプテンは同じ守部村なので、朝鮮小学校時代の私の名声を知っていた。

神戸のチャンピオンチーム、北野崎学校が練習試合で武庫中学校に来た。その日は土曜日なので、武庫中学校の全校生徒が校舎の窓から観戦する事になっていた。武庫中学校にとってサッカー部はエリート競技の一つだ。常に尼崎市においての優勝はこのサッカー部しかなかったからである。

武庫中学校の全校舎からグラウンドは見渡せる。その応援の数はマンモス学校にあって群れる桜の花以上といえる。

春一番、サッカー部の試合が始まった。前半は一年生である私はベンチで観戦、というよりグラウンドの外で試合のボール拾いをさせられた。北野崎学校はさすが神戸市チャンピオン、強い。前半は五分五分の展開で０対０。

ハーフタイムの時、藤田キャプテンから、「おい、柳川、後半出ろ」と指令された。ポジションは左のハーフだ。一年生と三年生では身長が全く違った。しかも普段の練習にも参加させてもらってなかったのに、いきなり試合とは不安がつのる。だがそこは、小学生時代の経験において、そうプレッシャーはなかった。

後半から試合グラウンドに入ると同じ一年生の応援学生達が大騒ぎ、

「柳川！　ガンバレッ！」

私は試合前の相手練習を見て、キーパーは背が低い。横と下のシュートには強いが、空中のシュートボールには弱いのではと見ていた。小学校時代は平均、背が低いキーパーが多いので空中のロングシュートは有効ではあったが、中学ともなるとその辺の所はよく分からない。

後半から出場した私は、全校生徒が見てる前なので、ボールキープを多く取り入れ、個人プレーを盛んに行った。イイカッコの姿を見せたかったのだろう。

試合は前半と同じく、五分と五分の展開だ。私は小さな体で無我夢中で走り回った。センターラインを越えた所で、センターハーフポジションの先輩が、左サイドの私に、前方パスをくれた。

私は猛ダッシュで走り、そのままシュートした。シュートボールはあれよあれよという間にキーパーの頭上を越え、ゴールポストに当たり、ゴールネットに大きくバウンドしながらさわった。

「ピピーッ！」審判の笛が天を突く。

応援の全校生徒が一斉に「やった！」「おうー！」生徒達の歓喜が嵐に舞う桜吹雪を築いた。小さい頃から得意とするコントロールロングシュートがまたもや私を自信過剰に導いた瞬間であった。

結局この試合は、その後相手チームから1点を失い、1対1でその幕を閉じたが、全校生徒の前、一年生で出場して先制点を決めた私は、武庫中学校では誰もが知る存在となった。

武庫中学校に入学してすぐ、私は人気者となった。その結果私の「自信過剰」の性格が一層天を突いてゆくのである。

ただその後、勉強が全くさっぱりの私は授業中だけは沈黙するしかなかった。「あいつアホやで」と、ばれ始めていた。勉強さえ出来ていれば完璧だが、そこは天の成す志といえよう。

ある日、朝礼の済んだ後、一階の下駄箱入れの所でもみ合って、二年生上級生と喧嘩になってしまった。私は生まれてこの方、自分の方から先に人を殴った事はないが、この時上級生が私の胸を突き飛ばそうとして押して来たので、逆に押し返して倒してやった。するとその二年生上級生が、

「お前！　何年や！」怒鳴ってきた。

「わしは一年一組じゃ！」と怒鳴り返した。

「あとで待っとけよこの一年！」

私はそのまま教室に戻った。そこに二年生上級生四、五人が、私の教室に入って来た。鬼の形相である。

「さっきもめたやつは誰や！」大声で怒鳴って聞いてきた。さっきもめた二年生の奴らだと知り、

「わしやけど」と返答した。

「お前か！　上のもんに喧嘩売っとんわ！」と一人が前に出た。

その瞬間、うしろにいた一人が「待て！」と言って前に出てきた。

「なんや、ヒデやないか」

よく見ると、守部村の近場の高山 吉行だった。高山 吉行は朝鮮人で一つ上の番長で、空手の達人として有名な男子だった。高山 吉行は仲間を見て、

「あかん、あかん、ヒデはお前らでは歯が立たんわ。わしでも一目置いとるんやで。ヒデ、また道場遊び来いや」と言って全員、二年生の教室に帰った。

道場というのは、守部村にある空手の守部道場で、私も時々小学校の時から習いに行っていた所だ。

あの二年生番長の高山 吉行が私に一目置いた一件によって、私は学年内で自然と番長にされた。

「喧嘩せずに勝つ」これが一番良い事だ。

私はこの日本の中学校に来て、本当に真面目な生活を送っていた。友達も沢山できた。私はワルの友達とは遊ばず、学校のエリートな子らとばかり、自然と仲良くなっていた。特に大森 智和君とは同じサッカー部で、その子の家に一ヶ月間寝泊まりして学校に通った事もある位、親友だった。大森智和君のお母さんもハンメの家まで挨拶に来てくれて、

「いつも知之がお世話になって、本当にありがとうございます」と、本当に律義なお母さんだった。

また、野球部の田川 孝一の家に泊まりに行き、夕食の時、そこの家族全員と同じく食事をした時です。田川のお母さんが、

「柳川くんのお父さんはどのような仕事をしているのですか?」

「いえ、僕には父はいません」

「えっ、じゃあお母さんは?」

「お母さんもいません」

「えー、じゃあ誰と暮らしているの?」

「血は通ってませんが、両親の知り合いのお婆さんに育てられました」

「兄弟は?」

「いません」

このような会話をしていたら、田川家の父、母、姉、全員が涙を流して私の話を聞いてくれた。優

しい日本の家庭の人達だった。そして、食卓の最後に田川君のお母さんが、「柳川くん、うちの孝一がいじめられたら助けてやってね。この子気の弱い子ですからお願いね」と話した。私に対する思いやりで言ってくれたのだろう。田川君のお母さんは時々、私にも弁当を作ってくれたりしてくれた本当に優しい人だった。

武庫中学校の校区は広く、尼崎市では最も高級住宅街と言われる所からも沢山、通学して来ていたので、私の友達は豪邸住まいの子が沢山いた。友達の家のトイレの広さと守部新井家の長屋と同じ位の広さで、ピカピカにきれいなトイレには新井家もビックリだったろう。私の同級生達の両親は若く、年老いたハンメの年では社会における仕事とその地位が異なる。そこに暮らす私はどうしても一昔の環境での生活水準となり、同級生の環境にはそういう面で驚かされるのである。

実の所、私の同級生やその両親は私の存在が「うざい」という面もあったのかもしれないが、そこは日本人の教養をもってカバーしてくれていたのだろう。とにかく私はこの頃、人の情が欲しいのか、身の上話をアゴ全開で語っていた。

夏休みの宿題に「詩」を提出する事になった。私は「愛」という題で詩を書いた。家の近場にいる野良犬一匹と人に飼われている犬二匹とのふれ合いの話を詩にした。この三匹が一緒に原っぱで遊んでいた。私はお菓子をあげようと思い、口笛を吹き近づいて手に持ったお菓子を差し出した。人に飼われている二匹の犬はすぐに走って来て、そのお菓子を口にした。でも野良犬は私を警戒して中々来ない。その為、私が近寄ってお菓子をあげようと思い近づいたら、「キャン！」と叫び、どこかへ逃げて行ってしまった。

私は悲しいものを見た気がした。人の愛を知っている犬はしっぽを振ってそのお菓子を食べに来るのに、人の愛を知らない野良犬は、人を信じる事が出来ず逃げた。だから私は「愛」という詩の最後に「愛」は人類の開けゆく平和の道だと僕は信じていると綴った。

担任江川 洋子先生に呼ばれ、職員室に行った。

「柳川君、この詩は自分で書いたの?」

「はい」

「柳川君、あなたはいい才能を持っているよ。もっともっと勉強しなさい」

江見先生は国語の先生だから、沢山の参考書をくれた。その後も江見先生には時々呼ばれ「あなたは勉強すれば必ず出来る子です。お願いだから一生懸命勉強してちょうだい」と、涙までためて訴えてくれた、若く優しい先生だった。おかげで国語だけはまあまあ良い成績であった。

今においても分からない事がある。一週間に一度、必ず私の机に手紙が入っていた。名の無い女の子からのものだ。今で言うラブレターである。誰からか分からなかったが、こんな私にとってはとても励まされた手紙だ。「キャーッ、キャーッ」と言う女の子は嫌でならないが、何かと気で応援してくれる子には心から感謝した。

自信過剰は無限の宇宙をさまよう。まるでその星を食料とするかのように。

中学校二学年となったある日。サッカー部の部室は三年生だけが使用する。二年生、一年生は自分の教室で着替える。その日も練習を終え、教室でいつものように着替えていたら、同じクラスではないが、同級生である女子テニス部の田代さんが一人入って来た。よく見ると教室の前方の扉入口の後ろにもう一人の女の子が下を向いて立っている。女子テニス部の田代さんが、

「柳川くん、矢部さんがね柳川くんの事、カッコいいんだって、わかる?」

「いや、ようわからんけど」

よく見ると教室の前方入口扉の後ろに立っているのは、同じクラスの卓球部の矢部 英子さんだった。矢部さんはクラスでも頭脳明晰、活発な女の子で、クラスのアイドルにあって、歌手の朝丘めぐみみたいなイメージだ。意味の解らん顔をした私を見て、田代さんが続いて、

「柳川くん、矢部さんがね、柳川くんの事とても素敵なんだって。わかる?」

田代さんの言いたい事は何となくわかるが、私はとぼけた。

「いや、何かよう分からん」と小さな声で呟いた。

するとその時、前方入口扉の後ろにいた矢部さんが急に走って行ってしまった。そこで田代さんが、「柳川くん! 早く追いかけて行ってやって!」と私にハンカチをくれるのだ。何が何だかわからないが、とりあえず私はそのハンカチを持って走り追いかけた。

矢部さんは体育館裏の椅子に泣きながら座っていた。そしてそのハンカチを持って、近づき「ハイ」と手を出すと、矢部さんはハンカチを受け取り、涙を拭きながら、「柳川くんごめんね」と下をずっと見ていた。私は何を話しかけたらいいのか困り、悩んでいると「ごめんね」と言って、今度は

校舎の方に走り出して消えていった。

「ごめんね」と言われても相手はアイドル矢部　英子さんなのだ。悪い気など全くないのに決まっている。

その日の夜、私は布団の中で、今日の出来事を振り返った。しかしサッカーで言うと、田代さんと矢部さんは絶妙なコンビネーションだ。あのハンカチは用意されていたものなのか。テニスの練習後なので手にしていたのか。

次の日の朝、教室内にいたら、またもや田代さんが来て、階段の横に呼び出された。

「柳川くん、これ矢部さんが編んで作った物なの」と言って、五円玉に糸で刺繍したきれいな緑色のズボン前にぶらさげてかけるお守りのような物だ。

「柳川くん、もし矢部さんの気持ちを分かってくれるなら、これをズボンに付けてあげてくれる？」

田代さんの目は吊り上がっていた。何か脅かされているような感じだ。こうして私のズボンのベルト前には五円玉刺繍のお守りが輝いてスマイルしていた。

私と矢部さんとの事は学校中知らない者はいなくなった。柳川イコール矢部。矢部イコール柳川だった。矢部さんと二人でデートなどした事はない。日曜日にグループで卓球場に行って遊ぶ位である。同じクラスなので毎日、顔を見るだけで楽しかったのだろう。

私はシャイで女の子には特に苦手だった。告白が無ければ気楽に話せたものが「付き合う」ともなるとどうも話づらくなるものだ。

ある時、他の女の子が私に、「矢部さん小学校の時は、山崎くんが好きだったんよ」と言ってきた。私はその話を聞いて、じっといられなくなり、矢部さんの方に行って、「山崎が好きあったんやて。俺は二番目というのは大嫌いやねん。山崎が好きあったらそいつと付き合えばええんや」ときつい口調で言ってしまった。その後、田代さんがやって来て、「柳川くん、小学校の時の話やん。何、怒ってんの？」と言ったが、私は刺繍した五円玉をはずした。

こうして私の恋は自然と終わった。でも男として自信をつけさしてくれたのは、まぎれもなく矢部さんだ。こんなどこの馬の骨とも知れぬ私を好いてくれた。やきもちが終わりをむかえてしまったが、中学校卒業までずっと矢部さんの事が好きだった。

「柳川くん！」大きな声が私の背中を突いた。矢部さんの声かな？　はっと振り向くと、そこに梅の花が満開、咲いていた。春の声だった。

私は中学三年生になっていた。担任はまたもや江川 洋子先生だった。守部村の近場の悪ガキらは、私の真面目な学校生活ぶりにあきれ返っていた。風紀の指導係で体育の教師であだ名がツンマリ先生が居た。このツンマリが朝鮮人生徒数人を職員室に集めて、

「お前ら、悪い事するんやったら、自分の国の学校に行ってもらうからな」と強い口調で言った。その中に私もいた。ツンマリは私の方を向いて、

「柳川、お前が番長言うとるけど、ほんまにやったら加治木の方が強いぞ」と私にけしかける。

でも体育の時間ではいつも私を指名して模範演技をさせる。

ツンマリ先生との思い出は多い。美術の時間、学校の横にある交通公園で絵を描く。その交通公園のドブ川に生徒が皆集まっていた。私は「どうしたのか?」と行ってみると、女子生徒が「この川、跳べる人いないの?」とけしかけていた。

二〜三mしか助走出来ない場所なので、このドブ川を跳ぶのは困難だ。誰も挑戦する勇気がない。こんな時、私は燃える。

「よーしっ! 僕がやったる!」

カッコつける事が好きな私は、何も考えずに思いっきり跳んだ。着地はした。しかし助走が細かい所なので、加速が無い分、体が起きない。「あ〜あ〜っ!」とそのままドブ川に仰向け状態で落ちてしまった。

学生服はドブ水でビジョビジョ、そのまま公園にある小さな池に全身丸ごと入って、池の水でドロを落とした。教室に帰り体操着に着替え、学生服は教室の窓際の手すりのポールに洗濯して干した。グラウンドで体育の授業をしていたツンマリ先生が、私の窓際のポールにかかっている学生服を見て、教室まで上がって来て、

「柳川! またお前か!」

ある時は、寒い冬なので私が家の近場で畑の芋を盗み、持って来て、放課後、グラウンドの真ん中で焚き火で芋を焼き、野球部やその他の友達を呼んで、みんなで食べていたら案の定、ツンマリ先生が鬼の形相でやって来た。

「なにしとんじゃっ！　柳川！」

こんな時、大声で怒鳴って来るのはいつもこのツンマリ先生だった。その芋を持って職員室に小さな体になって行ったら、「柳川、この芋、おいしいのう」と、ツンマリ先生は怒りもせず、もくもくとこのさつま芋をほうばっていた。

ある時は、他の中学校の番長から私宛に果たし状が来た。午後からの五時間目の授業に出席せず、隣にある交通公園に行った。

「お前が柳川か？」

そう言ったやつがボスだ。あとの者は手にチェーンや鉄グローブをして私を威嚇する。そのボスの渡邉というやつが、「勝負は一対一や」とカッコウをつける。

渡邉は中腰で楽にかまえて「来い！」と誘った。それが喧嘩の合図で勝負は始まった。それならと、私はサッカーキック的な回し蹴りを放った。中腰の渡邉は顔面にまともに食らい、尻もちをついたが、立ち上がって来た。そこに一発、右ストレートをぶちかますと、膝からくずれた。

「渡邉、これ以上来たら、お前死ぬぞ！」

私はそのまま学校に戻った。そこにまたあのツンマリ先生が待ち構えているのだ。やはり風紀係の先生だ。何でもよく知っている。「逃げて来たんちゃうやろな」とにや笑いしていた。

中学校の三年間、ある意味このツンマリ先生は私の理解者だったかもしれない。なぜそう思うかと言えば、私は決してこの先生が嫌いではなく、挑戦的精神を常に与えてくれていた気がするからである。卒業式前、ツンマリ先生が、「柳川、矢部さんはええ子やぞ」その言葉がこの先生との最後になった。

隣の中学校に香山という生徒がいた。この香山は、私の通う武庫中学校の二年生、満川のいとこで私と同じ三年生だが、ある日、その満川の紹介で香山が隣の中学校で番長グループにいじめられているので、「助けて欲しい」と相談があった。私はいじめはよくないと思い、相談に乗った。

私のファッションは真面目で好青年そのものである為、香山に「そのカッコではなめられる」と言われ、香山が持参してきた三点セットを身につける事になった。まず一点目は、そう寒くもないのに学生服の上から白のレインロングコートを着せられ、雨も降っていないのに黒い長靴を履く。極めつけは晴れた空の下、黒い傘を持たされた。

「まぁ、なんでもいいや」

このスタイルで香山をいじめているヤツらの自宅を一軒、一軒夜に回る事にした。何人かは不在だったが、最も重要な相手、番長の和田を呼び出す事が出来た。和田は意外と背は高くない。その代わりがっしりした体型であった。香山が和田に向かって

「この人はやな、武庫中学校の番長で柳川いうんや！」

「柳川」と聞いて和田は、「あっ、あの柳川さんですか?」と私を見た。

「そうや、わしが柳川や。おいっ、和田、仰山で香山一人、いじめたらあかんのとちゃうんかいな。

なんあったら、わしがお前をいじめたろか。おっ！　和田！」

和田はすかさず、「柳川さん、すいません。二度といじめません。許して下さい」と言って土下座して深々と頭を下げた。

その時だった。和田が頭を下げた途端、横にいた香山が和田に対して、思い切り顔面を蹴り上げた。私はビックリして、

「香山！　やめんかえ！　相手は土下座しとるやんけ！」

香山は土下座している和田に対して一発蹴った後、能書きをたれ、この件は済んだ。しかし、私は気分があまり晴れなかった。土下座している相手を上から蹴るとは、「卑怯なヤツ！」この香山とはこうして知り合い、私の人生の途中にも今後現れる存在となるが、詳しくはずっと先の綴りとする。


いつもと何変わる事のない地球の朝が、今日も来る。しかし人の朝には突如として悲しみが、降り襲って来る。新井家ハンメの朝は泣いていた。新井家の長屋が狭くなっていたので、歩いて十分もからないすぐ近くにもう一軒長屋を借りていた。その長屋に午後六時頃、私が一人でテレビを観ていたら、胸の病気で入院していた次男和真兄さんが突然部屋に入って来た。

「ヒデ、ハンメは？」

「和（和真）兄ちゃんの病院に行ったけど会ってないの？　病院の方はもういいの？」

「今ちょっと用事で寄っただけや。今から病院に戻るわ」

そう言ってすぐに玄関の外に出た。

私が「ハンメもう帰るから待ってたら？」と言うと「ええ、行くわ。そや、ヒデ小遣いやるわ」とポケットから取り出したお金をそのままくれるのであった。

千円札が何枚か束になっているが、和真兄さんは数えもせず、そのまま手渡しでくれた事が少しひっかかったが、「えっほんま、ありがとう」と笑顔でお礼を言った。

「ほんだらな」

背を向け、歩いて行く。和真兄さんの後ろ姿はとても優しい。いつものように。小遣いは七千円もあった。

少し前、私が和真兄さんの病院に面会に行った。和真兄さんは鉄工所に勤めていたが、保険が無く友人の保険で入院していた。その名が「樋口」だった。貧しい新井家にあって、和真兄さんの入院は即響く。その事を苦にしていて、面会時にはいつも暗い表情をしていた感がある。自分の入院で新井家家族にかける迷惑ばかり考え込んでいた様子だ。

病院の先生からは「無断外泊ばかりしていたら、いつまで過っても退院出来ないぞ」と言っていた。先生のこのような言葉も今の和真兄さんにとっては相当きつかったのだろう。

次の朝は日本晴れと言えるような晴天だった。私はクリーニング屋の息子（同級生）東野くんと一緒に登校した。登校途中に阪急電車のガード下をくぐる時、東野くんが言った。

「柳川くん、昨日の夜な、そこの踏切で飛び込み自殺があったんやて」

「ふうん。そんな怖い事するな」

何時間目の授業だっただろうか。授業中に「家から電話が入ってる」と先生から言われ、職員室の電話を取った。新井家の順子姉さんだ。

「ヒデ、ヒデ、ヒデ、」と声が震えている。

「どうしたんや、姉ちゃん?」

「カズ（和真）兄さんが、兄さんがな死んでしもてん」

その後は声にならず、泣いているばかりだった。私は早引きして、急いで家に向かった。日本晴れの空が空白の空に変わって見える。

「そんなアホな。ほんまかな? ウソで姉ちゃん泣けへんわな。ウソやろ、ウソやろ」

何も分からない私は通学路にある阪急電車のガード下をあとにし、新井家に着いた。玄関のドアを開けると恵目兄さんと順子姉さんの二人が、下を見て虚ろに座っていて、「ヒデ、ヒデ」声にならない声で私の名を呼んだ。

「姉ちゃん、兄ちゃん、ほんまに死んだん」

「う、うん」順子姉さんはまた泣きだした。恵目兄さんはずっと黙っていたが、「わしのせいや」とポツリ口にした。

恵目兄さんの「わしのせいや」という意味は、自分が少し前に結婚した事で、ハンメが近場の村のボスみたいなおばさんから三百万円を借りた事を言っていたのだろう。

朝鮮人の家では、たとえ貧乏といえども長男だけは派手に式を上げる習慣がある。結婚資金を借りた事を知った恵目兄さんは、その日酒を飲んで帰って来て、家の中の物を無茶苦茶つぶし、暴れた。最後は泣きだし「すまんな、すまんな、おかん」と呟いた。

借金をしたといっても、この村のおばさんのお金は銀行利息程度だった。長期返済で使えるから、全くきつい借金という訳ではないが、苦労ばかりしているハンメの事を思うと長男として、いてもたってもいられない位、悔しかったのだろう。

そこに次男和真兄さんが死んだ。順子姉さんが「和真兄ちゃんな、電車に飛び込んで自殺してん」とようやく声を出す。

自殺した現場に身分証明書があって、警察から連絡があって分かったという。遺体はあとから運ばれる事になっていた。遺体と言ってもバラバラの粉々だ。死亡時刻は昨日の夜九時頃だという。私が小遣いをもらった時間は昨日の夜六時頃、それから阪急電車の踏切まで行ったという事だ。家から踏切まで十五分位だ。それまでどこに行ってたんだろう。

「和真兄ちゃん、なんで、なんで」

恵目兄さんの話では、家が金銭的に苦しい時に入院してしまった事で思い詰めたのではないかと言う。

「みんなに迷惑かける、そう悩んで死んでしもたんや。わしが結婚せんかったら」

ハンメは今何も知らずに仕事に行っている。順子姉さんが、「ハンメに和真兄さん死んだなんてよう言わんわ。それこそハンメがまた死ぬわ」とまた一層泣きだした。

その時、玄関ドアの開く音がした。私達が聞きたくなかった音だったが、帰って来るに決まっているハンメだった。

「今、病院行ったら、和真がおれへんねん。どこに行ったんやろか?」

恵目兄、順子姉、私、三人は息もしていなかった。恵目兄さんが「まだハンメに言うたらあかんで」と小さな声で言った。この後の事は文章にするのも辛い。

その日の夜は一晩中、新井家からハンメのあまりにも悲しい鳴き声が守部村全体に、木霊と響き渡り、村の人達まできっともらい泣きをしていた事だろう。こんな悲しい人の鳴く声がこの世にあるのかと……。

和真兄さんはいつも「ヒデ、お前は勉強して高校、大学に行けよ。金の事は心配するな。わしが働いてちゃんとしてやるからな」と言っていた。自分は中学校しか出てない。だのに他人の子をこんなに大事に思ってくれる「兄ちゃん」だった。この和真兄さんの言葉を知っているせいか、ハルべは普段は一円も家に金を入れないのに、私の高校三年間だけは、「きっちり」毎月三万円を入れてくれた。

朴和真　享年二十六歳。

この和真兄さんの死は、私の心の奥に潜む何かが巨大噴火したであろう。　貧乏の悔しさ、いくら心が豊かであっても何か一つ歯車が狂うと貧乏に勝てない。

こんなに良い人達ばかりなのに。

こんなに働き者達ばかりなのに。

なぜ貧乏がしがみつき、生き続けるんだ。

「和真兄ちゃん、いつかきっと！　いつかきっと！　いつか必ず！　大金持ちになってハンメやみんなを楽させてやる！　兄ちゃん、絶対ガンバル！だから天国から応援してね」

私は一生この誓いを忘れない。

中学三年生時代も担任は一年生時と同じく江川 洋子先生だ。学年十二組もある中で、である。サッカー部顧問の畑野先生が「江見先生が柳川を離さへんのや」と言う。同級生達は二十九歳でオールドミスの江見先生は「柳川に惚れとるんやで」などとも言っていた。このように言われる江見先生だった。
アイドル矢部 英子さんとよく似た目を江見先生はしていた。私は孤独を忘れていた。この世に一人生まれてきた私が、人には「愛」というものがあり、この愛さえあれば決して一人ではなくなる。こんな私がなんらかの自信を身に付ける事の出来た中学校時代であった。

四

サッカー部先輩の推薦で大阪の北陽高校に中学三年生の冬休みに、自分のプレーを披露しに出向いた事がある。近畿地方から選ばれた中学三年生チームと北陽高校一年生との試合が行われた。

神戸サッカースクールで有名だった生徒が参加していた。皆の目がその子に集中していた。彼はセンターフォワード、私はセンターハーフ。試合は4対1で中三チームが勝った。私は一人で四得点した。北陽高校の埜田監督は「柳川はうちに来たら即、一年目からレギュラーやな」と絶賛してくれた。

高い山で自分を試さなくてはならない。あの有名だった神戸サッカースクールのエースはその後、その名を耳にした事もない。「わしより上には上がおるやろな」そう思うと勝負前に武者震いが始まる。だが未知の「山」への挑戦にいつもあっさりと勝利してしまう。だからこそまず心で勝ってなくてはならない。

みんな同じ人間である。大した差など無い。私の「自信過剰」はこうして生まれた。わざと「自信過剰」を売りにして、まず「心」で勝ちに行くのである。大極の挑戦時には必ず武者震いが起きる。その武者震いが大きければ大きいほどその結果は優れる。決して何事にもなめてかかっていない証拠がこの武者震いであろう。

北陽高校ではこの頃、特待生制度はなく、金銭的問題により私は入学不可能と判断された。新井家の人達はこうした私の行動を誰一人知らない。私一人で考え行動していたからである。

もう一人の先輩が「入学金はいらんから福島商業高校（現、履正社高校）に行かんか？ 今まで野球には力いれてやってるんやが、今度サッカーに力を入れるらしい。ええ選手おらんかと頼まれてるんやけどな」と言う。

「サッカーが出来るなら、どこでも行きます」

私は迷う時間とヒマもなかった。福島商業高校はアホで有名だったので〝えてこう〟と呼ばれていた。学校を囲う金網のフェンスの前を別の女学生が通るとこの金網に登ってギャーギャー騒ぐので「えてこう（サル高校）」と言われるようになったらしい。

サッカー部の顧問の先生がやって来た。「柳川くん、君がこの学校のサッカー部を背負ってやって欲しい」と言う。この学校ではまだコーチも監督も決まっていなかった。

三年生の先輩は三名、二年生五名、新一年生十名。新一年生は基本的に「出来る」プレイヤーが揃っていたが、不良系の集まりともとれた。

私は全く遊びなど知らない。学校ではサッカー一筋、家に帰れば絵を描く、こんな毎日しか知らない。「赤ちゃん」がどのようにして生まれるのかも知らなかった。中学三年生の時、一つ上の先輩に「子供はどうやって生まれるの?」と質問した。

その先輩はこう答えた。

「処女膜があってそれが破れたら子供が生まれるねん。そやから自転車に乗ってる時も破れる事があるんやで」

「先輩、そしたら何でお父さんの顔に似てるん?」

「結婚したら毎日顔を見てるから自然と似てくるんや」

「ふうん」

私はこの頃毎日、女の子を見たらムズムズした。女の子の足を見ただけでだ。ある日先輩が「チンチンずっとこすってみ」と言った。帰ってからその通りにしてみたら、液体が顔まで「ピュッ」と飛んできた。「無茶気持ちいい」この程度がこの頃の私の性教育なる知識である。

しかし、福島商業高校サッカー部の同期達は毎日が「女、女」であった。サッカーは遊び、女がメインの生活だ。練習はしょっちゅう休む。全ては「女」である。こんなひどいサッカー部「あの先輩め!」私を紹介した先輩の顔が毎日浮かぶ。

部員の家にまで行って「ガンバロー!」と言っても、彼らにとってはサッカーなどただの遊びだった。普通の学生にとって夢は夢で終わり、去って行くとしても、それがその人なりの夢だと言えるかもしれないが、私の人生は夢を夢のまま終わらす事など出来ない、自分自身の天命的星を持しているのだと感じていた。

こんな場所では己が潰される。しかしサッカーを失う現実は私の中では考えられない。「こんな学校」私は全てにやる気を無くしていた。

こうして一学期間が過ぎ、夏休みに入った。サッカー部の夏期練習は一切出なかった。中学時代のサッカー仲間を集め、インスタントでチームを作り、尼崎市内の高校と毎日あちこち練習試合をしていた。夏休みの間の事だけだ。そのメンバーの中に同じ守部村で校区は違ったが、とても仲の良かった新田 三彦という同級の朝鮮人がいた。新田が通っていた大庄中学校は全国大会でも好成績を収めるほどの実力があった。

この臨時チームは無敗だった。

試合が終わると新田がいつも「柳川、どっかええ高校ないんかな?」と言っていた。サッカーの強い高校に転校出来ないかと、いつも私の事を心配してくれていたのだ。

そんなある日、小学時代(大島朝鮮初級学校)の同級生、相文が私の家を訪ねて来た。この相文の父親は朝鮮小学校の校長も務めた事のある人で、息子の相文も学力優秀なエリート学生だった。私とは同じ守部村で小学時代はちょくちょく私の家に来て遊んだ付き合いだ。

「朴 泰植、昨日な新田に銭湯で会ったんや。えらい、朴 泰植の事心配しとったぞ」

新田とこの相文は家がすぐ近場だ。

「ああ、高校の事やな」

「柳川のサッカーは一流や。どの学校でも通用するんやけどな、て言うてたわ。今の学校はもうやめるんか?」

「やめるつもりやけど他に行くとこないしな」

「朴 泰植、それあったら、朝高（神戸朝鮮高等学校）来へんか? サッカーでは朝高は全国一位、二位を争う実力のあるレベル高い学校やで」

「相文、そやけどわしアホやし、金が無いねん」

「朴 泰植は親もおらんし、学費免除してもらうよう頼んでみるわ。アホは関係ないし」

相文は「Vサイン」して帰っていった。この頃の朝鮮学校のサッカーは全国トップレベルである事は知っていた。小学校時代の同級生も沢山いるだろうし、サッカーも思いっきり出来そうだ。ただ、「レベル高い選手が仰山おるんやろな」という不安もある。常にエースだった私がペイペイの選手状態になりはしないか、武者震いがまた始まった。

今の私が置かれた状況を新井家、ハンメ達は知らない。何から何まで全て私個人で決めていた。新井家の長男恵目は嫁をもらい、守部村を出て近くに暮らし、次女順子姉さんも嫁いで隣町の西宮市に住んでいたので、新井家は私とハンメの二人暮らしだった。長屋を二つ借りていたので、私の長屋が広く、毎日友達が遊びに来て、たむろする仲間が多くなっていた。

この日は新田 三彦、小学時代の同級生都 亢基、一つ年上の稔徳、そして新田の彼女、四人が私の部屋に遊びに来ていた。

都 亢基は家業の土建屋を手伝っていて、一番のこの中で金持ち。ソンギュンに腕を折られて問題になった稔徳は学校も行かず家でブラブラ。新田は尼崎の県立工業高校のサッカー部で頑張っていた。新田の彼女は大人みたいで色気がある。私は新田に冗談を言った。

「新田、あんまりスケべ過ぎたら、将来、頭はげるらしいぞ」

「わし、スケべ違うで」と彼女の方を見て照れている。

都 亢基は小さい頃から体が大きく、少年空手でも優勝する腕力を持っていて、いかつく見えるが、見かけよりもジェントルマンで、やさしい性格だ。そして仕事は真面目だった。金のない私ら学生にいつもスポンサー的な役割をしてくれる。

稔徳は少々、知恵が遅れていた感が有り、皆からバカにされて喜んでいる存在だ。このメンバー皆で私の部屋でテレビを見ていたら、昨日の相文がやって来た。

「朴 泰植、昨日の話、ＯＫ！　ＯＫ！」と笑顔でやって来た。

「ほんま、ほんだらすぐ準備せなあかんな。相文、サンキュ、サンキュやで」

入学金一万円で学費は一切無しという条件だ。「ありがたい！」

こうして私は二学期から神戸朝鮮高等学校に転校する事になった。ハンメがどうしても学校側の先生に挨拶をしたいと言うので、ハンメと二人で入学手続きに行く事にした。神戸朝高は尼崎市のＪＲ立花駅から、神戸市垂水区の垂水駅まで電車に乗っている時間だけで一時間はかかる。

ようやく学校に着き、ハンメと二人、神戸朝高の正門を通った所で二人の女子生徒とすれ違った。

制服は黒のチョゴリ姿だ。よく見ると一人は大島朝鮮初級学校時代の同級生ジョンオである。もう一人の子は背が高く、ギリシャの彫刻像のような美的感性をくすぐるかのような顔をしていた。「年上の三年生かな？」

その日は面接と入学手続きをして帰宅した。ふとよく考えると、これまで私の歩みにあって節目節目でハンメがいつも私の横に座ってくれていた。言葉はなくてもそれがハンメの私への思いであって、私の全身にはきっとハンメの心の血が流れている。それは肉と骨を作り、確かに私を育てていたのだろう。

私は幼い時から色々な人達に引き取られ育ったが、その相手の腹にある真実はどこにあるのか分からなかった。しかし、このハンメだけは違う。勉強しろともサッカーうまいのかとも一切語らない。ただ黙って料理を作ってくれるだけ。ハンメの料理は本当に美味しい、世界一だ。

私は日本学校からの転校生だけのクラス（十五名）に入った。他のクラスには大島朝鮮初級学校時の同級生も沢山いたが、あまり親しくはしなかった。と言うよりも相手があまり私に対して近寄って来なかった感がする。この時の番長的グループは小学時代、私が全て支配していた者達だから、今の私の様子を見ていたのだろう。

朝高生はほぼ全ての生徒が学生服をあつらえていたので、私の既製品学生服は「イモ」と見えただろう。髪の毛も真面目そのものだし、他の学生を見る度、どうも自分だけ「ダサイ」と言った感が抜けなかった。

そこで家の近場にいた朝高の先輩にお古ではあるが、五千円で学生服上下を売ってもらった。しかし、学生服以外の服はほとんどなく、他はサッカーウエア位だが、あまり気にもならなかった。なんせ学校、サッカー、帰宅して絵を描く毎日だからだ。

登校の朝、真っ先にサッカー部キャプテン、金 光浩先輩に入部の挨拶に行った。

「キャプテン、今回転校してきた朴 泰植です。入部の挨拶に来ました。よろしくお願い致します」

「トンム（同務）が朴 泰植か。でもねトンム、うちのサッカー部は厳しいぞ。すぐにやめてしまうような、最初から入部しない方がいいですよ。軽い気持ちで入って来た子はほとんどすぐやめてしまうからね。本当にやれる？」

「もちろんです。その為に転校して来たのですから」

「トンム、本当に厳しいよ。本当に心してやる気があるなら入部を認めますが」

「はい！　ガンバリます！」

「じゃ、いつから練習に来れるかな？」

「今日からやりたいです。準備して来てます」

「分かりました。では今日から来るんですね」

「はい！」

私は張りきって練習に参加した。あれだけ厳しい練習だと言っていたが、ボール拾いだけで別の意味で厳しかった。

次の日は朝練だ。早朝四時に起きて一日が始まる。神戸朝鮮高校の回りはゴルフ場が多く、山岳地帯になっていて山道一〇キロメートルコースをサッカー部全員で競争する。

「よし！」走り出したら、取りあえず負けないだろう。ボール拾いばかりでは自分を見せる場面がない。この一〇キロメートル競争でアピール出来るのだ。

朝高の裏に日本の大学があり、この一〇キロメートルコースの事を皆が「商大コース」と呼んでいた。自分をアピールするスタートが始まった。一年生から三年生まで一斉に走り出した。私の前方には金 光浩キャプテンの走る姿が見える。スラッとしていてカッコイイスタイルだ。相文の話によると金 光浩キャプテンは超高校級のスーパースターとの事だ。

この夏休みに全国朝鮮高等学校のサッカー大会があり、決勝で東京朝高に1対3で敗れ、準優勝となった。この時代、間違いなしに日本全国サッカーの中でも、東京朝高と神戸朝高はトップレベルにあっただろう。なんせ、高等部の日本全国優勝チームが来ても、朝鮮高校には全く歯が立たなかったのだから。

小学校時代は兵庫県大会優勝（県大会までしかなかった）、中学時代は最高で尼崎市大会準優勝の私は、未だ全国レベルの大会に参加していない。

私の全国レベルの挑戦は今、ボール拾いから始まった。そしてボールとは関係のない一〇キロメートル競争でそのスタートの延長線を走っている。とにかく走る事では負けた事はない。自信たっぷりに走っていた。しかし待てよ。山道など走った経験が一度としてないではないか。

「いや、何て事ないやろ」と、試行錯誤しながら山道を登ったり下ったりとただ黙々と走り続けているが、前を走る金 光浩キャプテンは小さくなっていくばかりだ。

「どうなっとんや……」悩んでみても、呼吸が定まらない。肺がきつくなるのが分かる。筋肉が浮いてきた。結局、三番目でゴールした。

「負けた」が、悔しいというよりも苦しかった。敗因はなれない山道にあるが、しかし負けは負けだ。しかし、金 光浩キャプテンはトップゴールで速い。目標の山はもっと大きいと感じた。

金 光浩キャプテンが私の方に近づいて来た。

「泰植トンム、君、中々速いね。慣れたら私といい勝負出来るぞ」

まぁ一年生としてはちょっとアピール出来たかもしれない。が、走る事に負けるとはプライドが許さなかった。

三年生は基本的に夏の全国大会が終われば、それ以上のサッカー大会は無しとなる。ただ、冬場には全国駅伝大会がやってくる。駅伝にはサッカー部から多数出場する予定である。日本学校は冬の全国大会（サッカー）が最終なので朝鮮学校は練習試合を中心として励むのである。

神戸高校にもう一人のエースがいる。二年生のリョンイルだ。私の大島朝鮮初級学校時代の一つ先輩で、4-2-4システムのハーフのポジション。金 光浩キャプテンと同じハーフだ。この二人が中盤にあって試合を組み立て、ゲームを支配していく作戦である。

そして同級一年生でいうと全国大会に一人出場した蘆 羽鉉という子がいた。彼の蹴ったボールを何度か拾いに行く。ボール拾いの私からはグラウンドでプレーしている選手がよく見える。蘆　羽鉉は柔軟で基礎正しいプレーをする。また、彼の父親は教育者にあって兄弟達も朝鮮総連のエリート路線まっしぐら、ある意味革命一家と言えよう。

蘆　羽鉉自身も生徒会の活動に励み、未来の革命戦士的存在であったろう。どちらかと言うと校内生活では人見知りで、眉を厳しく吊り上げ、口はへの字という表情で「不良どもめ」と言った顔で近寄りにくいタイプとも取られた。しかし私の目から見た彼は、知的で勇敢、正義心を持つ、マルクス、レイニン、金日成主義の若きエリートのような誠実、清い青年に感じた。

私に無いもの、私とは逆の人間、そういう彼には興味いっぱいであった。彼と私との共通点は純粋、サッカー好き、貧乏、彼とはお互いの家に泊まり行く仲になっていった。もう一つの共通点が大事だ。どちらも議論好きである事だ。蘆　羽鉉の議論は当然、思想背景論。私はというと人生の体験論。

「この男とは一生の友になれる」

私はそう信じていた。こんな私を理解、評価してくれるのは「こいつしかおらんやろ」と。サッカーのプレーでは私と彼は技術的には同じレベルにあったと思う。違ったのは私のスタミナが彼を上回っていたという所だけだろう。

しかし現実は、相変わらずボール拾いだ。だから私は自分をアピールする為に全体練習が始まる前に下手な同級生に頼んで、一対一をするのである。先輩らが見てる前で少しでも自分の技術を見せる為なのだ。

するとそれを監督が見ている時もある。この監督がこの神戸朝高を全国レベルに運んだ人物、朴 勝男先生である。

四国の日本高校時代、全国大会にキーパーとして出場、そのプレーが認められ、東京にある在日朝鮮蹴球団（この頃社会人チームにあって日本一といえるチームだ）に入団。腰を痛め退団。朝鮮大学体育課に入学して、神戸朝高の体育教師として赴任し、サッカー部の監督となった人物である。プロレスラーのルーテーズのような体系でキングコングのイメージだ。とにかく怖い。この先生には学校の誰しもが逆らわないだろう。

私は師には従順な性格だ。この朴 勝男監督の見た目に留まりたく、私は毎日毎日励んでいくのである。

運動会の日、一五〇〇m競争があった。一位は金 光浩、私は二位。一年生と三年生の差があるといえ、やはり負けた。相手が金 光浩キャプテンだから悔しくはなかった。しかし、そんな甘い考えでは本来持つ私の精神を否定する事になる。ウソでも私は負けた事に対して「悔しい」と言い聞かせた。

この頃サッカー部内でもスタミナと足の速さはみんなの認める存在となっていたが、練習に参加させてもらえないので、プレーでのフォーメーションや連携プレーに難を感じていた。

ある日の土曜の午後。大阪代表で冬の全国高校サッカー大会を控えるにあたって、強化試合を申し込んできたチームがあった。関西大倉高校だ。このチームエースストライカーはそこそこ有名であった。

兵庫県明石市の競技場で試合が始まった。もちろん私は控え選手というよりも雑用係選手という状態にある事は今まで通りである。

この試合の前半を見てよく分かる事が一点ある。中盤の金 光浩キャプテンとリョンイル先輩はずば抜けて超高校級のプレーをする。常に主導権を握って、攻撃しているにもかかわらず、フォワードトップにカリスマ的点取屋がいない。

サッカーは1点が勝負になるケースが多い。いくら攻めても点が取れなくては意味がない。やはり金 光浩キャプテンとのプレーは相手を圧倒するオーラがある。よく目立つ。色々感じている間に前半戦終了のホイッスルが高く鳴った。1対1である。

朴 勝男監督がいつものように無言で腕を組み、その片方の手でアゴをなでている。ヒゲの濃い部分がかゆいかの如く、何度も何度もこすり撫でている。監督の無言の中、ハーフタイムの時間が過ぎていく。監督が急にアゴを撫でている右手を前方に突き出し、人差し指を突き付け、「おいっ、お前っ」私の方を向いて言った。

私は円陣の最後方にいるので、私の後ろを見た。「わしの後ろには誰もおらんわな」

「お前やっ、お前っ」と監督は再度、その指を私に向けた。

神戸朝高に転校して以来、監督から声をかけられるのは、この時が初めてである。

何か分からないが、「はい！」と応えた。監督は首を縦に振り、「後半出ろ、すぐ準備せい」と言った。しかしスパイクは無く、運動靴だ。ユニホームは他の人から借り、公式試合ではないのでなんとか準備は出来た。監督は「お前」と呼んでいたが、まだ私の名前がすぐ出てこないんだろう。

一つ先輩のエース、リョンイルがトップに上がり、ハーフを金 光浩キャプテンと組むポジションでの出場だった。しかし練習にも参加した事がなかったのに、いきなり試合に出されても困惑するばかりだろう。だがそこは本番に強い私の気持ちでカバーするしかなかった。

ハーフポジションで私とペアを組む事に金 光浩キャプテンの表情はどこか曇って見えた。

「今日のグラウンド、なんか孤独やな」

この場では連携プレーなど出来っこない。私は特異の個人プレーに徹する事を念頭に後半戦を走った。フォワードトップに変更したリョンイル先輩がやはりゴール前で、切れ味最高のプレーをしていたが、体が小さいので時間を稼ぐキープ力に苦しんでいた。

後半終了間際に至った時だ。リョンイル先輩が得意のフェイントで相手バックをかわし、コーナーに切り込んでいった。そこに相手バックのスライディングを受けた。

ボールがこぼれる。リョンイル先輩のケツを追いかけていれば、必ずこのこぼれ球に巡り会える事を予測していた。

後ろから走り込んで来た私の目前はゴールが見渡せやすく、コーナーを狙い軽くシュートした。当然決まるシュートだ。この一点でこの試合は勝った。２対１である。

次の日、国立の神戸高校との対戦では先発出場となった。フォーメーションは昨日と同じだ。金 光浩キャプテンは「泰植、パスワークを大事にせいよ」と言った。

そう言われても練習に参加していない私にとっては難しい指導だ。なんせ小、中学校時代は個人プレーの鬼と呼ばれていた私なのだ。中学時代、コーチ、監督がいなく自分達で練習をしてきた事が、今、私にとってパスワークの難しさを痛感させられる原因だ。頭の良い学校にあって、この神戸高校はそのサッカーレベルは低くない。しかし、頭の良い学校にサッカーで負けたら我々の尊厳に関わる。

試合のホイッスルがいつもの音で鳴り響いた。試合中であるにもかかわらず、金 光浩キャプテンがプレーするとそのたんびに相手選手が「すごい！」「おおっ！」とか、うるさい奴らだ。

そういう事であれば私のプレーが決まる。中盤で私がボールを持つと、必ず、金 光浩キャプテンがサイドに来て、「泰植！　パス！　パス！」と大きな声で走って来る。

相手選手は憧れの金 光浩である。その金 光浩キャプテンの声に全員つられてマークに出る。ドリブルをしてボールキープしている私の前に相手選手が見当たらなくなる。

これが私のチャンスである。私の高速ドリブルで一気にゴール前まで持って行き、そのままシュート。

「決まった！」

パスを出さない私だが、シュートを決めるので金 光浩キャプテンは嫌でも手を叩いてくれる。こうしてこの試合で私は2得点決め、3対0で勝利した。

こうしてデビュー戦二試合で三得点し、皆からもそれなりに認めてもらう事が出来たと感じた。金光浩キャプテンとは少しの高校生活の出逢いではあったが、個人的にも色々と会話をし、尊敬する一人の先輩となってゆく。


私の心の中でもう一人の人が離れない。どうしてだろう。一目、見ただけの人なのに、どうしても私の中でこびりついて離れない人がいた。ハンメと二人、初めて朝高の正門を通った時にすれ違った女子生徒の事である。

あの気品高き容姿の面影が、心の底で激しく育ち巨大化する、生まれて初めて私のこの心が知った新しい細胞の誕生と言える。この細胞は何なんだ。なぜ私の胸に激しく痛みを与えるのだ。息が苦しい、全身の力が抜け、全ての行動を静止させるこの細胞。これは今まで知らなかった病に他ならない。薬が欲しい。薬が欲しい。どこの病院にも、薬局にもこの薬は無かった。ではどこに?どうすれば?

毎週月曜日は神戸朝高の朝礼の日である。私はあの正門で出逢った女子生徒の姿を探した。背が高い一七〇cm位はある子だから、朝礼では最後列を見ればすぐに見分けがつくはずだ。三年生ではないかと並ぶ列を見渡したが、その姿はどこにもない。

「二年生かな」二年生の列にもいない。

「今日は休んでいるのかな？」ふとすぐ右の列を見た。

「いたっ！」心の中で叫んだ。

「この子一年生か」チラッと見えた横顔が私の頭の中で、芸術的映写のように残された。

私の青春が私の中だけで始まった。大爆発しそうな細胞をひ弱な精神が押さえようと懸命に作業するが、爆発は時間の問題と判断するに至る寸前だった。この女子生徒が、私の人生の全てを決定させたと言っても過言ではない存在であるのは間違いないが、この時はそれを知るよしもない。ただ人生初めての青春一目惚れと言えよう。

私は相文に彼女の事を話した。彼女の名前を知らないので、

「相文、今度学校で彼女を教えるから見てくれへんか？　名前も知らんからの」

「わかった、わかった、泰植」

毎週月曜日の朝礼時に「相文、あの子や、あの子や」、相文は「あ〜〜〜」とだけ返答した。少し時間を置き、「安 洋淑という名前や」

朝礼の最中ではゆっくり話が出来ない。

「相文、後でゆっくり聞くわ」

一時間目の授業が終了した。休憩時間に相文の教室に急いで行き、

「相文、アン・ヤンスってどんな字書くんや」

相文は鉛筆で「安 洋淑」と書いてくれた。

「泰植、安 洋淑の事好きなったん?」

「相文、絶対人に言うたらあかんで。一目惚れなんや。あの子どんな子やろ?」

相文は難しい顔をして、

「泰植、あの子はやめた方がええぞ」

「え、なんで?」

そこで次の授業のチャイムが鳴った。

「相文、また後で」

こうして結局、昼休みにゆっくり安 洋淑について話を聞く事になった。相文の話では、安 洋淑という子は伊丹朝鮮初級学校出身で、自宅も伊丹市(兵庫県)と言う事だ。小学校時代は女の子で生徒会長、成績は常に断トツのトップ。

中学時代は尼崎朝鮮中級学校で生徒会書記長のポストで超エリート、成績もトップ。男子生徒からも人気があって、ほとんどの男子生徒が交際を申し込むも、全員全く相手にされず、元来、男子生徒とは口もきかない、男嫌いな冷めた子だとの事。

「泰植、あの子は無理やぞ。諦めた方がええぞ。ほんまに普段から全く男子生徒とは口もきかん子やで」

相文の話を聞いて、私は逆に燃えるものがあったが、ふられると言う現実よりも先に、私のこの気持ちを大事にしたかった。女の子を心の底から毎日思えるワクワク感、それだけで良かった。

それから何日が過ぎ、サッカー部の一つ先輩で、キーパーでは小さな時から天才と言われていた、スウ先輩に安 洋淑の事を相談した。なぜならスウ先輩の彼女が私の同級生で、安 洋淑と同じクラスだったからだ。安 洋淑への思いをこのスウ先輩に伝えた所、

「泰植、わしの彼女に言うて、安 洋淑トンムの電話番号を聞いたるわ」

「ほんまですかソンベ（先輩）、頼みます」

しかし、あの堅物安 洋淑が私に電話番号を教えてくれるのだろうか。当然、スウ先輩の彼女は私の名前を出して、電話番号を聞くだろうから不安がある。なぜなら、私の存在自体、知っているのかそれすら分からないのに、知らん男子生徒に家の電話番号を教えるだろうか。スウ先輩の彼女がどのように私の事を説明してくれるのかは不明だが安 洋淑が私の顔と名前を知ってるだろうかが一つの問題でもある。とにかくスウ先輩の彼女の返事を待つだけであった。スウ先輩の彼女は超活発で明るく、ボインでチャーミングな、バスケットボール部の子だった。

次の日、なんとスウ先輩が、安 洋淑の電話番号の書いたメモを

「泰植、これ」と私にくれた。

「先輩、これようくれましたね」

「泰植の事は、なんか知ってたみたいやで。泰植から明日電話するからって言うておいたから、明日一回電話しいや」

「え、明日ですか」

この時点で血が引き、顔面蒼白で心臓がバクバクだ。人の事だからスウ先輩は軽く言うが、私にとっては生死を分けた空中ブランコのようにガチガチの固まった体で、その一歩すら出せるか疑問の状態である。なんせ、こんな練習した事もないのに、空中ブランコなんて。

次の日の夜は驚くほど、あっという間にやって来た。時間とは常に同じスピードで動いているはずなのに、なぜ人の心理や状況によって、早くもなり、遅くもなるのだろう。その日は十月三十一日、ギンギラギン、聖なるハロウィンパーティーの夜七時だった。

守部の夜は少し寒い。だからと言って公衆電話の周りを何周もウロウロ歩き回っている訳ではなかった。私は安 洋淑の自宅の電話番号を書いたメモを持って、ひたすらウロウロしっぱなしである。私はこういう事に本当に根性がなかった。何の勇気もない、ダメ男になってしまう。女の子に関しては考えられないほど臆病だ。

結局、この夜は公衆電話の周りをウロウロする事、星の数をいくら数えたか、ダイヤルを回せず、ハンメのいる家に帰った。

次の日、学校で

「スウ先輩、すんません。昨日、ちょっと電話出来なかったんです。今日は必ず電話しますので」

十一月一日、今日は私の十六歳の誕生日であった。

「そうや、今日はわしの誕生日やから、誕生日を記念に今日電話する事にした。安 洋淑にそう言い訳して電話したらええんや。二人の記念日にしてもたろ」

こういう流れなら、電話もしやすくなる。夜八時頃が安 洋淑の都合がいいと聞いている。私は再び公衆電話の前に立った。心臓がドクン、ドクン騒いでいる。この心臓は「わしとは別の生きもんか」と感じた。そして八時。渾身の勇気を持ってダイヤルを回した。

「リリリリン、リリリリン、もしもし」

「もしもしあの僕、朴 泰植と言いますが、安 洋淑トンムいてますか?」

「あ、チョ（私）ですが」

私の脳の中は空っぽだった。ただ、何度もシミュレーションを繰り返し練習していたので、口が勝手に動く。また、本人が直接電話に出てくれたので、ホッとした。

「昨日、電話しようと思ったんですが、今日が僕の誕生日だったので、記念に今日を選んで電話しました」

「あ、そうですか。それはおめでとうございます」

「あの僕の事、知ってます?」

「はい、知ってます。正門で見かけた時一緒にいた友達のジョンオが、あの子、朴 泰植ちがうかなと言ってましたから」

「あ、そうですか。出来たら一つお願いがあるんですが、明日一度会ってくれませんか?」

この言葉が流れによって自然に出てしまった。会ってくれるなんて考えもしてなかったのにだ。

「はい。いいですよ」

私はこの大きな耳を疑った。しかし、確かに「いいですよ」と聞こえた。

「あ、本当ですか」

阪急武庫之荘の北口に小さな時計台のある公園で、夜八時の約束をした。なぜ尼崎市の武庫之荘駅かと言うと、伊丹市が彼女の自宅だが、家の門限が夜七時になっていて、父親が大変厳しくうるさい。そこで、親友のジョンオの家に勉強しに行くという事で門限を解除出来るのだ。

私の小学時代の同級生、ジョンオの家は阪急武庫之荘駅から徒歩すぐであった。私はサッカー部の練習を終え、急いでその武庫之荘駅に向かった。八時ぎりぎりセーフで約束の駅に着いた。時計台のある小さな公園にベンチがある。ふと見ると彼女はもうすでに来ているではないか。

夢のような瞬間だった。公園前に太鼓饅頭を売ってる屋台があったので二つ買って、一つを彼女に渡した。「あ、ありがとう」私の緊張は天を突いていた。

「今日は来てくれて本当にありがとう」

彼女は太鼓饅頭をほとんど口にせず、黙っていた。私はサッカーの話を少しして、転校した理由を簡単に話しながら、勇気を持ってもう一つ聞いた。

「また、電話していいですか?」この返事が今は何より大事だ。

「はい。いいですよ」

「本当ですか」

「その代わり、夜八時頃にしてくれる。うちはお父さんがすごくうるさいから」

「分かりました」

この時点で私の全身が何かの祭りのように踊っていた。こうしてこの日は無事終了したのである。しかし信じられない。相文があれだけ難しい子だと言っていたのに。「もしかしたら、あいつの方が好きやったんちゃうか」と疑いもした位の安 洋淑の姿勢だった。

こうして本当の意味での私の初恋がスタートした。今日も学校に行くのが楽しかった。チラッと見る安 洋淑の姿、それだけで幸せ感が満杯だ。

サッカー部の練習が終わるとまっしぐら家に帰って、安 洋淑に電話を入れる。充実した毎日である。ハンメはいつも私と安 洋淑の電話話を横で聞いていた。いや、聞いていたと言うよりも狭い部屋なので、聞かざるをえない状況だったろう。電話ではサッカーの話はもちろん、昔観た映画の話など詳しく電話で物語式で語り、話していた。

私は幼い頃、家に誰もいない為、テレビにかじりついて洋画を沢山観ていた。その頃、昼間の番組ではアメリカ映画や有名な洋画も沢山放映していた。その中でも最も記憶にあったのが、世界映画祭で特別賞を受賞した、ロシア映画で「誓いの休暇（ある兵士の物語）」このストーリーを安 洋淑に一から十まで電話で物語式に解説するのだが、電話の向こうから安 洋淑の涙する声が聞こえてくるのだ。

「あーこの子は何と優しい子なんだ」と彼女の存在が一層心に入っていった。

ハンメはいつも長電話する私を見て、

「ヒデ、そんな一時間も話するんあったら、会いに行って話したらえええねん」

長い時は三時間でも話していた。電話代が高くなるので、ハンメにしてみれば嬉し、痛し、だったのだろう。

ただ、常に私の方からの一方的な雰囲気の中、電話を入れる状態なので、安 洋淑の私への本心が見えなかった。それでも贅沢は控えた。下手に突っ込み、その向こうにある答えが恐ろしかった。今の私はこれで十分だった。

男子スポーツクラブにおいて、日々精を入れている学生達にとっては、この大会は年度の最後の大会となる。サッカー部の三年生にあっても最後の舞台、全国朝鮮高等学校「駅伝」大会がやって来る。

長距離に強い者なら、どのクラブにある選手でも選抜される競技にあって、校内クラブにある選手達にとっては、激しい戦いが始まる。その結果、一年生からは私が一人選ばれ、二年生、三年生と全員で十名選抜された。もちろん、その中にはあの金 光浩キャプテンの名がある。神戸朝高内では金光浩キャプテンと私が一、二番の実力である事実は誰もが認めていた。

全員で十名、補欠三名。十コースで競う。関係者の間での優勝校の予測はやはり、東京朝高と神戸朝高と言う事だ。近畿大会では神戸朝高が楽々優勝し、私も軽く区間賞を取っていた。関東大会では東京朝高が優勝していた。この結果から、東京朝高と神戸朝高の両校が優勝候補に名乗りを上げているのだ。

全国朝鮮高等学校駅伝大会がいよいよ始まろうとしていた。私はこの時、生まれて初めて東京に行った。世間を知らない私にとって、東京の街のイメージは尼崎市守部村と同じようなものとしか感じていなかったが、オバケのようなビルにはビックリさせられた。

私のコースは8区、山が〝六つ〟の道である。勝負の8区と言われる。このコースによってその順位の差が大きく変化するコースだからだ。山道はやはりその走りに大きな格差が明確に現れる所であろう。

金 光浩キャプテンはアンカーで10区だ。大会のピストルが「ドンッ！」と鳴り響いた。

8区（六キロメートル）で味方のランナーを待つのは長い。途中経過が知らされる。現在二位。続いて三位。それを聞きながら、私の全身が武者震いを始める。四位という途中経過が入る。7区は五位でタスキを受けたとの事。もうすぐ来る。その時、武者震いが私に声をかけた。

「泰植！　お前の足はもう動かんぞ！　ハハハハハ！」

7区の選手が8区に現れた。目の前で各校の選手がタスキを受けて走って行く。先頭はやはり東京朝高だった。その時、神戸朝高の先輩選手がやっとタスキを持って、フラフラとなりやって来た。順位は六位だった。私はしっかりとタスキを取り、一心不乱に走った。

「ハンメ見とけよ！」「安 洋淑にエエカッコしたい！」

武者震いが私の全身のエネルギーと変化してきた。神戸朝高のコーチが「山は〝五つ〟やから、よう数えて走れよ」と何度も指導してくれていた。

一人抜いた。二人抜いた。三人抜いた。四人抜いた。五人目は前方にいた。東京朝高のランナーだ。

そこに最後の五つ目の山が見えて来た。ここで一気に東京朝高のランナーを抜かなくてはならない。五つ目の山を下ったら五〇〇mで8区のゴールだとコーチが言っていた。私は最後の力を振り絞って全力で駆け出した。ラストスパートの勢いだ。

そして五つ目の山を下る前に東京朝高のランナーを追い越した。そして一気に全力で下りを走った。しかし、ゴールが見えない。「えっ」先導車は何食わぬ様子で前方を走っている。私は先導車の横まで走り行き、「ゴールはどこですか?」と叫んだ。

「もうひと山です!」と応えてくれた。

「えっ!」がくっときたが、仕方ない。

しかし、たよりないと思っていたが「あのコーチやっぱりどっか抜けとったな」

他高のランナーを抜いてる私を、あのコーチが抜いていった。大きな武者震いが今、私の全身を引っ張ってくれている。不思議と全く疲れが無い。六つ目の山を越えた。「さあー!」下り坂だけが待っている。

沿道には多くの観衆がトップを走る私を集中して応援してくれているかのような景観だった。こうなると私はまた一層燃える。最後のゴール前三〇〇mを猛ダッシュ、大歓声の中駆け抜けて、元気ピンピンにタスキを次のランナーに預けた。

走り終えても全く疲れもなく、９区もそのまま続けて走って、金 光浩キャプテンにタスキを渡したい位であった。

東京朝高のランナーには五〇〇m位の差をつけて抜いているが、実は神戸朝高で最も遅い穴の選手が９区の三年生先輩であったのだ。後で話を聞くと東京朝高のエース級はこの９区を走ったらしい。

最終ゴールを見届けに行く事は不可能だった。迎えに来たバスに乗ってその情報を待った。金 光浩キャプテンがアンカーだから何とかなるだろうと安心はしていたが、９区の我が先輩の走りを知っているだけに「なんとも言えんな」

結果が飛び込んで来た。かすかに危惧していた事が結果だった。

優勝は東京朝高だ。神戸朝高は準優勝となった。

サッカーに続いてまたもや東京朝高に負けた。区間賞の金 光浩キャプテンはサッカーにしても個人能力では常にトップではあるが、団体競技の悲しさはその全体にある。私の区間賞の走りはそれなりに学校中に広く届いた。それが初めて行った東京での安 洋淑へのお土産とした。

家に帰ってもハンメは駅伝の事を全く何も聞かず、いつものように美味しい食事を黙々と作ってくれる。

また桜が咲く時が来る。金 光浩キャプテンは東京に在る朝鮮大学に入学した。

「泰植、朝大に来いや」

そう言って金 光浩キャプテンは神戸朝高の坂を下って行った。

二年生になった私は朴 勝男監督に言われ、センターバックにポジション変更された。なぜなら、二年生になった時の新チームはバックに大きな穴が開いていた。

二年生時代はバックながら得点王であった。二年生時も駅伝は区間賞。全体五位に終わった。全国高校サッカー大会で優勝した北陽（大阪）高校と対戦し、神戸朝高は2—0で完勝した。

北陽高校には尼崎市出身先輩、後輩が何人もいた。彼らは全国大会でテレビなどマスコミで有名人となっていた。もし、私が北陽高校に入学出来ていたら、必ず私がナンバーワンのスターになっていただろう。悔しくはないが、「真の実力は我にあり」と納得した。これが朝鮮学校の日本国内における宿業とも言えよう。ただ陰のチャンピオンでは良い飯は食えないのが現実である。

安 洋淑とはその後も毎日電話で仲良くいっていた。ただ、「会おうか?」と誘っても彼女の家の用事があるとかで、中々会ってもらえない。私が同級生友達数人に「安 洋淑と付き合ってんねん」と説明しても皆が首をかしげて、中々信じてくれない。

そこで安 洋淑に頼んで、明日、夜八時に彼女の方から初めて電話をして欲しいと聞いてみると「良いよ」と答えてくれたので、四~五人の同級生友達をハンメの家に呼んだ。

ハンメは友達全員に巨大なオムライスを作ってくれた。私は大飯喰らいだったので、この巨大なオムライスを見て、全員超ビックリしていた。

長屋の私の広い部屋に毎日数人友達が泊まりに来るので、ハンメはいつもご飯を多く準備してあった。練習から遅く帰って来た時などは友達が勝手に部屋に入っていて、テレビを観ている。いつの間にか友達みんなの部屋のようになっていった。

安 洋淑との約束時間、夜八時が来た。八時丁度に電話の呼び出し音が鳴った。友達皆が「おーっ」と声を出した。

受話器を取った私は自慢げに安 洋淑と会話を始めた。友達皆もその受話器に横からかじりつき、耳を付け声を聞いた。

「ほんまや、安 洋淑やで」

受話器の向こうの安 洋淑も軽く笑っているようだ。付き合っているという表現を嫌がる様子もなく、私はとても嬉しかった。

こんな事がとても嬉しい青春ってなんて平和でいいんだろう。いつか目に見えない巨大な世間の荒波にのまれ、もがき闘う孤独な世界に進む無情を知らずして、今、小さな幸せに浸る私なのであった。

その後も安 洋淑とは中々会えなかった。その一点が苦しくて、寂しくて、耐えられない日々だった。彼女は本当に私の事を「好きなのか?」その真実が見えない。その苦しみから逃れる為に、私は口にしてはならない言葉を言った。

「僕な、じゅぶん(安 洋淑)の事ばっかり考えて、サッカーに力が入らんねん。いっこも会ってくれへんし、もうじゅぶんの事忘れようかな思うねん」

安 洋淑の返答に私は全ての明暗をハッキリしたかったのだろう。

「えっ、どうして？　なんで？」

心の中で叫んだ。「やった！」

それからというもの一緒に「寅さん」映画やお好み焼きなどデートするようになっていった。学校の昼食時などは超豪華弁当を作ってくれる。セーターを編んでくれる。手袋も。

彼女の誕生日、武庫之荘駅で午後五時に待ち合わせして、大きなパンダのぬいぐるみをプレゼントしようと思って改札口で待っていたが、七時を超えても彼女が来ない。

駅から降りて来る人らは、大きなパンダを見てどこかニヤッとして通り過ぎ行くように感じた。8時になっても決して帰るものか、死ぬまで待ってやる。子供の頃からめっぽうプライドの高い私にとっては、私、最初の脱帽が彼女にあると言えよう。

高い身長なのですぐ分かる。その時、安 洋淑が幻ではなくやって来た。大きなパンダのぬいぐるみを持って立っている私を見て最初に言った言葉は、「まだ、おったん」だった。

この頃はポケットベルも携帯電話もないので、喫茶店や店舗以外での待ち合わせに遅れても連絡を取るすべがない。とにかく三時間待って彼女にパンダのぬいぐるみプレゼントを渡した。

私の青春ど真ん中である。中学時代の時もそうだが、私は年上の女子生徒からよくもてていた。同年、後輩にも密かに私を思ってくれた子もそれなりにいた。高校時代でも年上の女子からよく誘われた。安 洋淑の方に何人もの先輩女子が何らかの確認を取りに行っていたらしい。

一つ後輩女子の明子はずっと私のファンで、安 洋淑という彼女がいても、先輩、後輩として清く私を応援してくれた。この女子生徒も超エリート学生であった。超ボインだが、清純そのものの子でバレー部のマネージャーをしていた。この明子トンムからも弁当や手製の編み物で手袋や座布団など色々差し入れてくれ、本当に愛らしい後輩だった。

この頃の私は学校行事の絵を描いたり、一人百円もらって、音楽室で二十～三十人の前で「ものまね」をして笑かしたり。一人漫才も得意でサッカーの合宿などでは別の意味でもいつも出番が多かった。

もちろんサッカーは言うまでもなく、長距離は学校一番、歌もうまかった。中学時代はフェニックスというアマチュアバンドでフォークグループのボーカルもした事があった。また、マンガクラブの「ジャンケンクラブ」と言うのも作り、技術室でコピーして週刊マンガとして百円で売っていた。

高校時代は喧嘩など全くしない好青年だった。高校二年の時、全国朝鮮高校サッカー大会前に合宿中、部屋でマクラでキーパー遊びをしていた時に、鎖骨を骨折してしまい、全国大会に出場出来なかった。その時の結果は0対7で東京朝高に負け、またもや神戸朝高は準優勝だった。

ディフェンスが弱かったので、朴 勝男監督は、「泰植のバカモン！ あいつさえおればもうちょっとええ試合が出来たのに」と嘆いていた様子だったという。しかし、サッカーの決勝戦で0対7はひどすぎる結果だ。

またまた桜の花が咲く季節がやって来た。一つ上のサッカー部エース、リョンイル先輩は母子家庭で小さな妹がいるので、家をみなくてはならないという事で、東京の在日朝鮮蹴球団（当時、日本の社会人チームではナンバーワン実力と言われた組織チームだ）には行かず、土建屋に努めた。日本社会のチームなら即エースの実力を持っていたのに「もったいないなぁ」。

私は春休みに土方のアルバイトをして安 洋淑と西宮市にある桜のきれいな夙川に遊びに行った。今日は「絶対にキスせなあかん」そう言い聞かせて、その日のデートに挑んだが、中々チャンスがない。生まれて初めての事にまたまた、武者震いがやって来て、「お前は男か！ スキあったらやらんかえ！」どうもこういう事に苦手で勇気が出ない。

私は夙川を下り、川の流れの近くに安 洋淑を誘った。そして橋の方に入って少し水遊びをした。彼女も一緒に楽しく、川の水に素足で入り、水のかけっこをしてお互い笑顔いっぱいだ。何でもない遊びだが、それが好き合う本当の姿なのだろう。

そしていくらかの時間が過った。私と彼女は土手の草上に並んで座った。「今だ、キスをやれ！」と武者震いが指令する。だがそう思えば思うほど沈黙が続いてしまう。

しかし彼女は常日頃、婚前交渉は「だめ」という厳格な決意を持っていた。私の中での人生にある初キスは心の中にて終えた。今はプラトニックラブ、その正義を貫くことに私も決めたのである。そんな二人の前を桜の花びらがほほ笑みながら流れていった。

高校三年生になると「夏期学校」と言って、兵庫県全体の朝鮮総連会合の支部や分団に出向いて泊まり、地元の日本学校に行っている朝鮮人の子を集め、朝鮮語を教える役目があるのだ。私は姫路に行かされ、安 洋淑は東神戸に行った。

姫路の村の中に朝鮮総連の分団がある。ここで近場の日本学校に行っている朝鮮人、小、中学生に朝鮮語を教えるのである。もう一人の同級生が全て指導してやってくれるので、私は絵を教えたりしていた。

高校三年生のある日、中学校時代の一つ年下の女の子とばったり、尼崎の立花駅で会った。この女の子は守部村、私の家の裏でその近辺一体の地主で日用品店や駄菓子屋なども営んでいる家柄だ。寺島 可奈恵という。それはそれは美人で有名な子であった。ただ、中学生時代に比べて、少し派手になってセンスや化粧も大人の匂いがする子に変身していた。夙川女子高校に通っている。

この寺島 可奈恵と駅で再会して以来、毎日に近い位、私の部屋にお菓子など色々持って来るようになった。いつも友達が集まっているので、「ワイワイワイワイ」楽しかったのだろう。

そんなある日、同じようにお菓子などを持参して私の部屋にやって来た。この日は私一人だけの部屋となっていた。夜遅くまでテレビを観ていたら、「先輩、今日はうちここに泊まっていってもいい？」と彼女が呟いた。

心の底で私は「え〜〜〜っ」とドキドキしてしまった。私には安 洋淑というれっきとした彼女がいるのだ。寺島 可奈恵の言う「泊まっていい？」という意味は私の思う所と同じだと確信はしていたが、どうしたものか……。しかし、高校三年生の私にとって、この大人の匂いのする色気たっぷりな女の子を前に辛抱出来る理性がどこにあるというのだ。

結局この日の夜、私の童貞はきれいに奪われた。私の上に乗って振る腰の動きは目が回る。私のサッカーで鍛え上げた全身のスタミナをもって励みに励み、一晩で六回も噴射してしまった。

「無っ茶」きれいで透き通るような肌に豊かな胸、喘ぐ大人の女性を演出する彼女は最高だった。しかし彼女は「どこでセックス、おぼえたんやろ」。

次の日、寺島 可奈恵に私は酷な言葉を告げた。

「もうここに来たらあかん。僕には彼女いるねん。二度と会わん方がええねん」

寺島 可奈恵は黙って去って行ったきりとなった。

その友人の女の子にばったり道端で会った時、「柳川先輩、ほんま悪いな」と一言言われ、無視された。何か知らないが「悪いなあ」と強く感じたあの子との思い出であった。

高校三年生最後、十八歳の誕生日を安 洋淑と二人、京都で迎えた。十一月の夜は寒い。特に京都の夜は一層寒かった。

「なぁ、僕と結婚しようか？」

「うん、いいよ」

「うち（家）は貧乏やけど、僕な思いっきり仕事して、絶対金持ちになったるからついて来てくれな」
「うん」
「ハンメと一緒に暮らしてもええかな?」
「うん」
「よっしゃ卒業したら、大工の見習いしてすぐ結婚しよな」
「うん」

新井家の長女が夫と死別し、再婚した相手が尼崎で大工の親方をしていた。そこに就職する事が決まっている。

こうしてこの日、安 洋淑とは結婚の約束をしたのである。

その帰り道。手袋を持たない私の手は凍えきっていた。そんな私を見て手袋をしている彼女はそっと手を握ってくれた。これが二人の精一杯のプラトニックラブだった。

ハンメが安 洋淑に婚約指輪、一万円位の物をプレゼントしてくれた。しかしこれはハンメ、私、安 洋淑、三人だけの約束に他ならない。彼女の両親はきっと何も知らないであったろう。

安 洋淑は私の母のような心で接してくれていたのだと思う。私が何を言っても全て「うん」「いいよ」「OK」であった。こんな私にあって本当に女神といえる。貧乏でブタ小屋みたいな家でハンメと三人一緒に暮らしてくれるというのだ。

高校三年生になって、朴 勝男の指示で、今度はセンターフォワードの2トップに配置された。もう一人の相方はあの革命戦士蘆 羽鉉であった。三年生時の新チーム初の試合は、尼崎、守部の幼馴染で同級の新田 三彦率いる尼崎の県立工業高校であった。新田の依頼にあって私が朴 勝男監督にお願いして成立した試合である。

新田はキャプテンとして、上から下まで真っ赤なユニホームで神戸朝高までやって来た。初めてフォワードトップのポジションにて出場し、一人で七得点してこの尼崎の工業高校に7対0で勝った。それからずっとトップとしてやる事になったのである。

この時の試合について、新田は「ほんま恥かきに行ったようなもんや」とこぼした。実は前半戦だけで7対0で、後半戦は新一年生に総入れ替えしていた試合なのだ。

前年度優勝で今年全国大会大阪代表の北陽高校には、5対1で勝利。私が三年生の頃は無敵で全勝であった。しかし、この年悲しい事に朝鮮総連の事情で全国大会が中止になり、私は神戸朝高の三年間一度として全国大会の出場する機会を失ってしまった。自分のプレーを何とか全国に披露したかったのだが、断腸の思いである。朴 勝男監督も「今年は東京朝高に勝てる実力がある」と確信していたが、残念の極みだった。

何日かして朴 勝男監督が練習前、緊急にて全員を集めた。朴 勝男監督の目が特に輝いているのがすぐ分かった。関西一の神戸朝高と関東一の東京朝高が日本一決定戦を行う事が決定したのだ。「よっしゃ！」全員の思いは一丸となった。

私としては、この決定戦が人生最後の舞台になる。高校卒業後は大工を目指して仕事する。朝鮮学校で世話になった以上、日本の社会人チームにはいけない。反逆的存在になる勇気などない。尼崎市のヤンマーには日本中学校時代の先輩達がいて、「柳川よ、ヤンマーに来い！」と強く誘われていたが、私はハンメと安 洋淑との生活を夢見、大工の仕事を選んだ。

孤独から逃れる事の出来ている今の私にとって、妄想的理想主義観念は無に等しく、小さな事にあって、夢はそこにこそ征服していた。

高校生活最後の運動会の一五〇〇mでは、陸上部監督が「長距離なら朴 泰植が断然速いだろうが、一五〇〇mは陸上からいうと中距離で、スピードがものをいう競技だ。一五〇〇m全国優勝したソンボンにはまず勝てないだろう」と評した。

それを聞いた朴 勝男監督は大いに反論した。

「それはユン（陸上部監督の名）浅はかや。泰植は鬼の心臓じゃ。ひゃっぺん転んでも負けへん」

この対立によって、過去異例の運動会にて一五〇〇m競技の優勝者にだけ、大きなトロフィーが授与される事となった。トロフィー代の費用は陸上部監督と朴 勝男監督二人が出し合った。

運動会には大勢の父母兄弟らが、めしや酒を飲んで祭りのように観戦するのが、朝鮮学校の伝統的習わしである。当然、安 洋淑一家も総出である。安 洋淑の家族は妹、弟、両親、そしていとこや親戚など大一族だ。

この運動会にはハンメも世界一美味しい弁当を持参して来てくれた。安 洋淑のお父さんの顔を見たのはこの時が初めてであった。安 洋淑に電話をかけた時、お父さんが最初に出た時などは、「朴 泰植です」と言うと、「またお前か！」とえらく恐ろしい感じの人であった。

一五〇〇m競争がスタートした。全国優勝のソンボンが最初から猛スピードで先頭を突っ走った。私はそのすぐケツを走る。場内放送で「ただ今、先頭を走るのが、」と言うと私は自分の名前と顔を安 洋淑の両親に教えたくて、その放送の時だけさっと前に出て先頭になる。すると場内放送で「ただ今先頭を走っているのが、三年三組朴 泰植です！」と紹介する。

「ええ感じやな。これでこのまま一位で優勝したら、安 洋淑の家族にええかっこ出来るで」

こうなると私の心臓は武者震いをも太陽系から吹き飛ばしてしまう。ソンボンを一気に引き離しゴールした。

大歓声の中、トロフィーを手にハンメに見せ渡しに行く。たまたまハンメの席のすぐ隣が安 洋淑一家の席になっていた。きっと安 洋淑が気を利かせて、一人のハンメをその席に座らせてくれたのだろう。「あの子が朴 泰植か」と安 洋淑の両親は横目で私を見ていたに違いない。

運動会の翌日は休日である。早速、安 洋淑から電話が入った。

「アボジ（お父さん）が遊びに家に連れて来いって」

兵庫県伊丹市駅で降りたら、安 洋淑が迎えに来てくれた。駅近くでケーキを買って、タクシーで彼女の家に向かった。学生服姿である。特別な服が無いのでこれが最も無難だ。この場合の緊張は武者震いはやって来ない。

ただ、ハンメの二人暮らしにあって、このような場面は全くの経験がない私にとって、何をどう会話したらいいのか、チンプンカンプンだ。この不安は大いなる明日への挑戦とも言えよう。

タクシーが安 洋淑の家の前に着いた。大きな玄関にある門、大きな庭にはピカピカ黒のトヨタ車クラウンと中型車二台が止まっていた。レンガ造りの「すごい家やな」私は目を丸くした。玄関を入った所には、お母さん、妹、弟が出迎えてくれた。母親に挨拶して、奥の日本間でお父さんに相して正座した。

「朴 泰植」ですと挨拶すると、お父さんの横にもう一人男性が座っていて、

「おっ、トンム、駅伝の朴 泰植か?」

「はいっ」

「ヒョンニン（兄さん）この子ですわ。駅伝で伝説の走りを見せた子ですわ」

あとから聞いたらこの男性は信用組合副支店長で安 洋淑のおじさんにあたる人との事だった。高校一年生の時の駅伝で私と同じ8区を社会人チームとして参加していたという。その時の私の走りを昨日のように、憶えていたようだ。

安 洋淑の父親は体が一般よりも大変大きく、彼女とよく似て、ギリシャ彫刻像のように鼻筋の通った力強い美的な男前であった。

「泰植トンムはすごいスポーツマンみたいやな。私はスポーツマンが大好きや。トンムはそやけど無茶苦茶男前やな。女にようもてるやろ」と安 洋淑の方を見てわらっていた。

それにしてもすっごい立派な家だ。トイレに行った時は、それはそれはビックリした。ハンメの守部村の長屋よりも広くきれいで、洋式のトイレだ。もちろん、朝鮮家庭にあってこういう時の料理は、超豪華と決まっている。

「洋淑から聞いたけど両親がいないんだってね。苦労したんやね」

実の子でない私を育てたハンメの話も安 洋淑がしてくれていたようだった。

「泰植トンムは卒業したらどうするんかな?」父親が聞いてきた。

「大工の見習いをして、将来大工になろうと思っています」

その時、空手の達人で情熱家の彼女のおじさんが、こう言った。

「トンム、それはもったいないわ。聞いたら、トンム、サッカーで有名やないか。まだ若いのに、私も昔サッカーをしてたから分かるけど、男の夢はやっぱりサッカーでは在日朝鮮蹴球団に入団する事やで。大工の仕事はまだ先でもええん違うかな。私が君あったら絶対に蹴球団行くわ」

彼女の母親も会話に加わった。

「泰植トンムはサッカーしたくないの?」

「いえ、僕には一人暮らしのハンメがいますし、働いてハンメの面倒をみたいのです。東京にある蹴球団では給料も安くて、ハンメには何もしてやれません」

みんなが黙ってしまった。幾時間が過った。

「また遊びに来なさいよ」

妹（高校一年生）と弟（中学二年生）が玄関外まで送ってくれ、「泰植ヒョンニン（兄さん）、姉ちゃんと結婚すんのん？」とニヤニヤ送ってくれた。猪名川の流れが夕日に輝き、彼女の豪邸を歴史上にある建造物のように光らせた。

東京朝高の日曜日は雨だった。「さあー」今、始まろうとしている朝鮮高校サッカーチャンピオン決定戦、東京朝高対神戸朝高。雨の日でも私はスパイクを履いた事がなかったが、その日の朴 勝男監督の目は厳しい。

「泰植、スパイク借りて出ろ！」

私は控え後輩のスパイクを借りて出場した。普段はモンブランシューズでスパイクは嫌いだった。なぜならば、グラウンドを走り続け回るプレーの私にとって、軽量化は勝利の第一であった。グラウンドのたまり水の中でもモンブランシューズで滑りながらも器用にプレー出来る術を身につけていたが、朴 勝男監督の指令ではいた仕方ない。

試合が大きなホイッスルの音によって「キックオフ」となった。試合は四分六で東京朝高が押していた。無敗同士の対決とあってプライドが激しくぶつかる。

コーナーからのセンタリングがヘディングによって先制点を許した。私のスローイングでコーナーぎりぎりからゴール前に折り返し、ゴール前でシュート、同点だ。前半、1対1、五分五状態の内容だ。

朴 勝男監督が「泰植、個人プレーでやってみい！」と吠えた。私の一発に賭ける監督の「気」が燃えていた。監督は普段連携プレーを重んじて、私にはよく怒っていたが苦しい試合となると、試合の途中に必ず人差し指を突き上げ、「ホンチャカラ！（一人で行け！）」とサインを送ってくる。今日の試合は後半から「カラッ！（行け！）」という指令が出た。

後半戦、私は個人プレーに徹した。ただ、水たまりが邪魔をする。それでもゴール前に一人進む。「シュート！」強烈なボールがキーパーのキャッチを許さず、遠く胸からこぼれ、跳ねたボールを味方の選手が走り込み、「シュート！」

水たまりがなければサイドキックで簡単に決められるのだが、惜しくもゴールポストが邪魔をする。

「アイゴー！」私は怒り声で叫ぶ。このような展開がいくつかあったがチャンスはきれいに逃した。こうなるとあとのチャンスは東京朝高にやってくる。相手の猛攻が激しく続いた。相手にしても水たまりは悪魔となっていた。

試合終了がやってくる。と思った時、東京朝高の右サイド中盤からセンタリングを上げてきた。そのボールがみんなの頭上を越え、ミスパスと判断した瞬間、落ちたボールが水たまりに滑り、「ヒューッ」と変化した。ゴール内にいたバックスのキョンスが慌ててしまい、空振り三振ではなく、ゴールネットをさわらずゴールラインを許してしまった。慌ててゴールライン外にクリアしたが審判の目は鷹の目をしていた。

「ピピー！」と同時に私達の青春最後のサッカーはこうして終わった。
試合後、新幹線内で監督が「キョンス、お前、なんであんなええとこで空振りすんねん」と、何度も何度も悔やみながら言っていた。悔しくて悔しくて、悔みきれなかっただろう。

高校三年の三学期は生徒が慌ただしくなる。桜の花びらが世間にある将来の為に、散ってゆく時期なのだ。新芽にある世間の場にどう立って生きゆくのか、重要な毎日がこの三年三学期であろう。

私は大工の見習い業として就職が決まっていた。安 洋淑は私との結婚準備として、父親の会社で事務職として働く事を決めていた。彼女は蘆 羽鉉と共に十二年間最優秀成績を授与されている子だったので、大学に進学するのが両親の本音といえようが、私の存在にて仕方なかったと言える。ささやかな夢だがハンメと安 洋淑、私の三人で暮してゆける事だけが生きる幸せのように確信していた頃である。

そんな時、朴 勝男監督から「職員室に来い」と言われた。その理由は大体察知していた。職員室の机で監督はいつものように腕を組んで考え込んでいるかの表情で座っていた。私は監督の机の前に行き「朴 泰植です」と言った。

ふっと顔を上げた監督はいつものように厳しい表情で、
「なぁ、泰植、大工するゆうて一体何ぼの金儲ける言うんや。お前はなサッカーせなあかん。お前がサッカーせんと一体誰のがサッカーする言うんや。金儲けみたいなもんはいつでも出来る。日本一の蹴球団（在日朝鮮蹴球団）に行って、日本一の選手にならなあかん。お前にはサッカーしかないんやぞ。将来ほんまに金儲けする言うんあったら、わしが応援したるわ」

今までに見せた事の無い気迫で一生懸命に訴えてくれた。私は本当に嬉しかった。こんな私の為にここまで懸命に話してくれる。元々、サッカーは私自身を人間としての尊厳を与えてくれる貴重な宝物であったたし、そのプライドにかけてはどこの誰にも負けない。サッカーが無ければ私という人間環境の者はここまで来られなかったであろう事間違いない。そんな私の人間サッカーを監督は知っていたのだ。監督は毎日毎日私を呼び説得してくれた。

「泰植、お前がサッカー頑張って、安 洋淑と結婚してハンメ呼んで、東京でも一緒に暮らせるやないか、とにかくサッカーやっとったら道は開けるんや」

「東京でもハンメと一緒に暮らせる」この言葉が決断の全てだった。

家に帰ったらハンメの友人であるあの結婚資金を融通してくれた守部村のボスおばさんが来ていた。

「ヒデ、なんで蹴球団に行けへんのや。蹴球団に行ったらハンメや守部村中の誇りやで。ハンメが苦労して育てた甲斐があったたっちゅうもんや。なぁヒデ、蹴球団行き」

このおばさんは総連系の人である。ハンメもその言葉に便乗して、

「ヒデ、サッカーしに行き」

その日からハンメまでそう言うようになってしまった。安 洋淑に相談をしてみたら、「じゅぶん

（泰植）はサッカーした方がええと思う」と、みんなの意見が一致してしまった。

こうなると本来のサッカー魂がよみがえるのが、当然私の本心。

「よっしゃ！　ほんだら東京行って日本一のサッカー選手なったるわ！」

安　洋淑も東京にある朝鮮大学に入学する事を決めた。「同じ東京に行けるもん」愛らしいギリシャ彫刻像は美的な笑顔でどこの馬の骨とも知れない私だけをずっと見つめ夢を見た。

今日と明日が同じ日であるかのように、
私のプライド、サッカー。
私の誇りと自慢、安 洋淑。
私のすべて、ハンメ。

五

この三人は新神戸駅のホームに立っていた。ハンメと安 洋淑は仲良く手をつないでいる。神戸朝高出身の三つ先輩で在日朝鮮蹴球団在籍の金 玉鉉氏が私と共に蹴球団まで向かう為、このホームにいた。金 玉鉉先輩は優しい表情でハンメを見つめていた。

「ハンメ、泰植の事は心配しないで下さい。私達がしっかり見てますから」

「チャルプタッカゲッスンミダ（よろしくお願い致します）」

ハンメは深々と頭を下げていた。

私は在日朝鮮蹴球団に入団する。安 洋淑は朝鮮大学に入学する。一見華やかに開かれたかに見える光景だが、ハンメはあの尼崎守部村の長屋に一人取り残されるのだ。安 洋淑はもう少し先の入学式となるので、今日はハンメと共にいてあげられる。安 洋淑の手をしっかり握ってホームに立つハンメの姿を見るのが辛かった。ハンメの目にはもうすでに涙があふれている。

その時、大きな音をたててやってくる物体があった。東京行きの新幹線である。ハンメがいっぱいの涙をあふれさせて、「ヒデ、がんばれや。ヒデ、がんばれや」と、同じ事を何度も何度も言う。安 洋淑は耐え切れず大粒の涙を新神戸駅ホームに落としてしまった。止まる事のないハンメの涙は新幹線内にも飛び散ったかのように、私の胸の中はびしょぬれ状態だった。

無情にも新幹線のドアは閉まる。ガラス越しに見えるハンメと安 洋淑二人の姿は戻る事のない時間によって、私の目の視野から消えてゆくしか術がない。

「一日も早くハンメと一緒に暮らせるように頑張るから、待っててよ」

この新幹線が陸上競技に出場したら、マラソンでは世界新記録だろう。運命の空間は世界記録で走ってゆく。その日、ハンメと安 洋淑は夕食を共に焼き肉をして食べたという。

卒業式の日は一つ後輩の明子トンムが大きくきれいな花束をプレゼントしてくれた。

「オッパ（兄さん）おめでとう」

「明子トンム、本当にありがとう」

「明子トンム、もしよかったら近い内、ごはん食べに行く?」

「ほんとオッパ。行く、行く」

「明日電話するわ」

「イエイ（はい）！」

ふと後ろを見ると、朝高きっての『ブス連』の後輩が十人位、私を待ち構えていた。

「オッパ！　オッパ！」

恐ろしい軍団だが、花束を持って私の卒業を祝ってくれる。

「コマッスンミダ（ありがとう）」

同じ卒業の同級生女子もしゃべり出す。

「本当は泰植の事、ずっと好きあってんで」

「頑張ってな。またな！」

遠い所からでも背の高い安　洋淑はすぐ分かる。私に手を振って両親と共に黒のクラウンで朝高の門を出て行った。

安　洋淑の承諾を得て、二年間色々としてもらったお返しに明子トンムと大阪の吉本新喜劇を見に行った。明子トンムが本当に楽しそうな表情で笑ってた。夕食を済ませ、ＪＲ大阪駅まで送った時、「オッパ（兄ちゃん）」小さな涙をためて、その一言だけで電車に乗って行った。また会える時もあるだろう。私は小さく手を振った。

私はどこの馬の骨とも知れない男である。こんな男の為にこの二年間、明子はずっと自分の思いを私にぶつけ、尽くしてくれた。安 洋淑という彼女はいたが、明子が示してくれた愛情は私の将来に巨大で強力な自信というものを与えてくれた。

「明子トンム、本当にありがとう」

この高校生活、誰よりも心の贅沢をもらった。


幾日して、安 洋淑が東京に在る朝鮮大学に入学し、2年制の寮生活に入った。

「二年過ったら結婚しような」

その為の二年制入学であった。二年だ。二年頑張って安 洋淑、ハンメと三人で一緒に暮らす。「共稼ぎでもいいよ」安 洋淑はそう言って笑う。蹴球団で結婚出来る環境を築かなくては、サッカーを捨てなくてはならなくなる。蹴球団の所得では到底生活不可能だ。しかし、若い私には前にあるボールの計算しか分からない。安 洋淑の親友ジョンオも同じく朝鮮大学に入学したので、彼女も日々楽しく過ごせるはずだ。

蹴球団の寮に着いてすぐ、ハンメに電話を入れた。

「今、着いたで心配せんとな。なんかあったらすぐ電話しいや」

ハンメはただ々「ガンバレよ。ガンバレよ」と涙声で言っていた。

その電話を切ったその時、その瞬間から蹴球団の生活がスタートした。この頃の私の身長は一八〇cm、体重七〇kg、蹴球団のヒギョンキャプテンが私を初めて見た時、「朴 泰植はモデルになってもいけるスタイルしているな。いいケツしてるし、あと何年したら女がほっとかないな。泰植、両親に感謝しないといけないぞ」と言った。

在日朝鮮蹴球団には神戸朝高出身の先輩が三人いた。四つ上の先輩ヨン、三つ先輩の金 玉鉉。そして当初、安 洋淑の自宅電話番号を教えてもらった、一つ先輩のキーパー、スウ。良い先輩ばかりだ。

蹴球団の練習は早朝六時起床、寮周りのランニング。朝食後、午前九時~十一時三十分ウエイトトレーニング。昼食をとって午後一時~五時までは蹴球団専用の江戸川グラウンドで実践練習、その後、銭湯に行き、寮へ帰り夕食。毎週月曜日は学習という事で東京白山の蹴球団事務所に行き、勉強会に参加する。

新人同期が十一名もいて、そのライバル意識は強く、激しい練習の毎日だ。東京朝高出身が4名もいた。哲三、金 正秀、元三、ヨンフン、練習時の私への当たりも半端ではなく厳しい。ここでも東京朝高と神戸朝高のライバル意識が強かった。

入団後、最初の北陸遠征では一軍に私と東京朝高の哲三、二人が選ばれた。蹴球団は日本全国を一年かけ遠征する。各県のナンバーワンチームと日朝親善試合として公式にゲームを行う。基本的に県知事が主催し、地元新聞社、マスコミ関係者も多数参与した行事である。蹴球団は日本国内において、在日朝鮮系で成り立ったチームで日朝の友好の為に活動する組織である。日本リーグ一部との試合でも敗北する事はほとんど無く、幻の無敵チームと言われていた。いわゆる日本一のプロライバルチームとしてその実力は日本サッカー協会でも名をはせていたのだ。「日本では在日朝鮮蹴球団が最強チームだろう」日本サッカー協会の有力者達は皆、口を揃えて、そう評価していた。

私は朝銀信用組合の行員として所属し、そこから給料が支給されていた。入団して最初の北陸遠征ではセンターフォワードのトップとして後半出場し、得点を重ねた。当初から半レギュラー的存在となった。

遠征時の試合後は相手チームとのレセプションがあり、私は二次会の司会を任され、ものまねや朝鮮の歌を唄い、大きく笑かせて盛り上げるのも得意であった。

東京朝高出身で同期の金 正秀はすでに酒が好きで強かった。私はアルコールが全くダメだ。この金 正秀との付き合いで、寮の近場の酒場によく付き合ったが、金 正秀はよく店やその近辺で暴れ、門限を破り、私も同罪で蹴球団から罰を受けた。人付き合いの良い私は私生活ではマイナス点だらけであったろう。

サッカーではライバルだが、東京朝高出身の金 正秀や哲三は地元と言う事もあり、私にはよくしてくれた。コーチのチョンジエ同志（総連系の社会人は同組織に在籍している者には同志と呼び合う）は闘志あるハートのプレーを好む指導者であった為、私の走り続けるプレーに理解を持してくれていた。私が得点を重ね、試合に勝てばコーチの指導力に評価が上る。だから、私は一層頑張ろうと思った。

団長はスポンサー作りと事務所の業務に追われ、ほとんど練習指導には参加しない。その代わり、副団長はよく練習に参加し、指導してくれた。冗談が好きな指導で楽しかった。釜本選手率いる早稲田大学が社会人を含めた全日本大会で優勝した時、蹴球団と対戦して蹴球団が勝利した。その時のキャプテンが現在、蹴球団キャプテンのヒギョン同志だ。

ヒギョンキャプテンは私よりも十一歳年上で同じセンターフォワードのポジションであった。鬼の形相でプレーする闘魂の塊だ。世代交代もあって私はキャプテンの直接指導も多く受けていた。手品（マジック）のうまいキャプテンと同期のジェ同志。多才なメンバーの揃った蹴球団であった。現在、朝鮮大学に行っている神戸朝高時代のキャプテン、金 光浩先輩も卒業後この蹴球団に入ってくるだろう。その時まで能力をもっと上げておこうと必死だった。

幼い頃からの夢、サッカー選手に成る事は実現した。

「さあー！　やるぞ！」

私の夢は天を越え、宇宙を突いた。

私のサッカー持論は日本サッカーは小中高と幼い学生時代からチームワーク、連携プレーを重視するも、その個人プレーには限定されず、社会人では逆に個人能力不足もいたり、連携プレーにも極端に支障をきたし、その潜在能力に疑問を残す。

私はチョンジェコーチに九十分間全力で走り回るスタミナ能力を高める為、個人プレーを認めて欲しいと嘆願していた。二十歳までこの個人プレーによって自分自身の能力を高め、その限界の確認が必要とした。

しかし、他の選手は「パスをすぐ出さない」、「パスワーク、チームプレーに徹しない」という、私への批判や感情を隠さなかった。

学問のない私をサッカーでもアホ扱いする選手が多くいた気がする。世界に通用するプレイヤーになる為にはその強靭な体力、スタミナ、スピード良く走り動く能力が必要であるにもかかわらず、日本国内の小レベルにとどまろうとする指導に理解は外を見ていた。

何を言われても私はまず己の行き着く所のベストプレイヤーを目指し、ひたすら個人プレーに徹し、試合では二十一人が敵となる位のプレーを止まなかった。二十歳までの限定プレーなのだが。

神戸朝高の朴 勝男監督は私を蹴球団に推薦する際、「泰植はスタミナ一番で将来のエースストライカーになる逸材だ。特にそのスタミナには限界が無い位である」という評価を進言していたので、蹴球団の皆はそのスタミナを疑う者はいなかったろう。

ある日、午後からの練習前、何らかの理由で昼食がとれなかった。練習中も腹が減ってフラフラ、力が入らない。そんな時にだけ天の神は嫌がらせをするのだ。

江戸川グラウンドの土手から蹴球団恒例の一〇キロメートル競争となった。スタートから私は腹が減って、全身力が入らない。もう立っているのも無理となり倒れた。しかしこのような状態では私のプライドが許さない。倒れた目の前にあった雑草なる草をむしり、食べた。いくら食べてもエネルギーはすぐには補給回復出来ない。完全なるダウンとなってしまった。

夕日がもうすぐ山の向うに落ちかかった所で、全くゴールしない私を蹴球団のバスが迎えに来た。その時の他選手の目は、「朴 勝男監督の話はホラか」であった。

この後にやってきた一〇キロメートル走では万全の態勢で蹴球団記録で一位となり、「腹ペコ事件」はその誠の所を晴らした。

朝鮮大学の安 洋淑に電話するも校内での呼び出しは時間がかかり、お互い連絡を取るのも困難な状況にあった。それでも何とか連絡を取り、東京でデートしたが、私の寝泊まりは寮から少し離れていて呼び出し電話も難しくなっていた。

練習、試合、遠征と日々忙しく、安 洋淑とは疎遠になりがちであった。でも「心はいつも結ばれている」と信じ合っている仲である。そう気にはしてなかった。私は元来、サッカー一筋、遊びも知らない。世間知らずで女心など聞く耳も無い。無神経男、そのくせ自信過剰体質の自己妄想型の理想主義者である。

安 洋淑は学問トップの教養を極め、美的容姿に加え、家は裕福、家族は平和な理想そのものの環境にあり、朝鮮大学にあって何の心配もない子だと確信していた。逆に私の方が「じゅぶん〈安 洋淑〉にはわからんのや」と暴言をはいて泣かした事もあった。私のようなみなしご同然で貧乏の気持ちなど人には分からないのだと言いたげにだ。この頃の私は結局、安 洋淑にだけいつも甘えていたのかもしれない。

東京朝高出身の蹴球団同期達が、東京朝高の同窓会に私を呼んでくれた。蹴球団寮の近くに皆が集まるビスカスという喫茶店があるが、そこの娘も東京朝高の同級生でヨンジャという名だ。東京朝高の同窓会では私は人気者であった。女の子達は「関西弁って男らしくてカッコイイね」また得意のものまねをしたりと笑かす。関西のノリで大爆笑となるのだ。また、神戸朝高というのは東京朝高人から見ると好感度が高かったようだ。

この頃から東京朝高出身の女の子達が寮によく電話が入ったり、車で迎えに来て東京の街を案内してくれたりした。蹴球団のみんながよく行く喫茶ビスカスのヨンジャトンムも時々、上野のパブに連れて行ってくれたり、友達として本当に仲良くやっていた。この頃から直々酒をたしなむようになり、タバコも吸った。

ある日、このヨンジャトンムから寮に電話があり、「泰植、私、本当はタバコを吸う悪い子なの」と、電話でワンワン泣いていた。私はこの頃、タバコを吸う女は不良でどうしようもない子だと思っていたので、こんな電話があったのだろう。その電話を切って、すぐに喫茶ビスカスに走った。喫茶店に入るなり、

「それあったら、タバコやめたらええねん」

「あたし、やめられないもん」

また泣き出した。私はなぜかこの子の為だと思って、一発平手で「バシッ」と殴ってしまった。

「泰植、なにするのよ！　アボジ（お父さん）にも殴られた事ないのよ！　もう嫌い！」

私はすぐに帰寮した。殴ったのはまずかったかもしれんが、「ようわからんわ」こうしてヨンジャ

トンムとはそれなりの日々が過ぎていった。

東京朝高出身の女の子達は、私には同級生で朝鮮大学に行っている彼女がいる事実を全員知っていたので色恋話には決して発展しなかった。

蹴球団に入団して一年目、彼女（安 洋淑）は夏休みで兵庫県伊丹の自宅に帰っていた。私から久しぶりに電話を入れた。

「もしもし朴 泰植やけど」

するとビックリするような返答が返ってきた。

「もうチョ（私）の事なんかほっといて！」

「ガチャン！」と電話を切られた。

呆然とした私は、どれだけ時間が過ったのか気がつかない。一度として私に声を荒げた事のない彼女が「どないしたんやろか?」もういてもたってもいられない。私はすぐに安 洋淑の親友で朝鮮大学に行っているジョンオの自宅に電話を入れた。

「悪いけど近い内そっちに行くから、安 洋淑に会えるようにしといてくれる」

「どないしたん?」

「よう分からんけど、何かおかしいんや」

「あ、そう、わかった。そしたら来る日分かったら電話ちょうだい」

何かあるといつもこのジョンオが協力してくれる。ありがたい女友達だ。

チョンジエコーチに頼んで緊急な休暇をもらった。安月給にとって東京から尼崎まで行く費用は大きい。そこで一つ先輩のスウ先輩から一万円を借りた。

学生時代、安 洋淑とのデートでいつも利用していた尼崎の阪急武庫之荘駅北側にある喫茶店で安洋淑と会う約束をした。この喫茶店は二人で初めて入った喫茶店でシャイな二人はいつもコーラを二つ頼んでモジモジ会話をしていた。学生時代、この店で流れていたビートルズの「ヘイジュード」が二人で聞いた初めての歌であった。この喫茶ロビンスは二人の青春ど真ん中にあった思い出の店だ。久しぶりに私がこの店に入ると、私と彼女の青春をずっと見届けて来たママがニコッとして「いらっしゃいませ」と迎えてくれた。奥のソファーに安 洋淑がすでにいた。

「今日はえらい暑いなぁ」

「ほんまや」

「じゅぶん（安 洋淑）また背伸びたんちゃう」

「ウソッ」

こんな冗談から話しかけるのがいつもの私だ。

「なぁ、何かあったんか？　一体どないしたんや？　何かあったら言うてぇな」

「ごめん、別に何もない。チョ（自分）がちょっとイライラしてただけ。ほんまにごめん」

すごく元気な様子で答えてくれたので、一様安心はしたものの、何かひっかかっていた。

彼女があんな風に取り乱すなんて考えもしない事だったので、「何かあったやろな」

しかしそこは、元来無神経、無頓着な私のこと、自分に納得するように務め、それ以上追求するのを止めて親友のジョンオと三人でラーメンを食べに行った。

安 洋淑はその日、家の用事が大変忙しいというので、私一人でハンメの家に懐かしく行き、夕飯を食べ、一晩ハンメと語り明かした。

「ヒデ、安 洋淑は?」

「どうしても家の用事でこれんねん」

「ふうん」

ハンメは少し寂しそうでもあった。

「ヒデや、和真がなぁ、時々家の前にうち(ハンメ)を迎えに来んねん」

自殺したハンメの次男和兄さんの事だ。私は忘れていない、和兄さんとの約束を。ハンメを金持ちにして幸せにするという心の約束を。

「ハンメ、何言うとんのん。時々ハンメの事心配して見に来てるだけやで」

その日ハンメと隣同士で布団を並べて敷いた。ハンメは私の手を取り、握り、

「ヒデや、人間なれや。うちの事はええから心配せんと、ガンバレや」

ハンメが握る私の手は痛かった。

次の日の朝食は私の好きな物ばかり並んでいた。大飯喰らいの私はきれいに全部たいらげた。世界

一美味しいハンメの料理とも少しの間またお別れとなるが、その味は一生忘れられない味である事だけは知っていた。

「ハンメのごはん、ほんま美味しいなぁ」

小さい時から長屋の細い柱の陰から美味しく食べる私の姿を見て、笑顔を隠していたハンメ。

「ほんだらハンメ行くわ」

「ヒデこれ持って行き」

三つ折りにした三万円を無理やり持たせてくれた。

「ごめんなハンメ。ほんまは僕がしてやらなあかんのに」

心の中で語った。私が見えなくなるまでハンメは一人、守部村からずっと私に手を振っているいつものハンメの姿。今、ハンメにしてやれるのは、熱い涙だけだった。

東京に帰る前にもう一度、安 洋淑に会って行こうと思い彼女の家に電話した。

「もしもし僕やけど」

「もう本当にチョ（自分）の事は放っといて、もう電話せんといて」とまた荒れた口調で言う。私も「カッ」となって、「わかったわ、ほんだらもう二度と電話せえへんわ」と怒鳴って電話を切ってしまった。

蹴球団にはもう戻らないといけない。どうしたらいいか判断しづらかったが、とにかく仕方なくその日は東京に戻る事にした。新幹線の中で色んな事を考えたが、安 洋淑の取り乱れ様が理解しかねた。

「一体何があって、どうしたんやろう」

私を思う彼女の心を疑った事など一度としてない。では何なんだ。いくら考えても自分の心を納得させられないまま東京、上野駅まで到着していた。

「ここはどこなんや?」

ふと気がつくとそこはオールナイト喫茶であった。ウェイターの足音が聞こえる。

「ご注文は何に致しましょう」

「レモンスカッシュ」

広々した店だったが、客はまばらである。私の席から離れた所に大きなジュークボックスがあり、そこから「木綿のハンカチーフ」の歌が流れている。私はもぬけの殻状態と至り、思考停止のありようだ。左手にはまだ熱が残っている。

「ハンメの熱か」

安 洋淑の言葉が消えて行く。

「あれ、安 洋淑の言葉が思い出せんわ」

その時どこからか声が聞こえる。

「今はもう誰も愛したくないの」

アリスがジュークボックスの中にいた。

「あっ、寮に帰らんと」

店のどこにも時計が見当たらない。隣の席に同じ年位の青年がいた。

「すみません。今、何時ですか?」

「一時前ですけど」

「えっ、一時」

当然、昼の一時ではない。深夜一時だ。最終電車はすでに無い。今日、必ず寮に帰る事になっていたのに、もしかすると安 洋淑から寮の方に電話が入っているかもしれない。しかしこの時間ではもう遅い。

「はぁ〜〜〜」

安 洋淑の乱れた言葉が急に浮かんで来てしまった。自己防衛能力が弱っている。腹は減ってないが足が動かない。レモンスカッシュの入っているグラスを持つ筋肉も停止状態で手が動かない。全て動かない。だのに心だけは動く。

心なんて「いらんやないか」心があるから人間は「苦しいんじゃ」全身は死人のようだが、神経は心に血を送る。送られた血によって心が苦しんでいる。

「この心を殺したいわ」

安 洋淑、安 洋淑、安 洋淑、安 洋淑、安 洋淑、安 洋淑……。こんなに安 洋淑を愛していたなんて知らんかった。「愛」という言葉を初めて安 洋淑に使った。こういう感情が「愛」というのか。なら「愛は鬼がかぶる仮面」。

青い葉っぱはジュークボックスのメロディーに合わせ、一滴の涙を落した。

翌朝、蹴球団の寮に向かう足が重い。練習に出てる時間にあって、寮には誰もいないと思っていたが、全員寮の裏庭でストレッチ運動をしていた。

寮長が「おっ！　泰植！　何処行ってたんだ！　みんな心配して探したんだぞ！」

寮にある奥の部屋からチョンジエコーチが慌てて出て来た。

「アイゴー（ほんまに）泰植、生きとったんか」

私が予定通り帰らないのでチョンジエコーチがハンメにも電話していたし、神戸朝高の朴　勝男監督にも連絡し、私を探し回ってくれていたようだ。

「泰植、あとでそこの焼き鳥屋に行こうか」

焼き鳥を焼く匂いが私にはまだ分からない。小さくなって固まった体で、私はカウンター前のイスに座った。いつも満面笑みで語るチョンジエコーチ。

「泰植、その彼女と結婚したいのか？」

「二年過ったら結婚しようと約束してました」

「そうか。いつでも結婚したらいいじゃないか。生活なんて何とかなるものだ」

「でも僕には尼崎のハンメもいるんです」

「うぅん、彼女は朝大に二年制で行ってるんだろう。何も考えず二年間しっかりやって、それから考えよ。その時は私も応援するから」

チョンジエコーチはとてもやさしい表情で励ましてくれた。

「はい。分かりました」

寮に戻った私は勇気を持って、もう一度安 洋淑の自宅に電話を入れた。電話を直接受けたのは彼女だった。

「昨日はごめん。ほんまにごめん。あんな事言うつもりなかったのに」

「そやけどどうしたんや？　何かあるんやったら言うてみいや」

「もう大丈夫。ほんまに絶対大丈夫やから心配せんといて。それよりサッカーの方、頑張ってよ」

「それあったらええんやけど。わし思うんやけどこんな状態あったら、うまい事行かん。そやからじゅぶん（彼女）が卒業して、迎えに行くまで電話もせんし、会うのもやめとく。とにかく今は、サッカー思いっきり頑張っとくわ。わしを信用して待っとてや、いいか」

「分かった。待っとく。チョ（私）はずっと待っとく」

受話器が泣いている。いや、安 洋淑が……。

こうしてこの問題は一旦納まった。

「またええかっこして、一番しんどい事言うてしもた」

後悔先に立たずだ。何を言っても満十八歳の青い葉っぱでしかないのだ。ハンメ離れ出来ない私は孤独との闘いに、安 洋淑を要したが、そこでまたダブルの孤独に見舞われる。人に弱みを見せられない私にとってこのダブル孤独が全ての天敵となっていた。

妄想と幻想の合意にて、自己の防衛術を行使し、自信過剰作戦にあっては世間をも欺く、自己中心型の妄想に観る幻想を確立し、その一点に執着するもその真理、実を誘拐成す手段にて、如何なる結論と結果に於いてもその真、吸収に至るに感性に従い、放任主義と頼るべく、傾くも、我れ思考戦法にあっては辛うじて本日立つ成り。

安 洋淑の親友ジョンオに聞いても「洋淑は何も言わんのよ。あの子無っ茶プライドの高い子やから、自分の事はあまり人に言わんのよ。泰植が何か悪い事したんちゃうの?」と言うだけ。

朴 勝男監督は心配して、安 洋淑の家にまで行って本人に直接話をしたが、「少し口喧嘩しただけで何もありません」とだけ言われたらしい。安 洋淑は口が堅い。きっと何か隠しているに違いないが、「まぁ、そんな時もあるか」と考えるように努力した。

それ以降、安 洋淑と電話もせず、会う事も無い毎日は本当に辛かったが、自分で決めて言った事なので仕方ない。今はただ、サッカーを懸命にやるしか道は開かない。

「とにかく、安 洋淑の卒業まで頑張るわ」

こうして毎日毎日、自分自身で励ましていた。たまに、ハンメに電話をすると、「ヒデ、がんばれや。がんばれや」と、涙声で何度も繰り返し言う。今すぐにでもハンメの所に飛んで行ってやりたい。

蹴球団のメンバーの中には、毎月仕送りしてもらっている選手もいる。関東出身の人は、いつでも家に帰れるし、通勤も可能だ。貧乏と金持ち、ここは日本であり共産国家ではない。こんな蹴球団の中にも格差は大いにあるのだ。好きなサッカーをする事は、同じであってもその環境は全く別物だ。だが、毎日辛い気持でボールを追いかけていても、大いに励ましてくれる者達もいた。それは女性である。雑誌社の女性、商工会で知り合った女性、東京朝高の女性達、寮近くにある喫茶ビスカスのヨンジャ。この子達はいつも私を励ましてくれた。色恋沙汰になりそうな女性も居たりはしたが、ヨンジャトンムとは手をつなぐだけの付き合いだ。だから仲良くずっと友達交際は続いていた。

私を「養子に欲しい」と言ってきた朝鮮財閥の人達も中にはいたが、「何が養子や」いくら貧乏で親無しとはいえ、男としてのプライドが傷つけられたような気がして、「あいつら金持ちはわしをなめとんかえ」

ライオンの尻尾みたいな生き方はしたくない。貧乏でもニワトリの頭である。このような極端な感情は基本的に幼児期体験にある病気であろう。

人のちょっとした冗談にも過剰反応してしまい、バカにされるような事があれば極端に「カッ」となり、命をも捨てる覚悟で向かってゆく。そのような性格が潜在的に宿っていたであろう。何もない私にとって、ハンメや安 洋淑との事が何も解決出来ない今日にあって、好きなサッカーではあるが、飯が食えない。この頃の孤独は一人ぽっちという問題だけではなく、金銭的な事からくる孤独でもあった。

蹴球団の皆にとっては耳よりの話がやってきた。スリランカ、北朝鮮への海外遠征である。この話が来る前から、私は蹴球団を「辞めたい」と団長に相談をしていた。団長はその度に、「次の遠征が終わってから話そう」と、その言葉ばかりでずっと伸び伸びになったままとなっていた。そんな時に海外遠征の話だ。

海外に行った事のない私にとっても海外遠征は夢みたいだ。しかし、海外遠征に行ったあとでは辞められない。そんな卑怯な辞め方は私の中では「ノー」である。祖国北朝鮮にサッカーの在日代表で参加したあと、どうやって辞めるんだ。この蹴球団にずっといたとしてもハンメと安 洋淑との生活はいつ訪れるやらしれない状況にあって、日々この孤独感に耐えられる神経はもはや尽きていた。

神戸の先輩達も最初の内は引きとめてくれていたが、普段から私の精気のなさに、

「いくら辞めたいと言っても、球団からは認めてくれんやろ。自分から黙って出て行くしかないな」

私は決心した。

この状態では、サッカーに対して何の価値観も湧いてこない。今、私の中にある価値観はハンメ、安 洋淑を養える仕事をする事しか浮かばない。そう理解したら私の行動は早い。尼崎から神戸朝高時代の同級生、ソンホグが車に乗って私の荷を積んでいるとスウ先輩が来て、

「泰植、何も出来んけどこれ持っていって」

五千円札だった。この頃の蹴球団の選手においては相当な大金である。

「スウソンベ（先輩）ほんまにええの。ありがとう。ありがとう」

去ってゆく人間にあって、見返りなんて望めない。そんな神戸朝高出身のスウ先輩の五千円である。この先輩の人間的優しさを大いに感じた一コマだ。東京朝高出身で同期の金 正秀が尼崎の私の家まで一緒に遊びに行くと言うので車に同乗し、二万円を私に寄付してくれた。

神戸朝高の同級生、ソンホクが車のエンジンをかけ、蹴球団の寮をあとにした。喫茶ビスカスのヨンジャの店に三人で寄り、

「ヨンジャ、今日まで色々ありがとう」

「泰植、着いたら電話してよ」

「うん」

ヨンジャは泣きそうな顔をしていたが、私達の車は東京を出発した。

私のプライド、サッカーが遠く離れてゆく。本当にこれでサッカーとお別れなのか。今までずっと共に歩んできた愛しのサッカー。不完全燃焼のまま私のサッカーは私の目の前から消える。

「これでええんや」

ハンメ、安 洋淑と離れてから今日まで日々、精神的な苦しみとの闘いだった。あれだけ愛したサッカーを捨て、この苦しみから解放される。そんな滑稽な答えがあるのだろうか。しかし、走り出した車は神戸方面とひたすら進行してゆくだけである。

安 洋淑の卒業までこの日から数えてあと七ヶ月あまりであった。私十九歳と十月、時は夏である。蹴球団退団が私にとって明日への花咲く一歩なのか。それとも人生挫折への始まりなのか。その答えが今、始まろうとしている。

兵庫県尼崎市の守部村に到着すると、

「ヒデなんで帰ってきたんや」

ハンメが嬉しそうに、怒り言う。

「ハンメ、すぐ仕事探すわ」

金 正秀が守部村のハンメ宅を見てビックリしていた。

「本当に貧乏だったんだ。それにしてもすごいボロボロの長屋だな」

目を丸くして、私の貧乏を再確認したようだ。そこに小学時代の同級生で親友の都 亢基がやって来た。

「ヒデ、帰って来たんか」

新車のマークⅡに乗っている。土木屋の家業を手伝っていたので金には困らない。都 亢基が金 正秀を見て、「ええ体しとんな。一回腕相撲しようか」と言った。都 亢基は腕相撲で負け知らずなので自信満々であった。勝負はあっという間についた。金 正秀の鍛え上げた体に到底及ばなかった。都 亢基は悔しそうに、「サッカーやめて、キックボクサーになったら、すぐチャンピオンなるで」と言った。

ハンメのご馳走がボロ長屋の部屋に花を咲かせた。カット切りしたイカのニンニク甘だれ煮、とんがらしだれのマーボー豆腐、ニンニクととんがらしの煮炊きサバ、とんがらし醤油漬けのホウレンソウ、鯨の焼き肉、巨大な玉子焼き、その他色々。

夜が明けた次の昼は近場のお好み焼き。「おっ、本当に美味しいよ」金 正秀は関西のお好み焼きに大感動して、都 亢基の車に乗って新大阪駅に送り、私の愛するサッカー、蹴球団へと帰っていった。

私は次の日から、仕事探しに精を出したが、思う仕事が無い。ハンメの長女明姫姉さんの主人はこの時、リウマチで大工職を失っていたので相談出来ない。

守部村の人々は学校を出たら、当然の如く、建設屋、高利金融、ヤクザ、という職にベルトコンベア式に就く。だが私はどうしてもこのような職ではない、少々理想を求めて探していた。大きな会社を狙って、あちこち面接に回ったが、採用の電話音は全く鳴らなかった。

電話機の前にずっと座って、そわそわしている私を横目でハンメが辛そうな表情を見せずして見ていた。自動車免許が無い私は金がなくなると、土方、鉄工所、ピンサロなど、体力仕事のアルバイトをして経費を作る毎日を過ごしていた。

中学時代の日本人同級生で競輪関係の仕事をしていた男が、「柳川くんのその足とスタミナあったら、競輪で年間五千万稼げるで」と言う。朝鮮籍の私にあって、養子縁組で日本籍をとって、競輪選手になればどうだろうという話もあったが、それはハンメが絶対に許さない。その頃の私も「売国奴にはならへん」という意思を持っていた。神戸朝高を学費無しで卒業させてくれた恩があり、日本国に籍を変えるなど毛頭ない。

私の父の本妻がいつだったろうか。ハンメの家に大阪からやって来た。本妻の実の妹が兵庫県の民団系団体の女性会長で大手財閥の運送業を経営している。この時期、韓国に初めてのプロチーム「ハレルヤ」が誕生した。そこで、私を身内として「韓国プロに入れたい」と申し入れてきたのだ。私は籍上では本妻の次男となっている。本妻は朝鮮総連の仕事に携わっていたが、大実業家の妹の名誉を考え、私を韓国のプロサッカー選手に育てたかったのだろう。

父の本妻は「ヒデオの為にええことや。金の心配はせんでええんやから」と言う。しかし、ハンメは首を縦に振らない。韓国プロに行くには、朝鮮籍から韓国籍に変更しなくてはならない。

朝鮮総連の幹部達からは、「韓国籍になったら、在日でも兵隊にとられる」と脅されていたのでハンメは韓国籍に対しては絶対に拒否姿勢だった。この話は断ったが、本妻は私とハンメにとても優しかった。亡き主人の面影を私に見立てていたのだろうか。少々大金をハンメに渡して、「ヒデオの事、ほんまにありがとう」と言って、ハンメの家をあとにして行った。

親友の都　亢基は毎日のように仕事が終わると私の部屋を訪れるようになっていた。ある日、小学時代の同級生で悪友のソンギュンと一緒にやって来た。久しぶりに会うソンギュンは元気よく、「ヒデ、なんでサッカーやめてしもうたんや、もったいないね」と言った。
このソンギュンもサッカーはそこそこ有名だったが、高校を辞めて、尼崎市内の山口組系組織の若い衆となっていた。いわゆるヤクザである。幼い時から大暴れもんなので、阪神地区でソンギュンと名を聞くだけで誰もが恐れる存在となっていた。

学問も学歴も無い私など大阪の都会にある会社は全く相手にしてくれない。しまいにはハンメから金を取るありさまだ。毎日ショートホープ一個と缶コーヒー一缶を手にするのも困難な状態に陥っていた。そこへ、スポンサー的な都 亢基が愛車のマークⅡでソンギュンと毎日のようにやって来る。日々、三人で尼崎市内の食事処やスナック回りに明け暮れる羽目になっていった。

私の部屋で三人テレビを観ていたら、ソンギュンが急にカッターナイフをふところから取り出して、都 亢基に切りかかろうとする。

「こら！」「何すんねん！」「やめソンギュ！」

ソンギュンはふと我にかえり、「すまん、すまん」

幻覚である。私にはいつも「これはな、無っ茶体にいいんや」と言って注射していたが、都 亢基が、「あれはシャブやで」と冷静だった。シャブがどういうものかは、あまり私にはわからなかったが、頭がアホになる麻薬である事は分かっていた。

こんな状態のソンギュンは酒を飲む度、気が狂ったかのようにどこの店でも暴れまくるようになった。その度に一緒にいる私と都 亢基は巻き添えを喰らい、喧嘩に参加する羽目になる。都 亢基はすぐ逃げていなくなるが、私などは毎日全身傷だらけである。

スナックで、ある極真空手の青年が、「君達、いくら強いと言っても格闘家には勝てないよ」と言って自分の盛り上がった拳を私達の目の前に突き出した。

私とソンギュンは、「なんじゃ、そんな拳」と返す。私達は毎日、喧嘩していたので両手の拳が野球のグローブみたいに腫れ上がり、強烈な拳になっていた。

「わしらの拳、見てみい！」

格闘家青年は、「おーっ！　これは恐れ入りました」

ソンギュンの得意のセリフは「この爪とこの歯がある限り、ジャイアント馬場であろうと、アントニオ猪木であろうとわしは絶対負けんのや！」である。韓国サパーでソンギュンは数人と喧嘩して、出刃包丁で胸と肩を五十針切られた時などは、「われら！　シャブ屋の恐ろしさお教えたる！」と叫び、出刃包丁を持っている男に自分から進んで向かっていった。その姿にチンピラ達は怯え、全員逃げて行ってしまう。私は数人を素手でのばしていたが、ソンギュンの喧嘩は生身の人間とは思えない、燃える赤鬼の姿だった。

東京の蹴球団寮近くにある喫茶ビスカスのヨンジャが守部村へ遊びに来ると電話があり、都亢基の車で新大阪駅まで迎えに行った。ヨンジャという女性は西洋人と東洋人のハーフのような顔立ちで、朝鮮人には思えない美人である。新大阪駅の新幹線から降りて来た。ヨンジャは一流女優のようなオーラに見舞われていた。

「泰植！」

私を見るなり満面の笑みを作ってくれた。

「ヨンジャ、今日はまたえらいカッコイイな」

ヨンジャのつま先から頭のてっぺんまで目を丸くして追いかけた。

「ほんま、だんだんきれいになるね」

「泰植って、そんなに口がうまかったっけ」

「口がうまいんやなくて、ほんまの事やから言えるねんで」

「ほら、また口がうまい」

都 亢基が私の耳元で、「ええ女やな」都 亢基の語り口はどこかいやらしい。都 亢基の愛車マークⅡで神戸の街を案内した後、守部村の長屋にてハンメの手料理で夕食をする事にした。

「ヨンジャ、ビックリしたらあかんで。うちの長屋はブタ小屋みたいやから」

天井には何本かの丸太棒が梁の役目をする。幼い時期、高く思っていた天井は今、私が立つと頭が当たる。五人家族の時は食事を取る場所と、寝る場所が同じであった。

テーブルを片付けて、そこに布団を敷く。横一線に並んで五人が寝るのだ。窓ガラスのドアがずれており、毎日そこから風が入る。ネズミは天井だけでなく、私と目が合う事しょっ中であった。

自殺で亡くなった次男和真兄さんは、一本のビールが楽しみで夜遅く仕事から帰って、冷蔵庫を開ける音がすでに寝ている私達の耳に大きく響く。お金が無くビールが買えない時などはハンメがよく涙をためて寝ていた。和真兄さんの自殺後、冷蔵庫の開閉音を聞く度、「和や、和や、かわいそうに」と今でも呟く。

でも今は私、都 亢基、ヨンジャのための豪華な料理がその冷蔵庫から出てくる。ヨンジャがハンメに正座して挨拶する。ハンメが笑みをもって、「チャルワッタ（よく来たね）」と歓迎する。

ところが、ハンメとヨンジャは話しが中々通じない。ヨンジャの両親は朝鮮半島の済州島出身である為、ハンメの慶尚道の方言が理解しにくい。

「ハンメもヨンジャも日本語で話したらええねん」

いくら貧乏でも朝鮮の家はお客さんが来た時には、超豪華な料理で迎える。出身地方が違うと朝鮮料理の味も違う。

「あっ、泰植がいつも言ってたオムライス、すごいね。本当に大っきいね」

巨大オムライスだけはヨンジャの口に合ったようだ。

守部村は武庫川の土手下にある集落だ。

「ヨンジャ、すぐそこの武庫川に行こうか？」

「はい」

「亢基はわしの部屋でテレビでも観とってや」

「おうっ」

とすぐスケベな顔をする。

ヨンジャと二人、灯りの少ない守部村を歩き、武庫川の土手に登った。右を見るとすぐそこに名神高速道路がある。土手の下には守部村の人が勝手に作った小さな畑が並んでいる。中型のサッカーゴールもありグラウンドになっている所もある。

沈む夕日がきれいな土手だ。土手の上に立った私とヨンジャの影がナイター用ライトのものに変わり、そこから見る夜の星が無数に輝く。

穏やかな川の流れが、ヨンジャを歓迎してるかのようなメロディーをプレゼントした。

「ヨンジャ僕はね、ここで生まれ育ったんや。色々転々としたけどここが一番好きやねん。小さい頃、悲しい事や苦しい事があった時は、夜になるとここに来て一番光る星を、お父さん、お母さんに見立てて、僕に力貸してや、僕を守ってや、僕絶対に頑張るから、絶対応援してや、絶対負けへんからな。そう言って自分自身を励まして来てん」

ヨンジャは黙して星空をずっと見上げていた。星の輝きがヨンジャの瞳を一層輝かせていた。

「なんときれいで純な横顔やろ」私は黙して語った。

「泰植、朝大（朝鮮大学）の彼女は？」

「卒業して東神の中学部（東神戸朝鮮中学校）の教師をしてるわ」

仕事もない私は、朝大を卒業した安 洋淑を迎えに行けないでいた。ただ、安 洋淑の親友ジョンオから色々と情報をもらっていて、私の状態も伝えている。「安 洋淑は待ってくれている」常に心の奥でそう感じていた。それがたった一つの私の支えであり、明日への希望でもあった。

「泰植はその彼女が大好きなのですね。私と会ってる時もいつもその彼女の話ばかりですから」

ヨンジャの心の奥にあるものがなんなのか、私には少し理解はしていたが、あの守部村のブタ小屋同然長屋と共同便所の汚さ、彼女にあって私への思いも消える事皆無であって欲しい、とは考えなかったが、心は今日であっても地球は必ず朝を起こす。

ドラマならここで二人は「キス」をするだろう。でもこんな純できれいな心のヨンジャを明日の約束なくして汚す事は我が母を汚すのとなんら変わらない。母、ハンメは女性だ。私の中の基本は女性の味方として形成されている。

「ヨンジャ、ええダンナさんもらえよ」

私はヨンジャの手を思いっきり握りしめた。

「ありがとう」

私の心の言葉が通じたか、ヨンジャの手が握り返してきた。ヨンジャの瞳は無数の星によって濡れているのか。その答えは永遠に問う事はないだろう。新大阪駅はヨンジャの美しさに震えているのかの如く、揺れて感じた。

「泰植、また電話してね」

「うん」

二人共、社交辞令の言葉だけはよく知っていた。これが最後である事も。

新幹線は震えながら、東京の花を元の鉢に送り届けた。


ハンメが怒っている。

「ヒデ、お前あの子なんや？　安 洋淑は？」

「あの子は友達や」

「ヒデや、大きい夢見んと、土方でもええから仕事せな、安 洋淑から嫌われるで」

「わかってる」

こういう精神不安定な時は友達といるのが薬のようだった。ただ、安 洋淑は私しかいないという、絶対的な確信を持っていた。だから甘えていたのかもしれないが、ここにきて仕事に対して妥協を許すつもりであった。

生まれた環境がどうであれ、蹴球団に入団してそれなりにエリート路線にあった私が、今ポケットに二百円しか入っていない。理想より現実を直視し、どのような仕事にもつき、一日も早く安 洋淑を迎えに行く事がこの時成す私の役目と言えるのか。「それでえっか」。

在日朝鮮蹴球団在籍で神戸朝高出身の先輩の結婚式に呼ばれた。尼崎市内の国際飯店で式を上げるとのことだった。都 亢基から三千円を借りて、披露宴に出席した。私は先輩の同級生達の席に交じって座った。

式の2次会に入る前、突然新郎の席から、「泰植、悪いけど二次会の司会をやってくれんか。と急遽頼まれた。蹴球団時代、相手チームとのレセプションで何度か司会をし、大いに盛り上げていた事を知っていたからだ。インスタントで二次会の司会に立った。先輩とのなり染めをおもしろく語り、芸能人のものまね、最後は朝鮮歌を唄い大いに笑わせ盛り上げた。そんな私の様子を見ていた先輩の同級生で神戸で金融業を経営するヨンジョ先輩が、「トンム（君）が朴 泰植か」と声を掛けてきた。このヨンジョ先輩は四つ上の番長でも有名で、神戸市内での金融業ではやり手な社長として名が知れていた。

「泰植トンム、今何の仕事をしてるんかな？」

「いえ、無職で仕事探している最中です」

「そうか、それあったら、あとでちょっとゆっくり話しようか」

「はい」

その日の夜、西宮市のラウンジにヨンジョ先輩に連れられ、酒を酌み交わした。

「泰植トンムはえらい頭がええな。いきなり司会してあれだけしゃべれて笑かすんやから、そこらにおらん人材やで。トンムあったらわしが世話になってるいい会社を紹介出来るわ。うちの会社は給料が安いからあかん。けど紹介する会社はほんまええ社長で、泰植トンムの将来には絶対役に立つ会社やからどうかな、その会社行ってみるか？」

返事は決まっている。「はい！」

早速次の日、神戸市の一等地にあるその会社へヨンジョ先輩と二人で面接に行った。ビルの7Fで「大西商事」という会社だ。五十坪もあるワンフロアの清潔な会社で、女性事務員二人、男性社員八名の計十名位の会社であった。社の最も奥に社長室があり、ブランドで決めたきれいな事務員さんが案内してくれた。高級で大きなソファーがある。挨拶をして対面に座ったのは、社長の神代秀隆氏だ。

神戸朝高出身で朝鮮大学卒業後、父のスクラップ業を手伝っていたが、金融事業に夢を見、尼崎からこの都会の神戸に進出した若き三十二歳の事業家である。ヨンジョ先輩はこの大西商事で働き、仕事を学び独立した一人だ。

「社長、この柳川君は頭も良いし、絶対ええ仕事出来る思いますわ。元、在日朝鮮蹴球団のスポーツマンやし、ほんまええ子ですわ」

「ヨンジョ、一目見たら分かるよ。柳川君、明日から出社してくれるかな」

「はい。わかりました。よろしくお願い致します」

あれだけ困っていた就職があっという間に決まった。これも全てヨンジョ先輩のおかげだ。運転免許のない私に、神代社長はその場で二十万円を出し、「これで免許取りや」と言った。

スーツも三着すぐにあつらえてくれた。なんと待遇の良い会社なのだ。自動車免許を取った時などは、「柳川君、運転に慣れなあかんから、会社の車で当分通勤していいから」と申し出てくれたりもした。会社の車とは超高級車のセドリックの二八〇〇CC（当時の国産車では最高級レベルの車）

だ。守部村にこのセドリックで帰った時などは、村の人が皆集まって見に来るほどだった。

毎日、ネクタイをし、スーツ姿で仕事をする。

「なんかエリート社員になった感じやな」

この頃の初任給が八～十万円位の時代にあって、なんと私は二十万円であった。

ヨンジョ先輩の会社も大西商事からすぐ近くで、仕事が終わると三宮のネオン街によく連れて行ってくれた。ヨンジョ先輩は男四人兄弟の三男であった。

「柳川、わしを実の兄や思って、なんでも困った事あったら言えよ」

飲む度にそう言ってくれた人だった。私もこの先輩を実の兄のように慕っていた。

幼児の時から「私を今日から親として思って」と何人もの人が私に言っていたが、何か事があるとその言葉を忘れる。良い子だから私が親、悪い子だったら人の子。本当の親とは良くも悪くも親ではないか。

大西商事を紹介してくれたヨンジョ先輩は私の恩人であり、「兄」として信頼出来る人物だと信じることができた。一緒に酒を飲みに行ったときヨンジョ先輩はこう私に語った。

「柳川は頭もええし、スポーツマンやし、朝鮮人の嫌いな警察を半殺しにしてくれるし、柳川は何をしてもやれる人間や。将来わしと組んで大きい商売しようや。兄、弟としてやっていこう」

いつも嬉しい事を言ってくれる先輩だった。大西商事は大きな現金を扱う仕事である。身よりの無い者などは一切採用しない。そこはヨンジョ先輩の顔だと感じていた。真に感謝する兄となったヨンジョ先輩だ。

大西商事での私の仕事ぶりは社長の目に留まる事多く、二億円の貸し付けを一人で担当するようになった。この頃の金融業の金利は一ヶ月の八分だ。二億円の貸し付けなら毎月千六百万円の利息が取れる。私の年代の給料は多くても二十万円位だったが、私は何と五十万円の給料になっていた。

ある日、小さな町工場から八十万円の借入れを依頼された。先輩社員と二人で現場確認に出向いた。本当に小さな部品工場で、夫婦二人だけで作業をしていて、不動産は無い、手形も無い、保証人も出来ない。汚れのついた作業着で私達を迎えてくれた。色々と話をし、会社に戻った。

神代社長が、「どうだった?」と言う。

三十五歳過ぎの先輩社員が、

「担保も何もないし、工場の機械も古く、取れるものが何一つないので難しいですね」

神代社長は「う、ん、ん」と考え込んだ後、

「柳川君はどう思う?」

「僕から見たら八十万円なら大丈夫です。夫婦でやってるので小さな工場も小さいとは言えません。働き者のようですし、ああいうタイプの人達にお金を使ってもらうのが、会社にしては最善だと思いますが」

「よっしゃ、柳川君が担当して出そう」

「社長、八十万円ではなく、百万円使ってもらうのはダメでしょうか?　八十万円×百件ではなく、

宣伝費を考えれば百万円×百件貸付れば二割アップで毎月大きな利益となるはずです。出来るだけこちらからお願いして他目に使ってもらう方式がいいと思います。八十万食われるのも百万食われるも一軒のお客さんには対して差はありません」

神代社長は笑顔で、「柳川君の思うようにしたらええ」

他の先輩社員は失敗を恐れるあまり、貸し付け金が上らない。そのくせヤクザ関係の取り立ては私に頼んでくる。社長に対するゴマスリサラリーマンだ。

神代社長が私の入社初日にこう言った。

「人間というのはそう悪い人ばかりじゃない。十人いたら、一人、二人が悪い事すると思えばいい。悩んだ時は人間の本質を信じて貸せばいいと思う」

私は十円として食われなかった。貸し付け金が増える度、他の先輩社員は、

「何でもかんでも貸しとったらあとでえらい事なるぞ。もっと慎重にならな」

「先輩、僕は先輩よりも慎重に出資してるつもりです。人間自身を誰よりも見てるつもりですから」

「柳川さん、人間よりも最後は物的担保ですよ。人間は裏切るが、物は裏切らん」

などと言ってきた。

確かに私は人を信用しすぎる面は否めないが、百万円前後の商売にあっては、人間論でいかなくては会社が大きくならない。まだ二十一歳にもならない私だったが、新規のお客さんから電話が入った時などは社長は常に、「柳川君が代表して話して下さい。柳川君の話し方が一番お客さんが安心する

から」と言って信頼してもらっていた。

私の将来に光だけが待っている、そんな日々であったろう。


大西商事の社員は日ごと増えていった。

「よしっ、今の私なら安 洋淑を迎えに行ける」

尼崎の立花駅から三宮駅に到着する間に安 洋淑が教師をしている東神戸朝鮮中学校が、通勤の電車内から毎日見える。

「待っとけよ、必ず迎えに行くからな」やっとその日が「やって来たんや」

今の私なら安 洋淑の両親に自信を持って、結婚話ができるだろう。安 洋淑が朝大を卒業して1年と半年が過っていたが、その意味の結果を持っていけばきっと理解してくれる。常にそう信じて私は行動した。

自分の人生の全て安 洋淑を今、この手で掴む。あの時約束したように「必ず迎えに行く」安 洋淑はきっと笑顔で迎えてくれるだろう。大西商事内の電話から東神戸朝鮮中学校に電話を入れた。

「安 洋淑ソンセンニム、イッスンミカ（先生いてますか）？」

朝鮮語で電話を入れた。久しぶりの朝鮮語なので舌をかみそうだった。

「安 洋淑先生は今年三月いっぱいで退職されましたが」

それ以上聞く事をせず、すぐに電話を切り、安 洋淑の親友ジョンオに電話を入れた。ジョンオは園田朝鮮小学校の教師をしていた。

「あ、ジョンオ、朴 泰植やけど安 洋淑な、先生やめたん?」

「また安 洋淑の話、今頃電話してきて何が聞きたいの?」

「わし昔から言うてたやんか。絶対に迎えに行くから待っといてくれって。ジョンオからちゃんと言うといてくれてたんやろ」

「朴 泰植な、そんな昔の話、憶えてるかいな。今頃、何言うてんの。あの子はな、今、花嫁修業中で北海道の人と見合いしたらしいよ」

「えっ、ほんまっ、ジョンオ悪いけどな、今日仕事終わったら伊丹まで会いに行くから、どっかで会えるよう電話いれてくれへん」

「朴 泰植なんも知らんねんな。あの子の家は今、三重県に引越ししてるんやで」

「えっ、引越しした? ほんだら三重に行くからジョンオから連絡入れて、会える日と場所と時間、聞いてくれへんか。お父さんが電話出たらええ顔せえへんみたいでな。頼むわジョンオ、いつもいつもほんまに悪いけど」

「朴 泰植ほんまなんも知らんねんな。とにかくその前に私と一回会おか」

その日の夜は阪急武庫之荘駅北口前の喫茶ロビンスでジョンオと会う事にした。喫茶ロビンスのママがいつものように笑顔で「いらっしゃいませ」と迎えてくれた。学生時代の注文はいつもコーラかレモンスカッシュだったが、今はジョンオも私もホットコーヒーを頼んだ。久しぶりに会ったので、私は少し照れて上目遣いでジョンオの目をしっかり見た。

「朴 泰植なしっかりしいや。泰植はちょっと単純でロマンチストすぎひんか。女いうのはそんな理想主義違うよ。ほんま子供やな」

そんな話はどうでもよかった。

「ジョンオ、安 洋淑何かあったんか?」

ジョンオの口から出た事実はこうだった。実家の事業が失敗し会社は倒産、さらに家族の体調不良などもあり、家庭は大混乱していた。そこへ援助の手を指しのばして来た資産家が居たらしいのだ。そして安 洋淑はその人と見合いをして、今は三重県にいるということだった。最後に「どっちにしても一度会った方がええかなと思う」とジョンオは言った。

私はこれで全てを理解した。

「そうか、そうあったんか。ジョンオ、会える日を聞いてくれ。一回とことん話してくるわ」

「朴 泰植、あの子が会う言うたらまだちょっとは気があるんやから、力づくでも引っ張っておいでや。女は男の強引さに弱いんやから。分かってんの、朴 泰植」

「分かってるわいな」

その次の日、ジョンオから連絡が入った。

「朴 泰植、洋淑が会うって。会ってくれるという事はまだ脈があるかもしれんからな、がんばりや」

ジョンオは本当にいい女友達だ。こうして私は安 洋淑のいる三重県に行くことになった。

安 洋淑との待ち合わせの日は土曜日に決まった。大西商事での午前中の仕事を終え、神戸から一直線に三重県に高級車クラウンで向かった。安 洋淑との再会に向かう車中で今日までのあらゆる事が頭の中に蘇ってくる。安 洋淑との全ての思い出が本当の思い出として終焉を迎えるのか。またや、思い出づくりの延長線上に立ってゆけるのか。この時私は命を賭けた戦士のような心構えであった。

一つ救われたのは、私個人を嫌いになった訳ではなく、家庭の事情によって乱れた言葉を発していたのだということだ。しかし、彼女にそんな事情があったとは、全く気がつかない私の愚かさに苦く歯を噛んだ。安 洋淑は将来約束した私の恋人なのだ。私は一体何をしていたんだ。当然、何の甲斐性もない私に金銭的苦難の事情を説明した所で何の解決方法も生まれないだろうが、悔しい。あの頃、安 洋淑は私に乱れた言葉で最大限訴えていたのだろう。

幼い頃に両親を亡くし、血の繋がりのないハンメに育てられた。ハンメはいつ見ても部屋で私の靴下、手袋、セーターなどを編んでいた。小学校の頃、真夏に私のサッカーの試合を観に来たハンメは、試合に出場している私と同じように、いくらノドが渇いても水を一滴も飲まずに耐えて観戦していた。高校時代、練習を終え疲れて家に帰ったら、キャッチャーミットのような超特大のオムライスが待っていた。夜寝る時に私の手を強く握り、「ハンメにはポギオッタ（福と富がない）ヒデやがんばれや、がんばれや」と口癖だった。

正月の服を尼崎の三和商店街にハンメと買いに行った時、高価な方を買って欲しいとダダをこねた。貧乏で持ち合わせのないハンメは安い方のジャンパーを買って帰った。次の日、正月朝一番に起きたらあの高価で私の欲しかったジャンパーが壁に飾られていた。

そんなハンメの言葉が脳裏をよぎる。

「安 洋淑を裏切ったらうち（ハンメ）が許さんからな。あんな優しい、いい子は他におらん」

ハンメから安 洋淑にプレゼントした指輪、今もはめているだろうか。ここで負ける姿をハンメに見せられない。子供の頃から負けた姿をハンメに一度として見せた事はない。いつも自分を信じ、どんな事にも怯えないように見せて来た。

ユニホームの背番号にしても人の嫌がる番号をわざとしてきた。

小学校時代には13番。

中学校時代には9番。

高校時代には4番。

カリスマ性を築く私には天の神がついている。強靭な自信過剰作戦に他を圧倒しようとする姿をあえて見せつける。

「今ここで、負けたらあかん」

過去の全てを真に継続、蘇えらせる成功の為にも強い自分を保つ為にも、ハンメの笑顔を見る為にも、何があってもどうしてもこの世で一番大好きな安 洋淑が必要なのだ。

高校時代、安 洋淑が私によく言っていた事がある。

「社会に出たら、みんな変わってしまうらしいよ。じゅぶん（泰植）も変わってしまうん違う。チョ

（私）の事もすぐ忘れてしまうわ」

「僕はな普通のみんなとは違う。人を好きになる事は命を賭けるのと同じで、死ぬまでじゅぶん（洋淑）と生きるわ。小さい時からほんまの愛情だけを探してきたんや。僕が今、これから生きてゆけるのは全部じゅぶん（洋淑）がいるからやねん。一生に一回しかない愛がじゅぶんや、じゅぶんが死んだらわしも死ぬのと同じや。じゅぶんがおらんなったあとの苦しみは考えられん。最初で最後の全部がじゅぶんやねん。僕みたいに育った環境の人間はそんな風にしかよう考えんのや。ウソは言えへん。他のみんなと一緒にせんといてくれ。僕を絶対信じとったらええねん」

安 洋淑は頷いて「チョ（私）も一緒」

彼女の家は大金持ちで何の苦労もないと、そんな風にだけ見ていた自分がとても恥ずかしい。私は私の事ばかりを彼女に訴えていたのだ。彼女が私に悩みを言えないのではなく、私が彼女に悩みを言えないようにしていたのだ。

三重県に向かう車の中で何千回、何万回、安 洋淑の名を叫び、天を見上げ、彼女に詫びたかしれない。もうすぐ約束した場所だ。この辺りは本当の田舎という感じで、昔の街並みがそのまま生きている景色である。空気は都会では味わえない程の美味しさをくれる。小さくまとまった駅の前に背の高いあの安 洋淑が見えた。久し振りの対面に赤面するほど照れくさかった。

黒の高級車クラウンで彼女の前まで行った。彼女が乗って来た車を駅に置き、私のクラウンの助手席に座ってもらった。

彼女が近所を案内するというので、途中二人で歩きながら向かった。二人の目の前に大きな松の木が中途から真っ二つに折れてあった。

「この松の木ね、チョ（洋淑）がパッチギ（頭突き）で折ってん」

「それでじゅぶん（洋淑）のおでこピカピカに鍛えて光ってるんや」

冗談は二人のいつもの挨拶だ。近所を散策したあと、私の車に戻って駅近のハンバーグ店に入った。お洒落な雰囲気で私はアイスコーヒー、安 洋淑は高校時代と同じコーラを頼んだ。冗談ばかり言い合って、二人で大笑いして飲み物をのどに通していたが、中々本題に入れない。しかし、陽は下ってゆく。今ここで自分の気持の全てを伝えなくてはならない。

本題に入る前の静けさは夜の海のように優しくも怖かった。今、目の前にいるこの女性が私の人生の全てを賭けた人なのだ。今、ここは戦場だ。生きる為の戦場だ。決して死ぬ為の戦場にしてはいけない。生きる為に今ここにて全力で戦え、彼女を勝利者の女神として連れ去れ。

決心の再確認を終えると私の口からは、自然と言葉が詩う。

「今まで僕の自慢出来るもん言うたら、サッカーとじゅぶん（洋淑）しかなかった。あれだけ好きなサッカーはやめてしもうたし、ここでじゅぶんまで無くしたら僕の生きる意味がないねん。じゅぶんと一緒になる為に何とか今、仕事頑張って生活出来るようになったんや。そやから迎えにきた。サッカーはやめたけど、じゅぶんさえおってくれたら何でも頑張れる、僕の夢はじゅぶんだけや。何があってもじゅぶんを連れて行きたいねん。昔、将来何があっても絶対一緒になろう言うて約束したやろ。僕は絶対ウソ言えへん言うたやろ。じゅぶんも私の方から離れたり、絶対せん言うとったやないか」

私は言葉を続けた。

「その約束、今までずっと信じて来たんや。子供の時から親もなく孤独で寂しい、そんな毎日の生活の中で、人間として生まれてきて良かった。愛があったら孤独に生まれてきても一人やない。人間はほんまに素晴らしいもんやとそれを真に教えてくれたんはじゅぶんあったんや。じゅぶんは僕の何から何までの人なんや。僕の事が嫌いになったんあったら、別に何も言わへん。そやけど、そうやなかったら僕と一緒になろう。幸せに出来るとか出来ひんとかの問題やない。じゅぶんさえおってくれたら、何でも頑張って成功するに決まってるんや」

熱かった、全身が。強引な熱っぽさだったかもしれなかった。ただ、私の中で何かが虚しかった。なぜなら親のいない子とは一種の冷たさとひがみがあって、めったに他人の中に入らないが一度信じて入ったからには、その人以外に頼りも生きがいも無い状態に思い込んでしまう。一種の病と化して、自己なる妄想にあって相手側の見解を見失っている行動となる。

安 洋淑は私の激しい口調の話をずっとうつむきながら聞いていた。うつむきながら何を自分に言い聞かせているのか。何度も何度も首を横に振りながら、涙をいっぱい溜め、自分に何かを再度言い聞かせている努力が見えた。安 洋淑がふっと姿勢を正した。

「じゅぶん（泰植）な、なんでもっともっと前にそう言うてくれへんかったん。チョ（私）はチョなりにずっと待っていたつもりよ」

その言葉が詰まっていた涙を逆流させていたのだろう。

私がもう一度何かを話しかけようとしたが、その口を静止され、彼女の方から、

「今はもうあかん。親が決めたとは言わないけど、この結婚はチョ自身も賛成してるの。相手の人も良さそうな人やし、もうそれでいいと思ってる」

安 洋淑の辛く語る姿を見た。


血を見なければ何も知る事の出来ない私のこの体質を恨んだ。ボロボロ涙が逆流する安 洋淑に言える言葉は皆目見つからなかった。大学を卒業したら安 洋淑を迎えに行くと言っていた私の方こそ約束を破った張本人であって、彼女に何の罪があろうか。安 洋淑に語る今の私の言葉全てが、私、男の勝手であったろう。

これ以上、語ってはならない、彼女を苦しめ追いつめるだけだ。こんなかわいそうな彼女を見るのは私の死に等しい。私の為に安 洋淑を苦しめるなんて到底私自身が許さない。そっとしてあげよう。そっとしてあげる事が彼女への今出来る最善の愛なる表現だと悟った。

「洋淑」

彼女と出逢って初めて洋淑というその名を直接口にした。

「あれだけ好きあったサッカーもやめてしもうた。その上じゅぶん（洋淑）まで無くしてしまう。こ

の二つだけが僕の人生の生きがいあったけど、もう何もないねん。金なんかほんまにどうでもええねん。そやけどな、もし僕が金持ちの息子あったら、じゅぶんの親も僕らの結婚許してくれたかもしれんやろ」

私の思いは止まらない。

「僕はほんま悔しいねん。金なんかいらんけど、金に負けるんが悔しいねん。正直言うて、サッカーとじゅぶんを失ったらほんまに何の夢も、生きるのも嫌やねん。そやからな、これから生きてゆく為にもな、じゅぶんに誓うわ。金なんかどうでもええけど、絶対僕はこの日本でも有名な実業家になってやるわ。そうじゅぶんに今誓う事でしか生きていかれへんからな。僕は絶対に約束するわ。世間のみんながビックリするような大物の男になってやるわ。じゅぶんに誓って、約束する事でそれを心の糧《かて》と絆に何とか生きてゆけるよう頑張るわ。もしいつか成功した僕の話をどこかから聞こえたら心の中でおめでとうと言ってくれな」

子供じみた話でまたカッコつけてしまった。だがこのカッコは安 洋淑への最後のカッコとなるだろう。

「これ」安 洋淑がバッグからある物を取り出そうとした。何なのかすぐにピンときた私は一言だけ告げた。

「琵琶湖」

そこが二人の最終ストーリーの場所という事だ。

ハンメが安 洋淑にプレゼントした指輪は歴史の湖に眠る。二度と蘇るはずのない指輪は安らかな日々を送る事だろう。

ハンバーグ店の駐車場に止めてあった車に乗った。スーツの上着を助手席に「ポン」と置き、車の窓のウインドガラスを下ろした。安 洋淑は運転席の私を見送る。車のエンジンをかけ発車するまで幾時間あるだろう。

「ほんだらな」と軽く右手を上げた。

涙の海で安 洋淑の視野に私がいるだろうか。

「じゅぶん（泰植）の成功をいつも祈ってる」

最後の最後まで泰植と呼ばずじゅぶんだった。無情にも車は走ってゆくしかない。軽く手を振る彼女の姿がずっと私の方向を見つめている。

バックミラーに映る彼女の髪と衣装が優しく風がなびかせる。ふとなぜ彼女はこんな田舎の道にただ一人立っているのだろう。もう遠い人なのか。

車の走る道はまだ長く続く一本道、「ありがとう」とこの長い道に感謝した。バックミラーには安洋淑がいっぱいだ。この道はUターンの為に出来たような道路だ。何を考えているのだ私は。もう坂道を登る力は私には残っていない。

だが車は私ではない。高速道路のガードが見えるあの角を、あの角を曲がれば全て消える。本当に消えるのか信じられない。バックミラーはまだ安 洋淑をいっぱいにしている。渋滞の無い道を自転車よりも遅く走っている車、正直で単純な私の心が見られる。

角が来た。高速道路のガードの角が遂にやって来た。

バックミラーにはまだ安 洋淑がいっぱいだ。私の意思とは逆にこの車は無理矢理左折する。

車に無視された私は再びバックミラーを見た。安 洋淑がまだ映っている？

それは私の中での妄想が幻覚を育てたものだ。バックミラーから私の全てが消えいた。この車は行くあての無い道をただ々走っているかのようだ。

――ハンメごめん。

魂の抜けた人間は人形よりも生きていない。妄想と幻想が私に手を差し伸べたが、私の目には映らない。どのようにして帰宅したのか記憶がない。青春との闘いは完敗であった。当然、赤子思想の私に勝ち目は当初からその姿はどこにも無かったであろう。本当に彼女が私を思っていたなら、このような結果にはなっていないだろう。その疑問に答えない事が私への最善だろう。

みなしごの私は朝鮮、同和の部落に育ち、貧困の中でもかすかな夢を見、それを打ち砕かれたかの如く、この世の全ての差別を受けるもその差別されている人間からもまたもや差別され、今、私はどこへ行こうとするのか。

誰もまともに相手してもらえない私では？下層部落から龍は天空へと飛翔してゆくというが、翼のない龍がどうやって飛んでいくのか教えて欲しい。人の裏にある差別に落ちてゆくしかない私では？そこに待つのは全てを信じ切れない猜疑心だらけの私だけ。

安 洋淑の親友ジョンオが安 洋淑が言っていたという言葉を一つ教えてくれた。

「チョ（洋淑）は朴 泰植のオモニ（お母さん）にはなれなかった」

厳寒の冬が心の底に生きる暴風暴雨に打たれ、歴史に刻まれた岩のように長く暗い陰にある冬の間に心中の冷気に極限との闘い、心の闇を疾走するに純白な色彩が心の光となり、行く着く所、未知の世界へと走る。そこにさんざめく白心の透明にある美の誕生を無私無欲、真、善、美と最高形態の姿を育てる。今、鼓動の妄想なる世界へと自己防衛への幻の道へと生まれるべくして生まれ、その処世術は極め成し進む。

六

新しく出発したかった。しかし、この孤独にある日々の苦しみを退治する術がどこを探してもない。人生の転落とは能力にあるのではなく、精神の在り方にあると知った。苦悶に見る青空は、嫉妬心の宝庫となり、その雨を待つ。絶望と感動が表裏一体、生身で生きてきた。

小学校時代、優勝旗を同級生は父親の力で持っていたが、私は常に自分自身一人の力で持っていた。いつも自分一人の最善で生きてきた。

甘えたかった、同級生達と同じように大きな胸に甘えたかった。しかしどこ知れない所で、その甘えが安 洋淑をつぶしてしまった。遠いあの頃、私と安 洋淑はすでに終わっていたのだろう。

「君はもう死んでいる」どこかで聞いたセリフだが、きっとそうであったろう。

毎日毎日、あれだこれだ、こうだったのに、ああだったのに、もういい、今の私はもういい。

人を好き、愛する、どちらでもいいが、その事がこんなに苦しい事なのか。

私は私の心に嘘をつくのが、誰よりも優れていたのに、今、どうしても自分を騙せない。人生の全てであると決めている前に真実、本当だった人の事を忘れるなんて、自分自身を殺す事となんら変わらない行為にあって、嘘で自分をどうしても騙せない。妄想にある幻想の力なる作戦なんて雀のエサにもならない。

この二十一歳になるまで、真っ白、受信、率直、一直線、人の付き合いこそお金でマイナスを受けても決して人を裏切らない正義を正して、今日まで白心で生きてきた私。

その結果に残ったのは傷だらけの誠だけ。

誠が真実でない世の中があるのだろうか。

真実が認められない世界があるのだろうか。

正しければ正しくない日々があるのだろうか。

アホとバカは正しい人のたまり場なのか。

しかし死んでも変える事の出来ない心がある。

安 洋淑を決して裏切らないと誓ったこの心を絶対裏切らない。安 洋淑に対して絶対ウソは無い。

だからずっと君を思って死んでゆく。

父、母、ハンメの存在が二人といない、現実に私にとっての安 洋淑は恋と愛にして二人といない全ての女性だ。この思いに私はその姿勢にあっても決してウソと裏切りをなさない。安 洋淑、君はもう君ではない。私の中の空人と化しても私の誓いは私の生きる今日、明日の為に必然とされたのだ。

大西商事には四人の女性事務員がいた。それまで何度か誘われてはいたが、もう私は拒むことはしなくなり、全ての女性と関係を持つようになっていた。そんな日々が続いたある仕事の昼休み、会社近くの喫茶店で休んでいたとき、朝高時代の同級生、全 恵英とばったり会った。

「あ、全 恵英?」

「あれ、朴 泰植ちゃうの?」

「久し振りやな」

「ほんまやね」

この全 恵英は女優の大原 麗子似の大和なでしこのようなおしとやかなタイプだ。

「またきれいになったね」

全 恵英は私の会社のすぐ近くにあるサン企画というブランド物の会社で事務をやっていると言っていた。

「朴 泰植、なんか昔より肥えて、どこかの社長みたいに貫録ついたね」

この出会いからちょくちょく食事に行ったりするようになった。

「朴 泰植は安 洋淑の事が本当に好きあってんな」

「いや、もう昔の事やし」

私は出来るなら安 洋淑を忘れさせてくれる女性を常に求めていた。そう願い、この全 恵英と接触していたのかもしれない。いつまで過ってもその中で安 洋淑がどうしても消えなかった。消す努力をすればするほど一層消えなく苦しくなってしまう。日々、私の周りは安 洋淑の幻に囲まれ、別の意味恋に破れたあとの恋なる四面楚歌状態と言えよう。幻を追いやってくれる新しい味方が必要だった。

安 洋淑とはいかないだろうが、その毎日を全 恵英に求めていったのだろう。全 恵英は口数は少ないが、私の話を理解よく長時間聞いてくれていた。

「朴 泰植、今日も安 洋淑の話なの?」

こうして二人の仲が深まってゆき、一夜を過ごした。全 恵英は処女だった。

「結婚してもいいよ。もしよかったら」

幾日かして全 恵英が電話で返事してきた。

「朴 泰植の心の中にはまだずっと安 洋淑がいるやん。だから私はもういいわ」

あっさり振られてしまった。立ち直れん、まだまだまやかしの恋しか出来ない。恋の四面楚歌状態はいつまで私を苦しめるのだろう。恋の軍師は何処へ。

守部村からふと、夜の星空を眺めていたら、突然思いがこみ上げてきた。

「あ、そや、お母さんに会いに行こう!」

二十歳を過ぎたのだ。大人の私を母に見てもらいたい。そう頭に浮かんだのは、母の墓参だった。

私の母の事に詳しい、西宮市の富川家に墓参りの話をしたところ、私の異父兄弟の名古屋の兄と連絡がとれ、「いつでも来てくれ」との返事だそうだ。

「ハンメ、僕のお母さんの墓参りに行けへん?」

「ヒデのお母さんの墓参り出来るんか?」

「名古屋の兄さんに連絡とったら、いつでも来てやて」

「ほんだら、すぐ行きたいな」

ハンメは元々、極端に信心深い人だったので墓参りが大好きだ。

名神高速道路、名古屋の一宮インターで 兄さんの嫁さんと待ち合わせした。兄さんは仕事でどうしても来れないという事だった。兄さんの嫁は兄さんより十歳年下で、とても明るいきれいな女性だった。一宮インターから十五分位の所に私の母の墓地があった。花を添えて、墓石に水を流し、線香を立て、手を合わせた。その時、母の名を初めて知った。

墓石に刻まれた名は梁 在順（ヤンジェスン）だった。

不思議な事が一つあった。梁の姓の人は日本の姓を「梁川」とする習わしがあったが、偶然私も柳川を名乗っている。「梁」は読みにくい人が多いので「柳」を使って柳川と名乗る人も多数いた。兄さんの父の姓は「禹」であった。中国古代の夏王朝の王が「禹」といった。その事を兄さんはよく口にしていた。

母の葬儀以来十何年ぶりに対面した。私にとっては記憶がないが、兄さんにとっては複雑な思いで

あったろう。だがそこは、忘れてゆく人間の性、時代は遠く未来に流れてゆく。母の墓前に手を合わす私は、

「お母さん、やっと会えたね。僕大きくなったやろ。お母さんお願いがあるねん。僕を助けて欲しい。今の辛い心から助けて欲しい。絶対、何か大きな事をやってみんなをビックリさせたいねん。ほんまに頑張るから見守って助けて欲しいねん。ほんまに一生懸命頑張るから大きな力、与えて下さい。お願いします、お母さん」

と、心の中で呟いた。

ハンメは涙をぬぐうのに忙しい。

「ヒデな大きなったやろ。ええ子やで、ほんまええ子やで」

ハンメには毎月五万円のお小遣いを渡していた。兄さんの嫁も泣いていた。この嫁さんは恵津子といって母の名古屋時代に小さい時から親戚付き合いしていたので、兄さんの家庭事情は誰よりもよく知っていた。

「ヒデオのお母さんが死ぬ前まで重ちゃん（兄さん）に、ヒデオの事頼むよ、頼むよと言っていたんです。うちらの方から一度、尼崎まで会いに行こうかと相談していた所だったんですよ」

恵津子姉（嫁）さんの高級車クラウンの後ろに私の黒のクラウンが行く道をついていった。兄さんが自宅で待っているとの事だった。

兄の自宅は名古屋市内にある超ハイカラな西洋式豪邸であった。駐車場には当初見慣れない黄色の

ベンツが止めてある。兄嫁が玄関から部屋内に案内してくれた。和室のテーブルに五、六人が座っていて、兄さんは上座に座っていた。

「お、ヒデオよく来たな。お前の兄さんだ。顔わかるか？」

「いえ」

嫁さんが兄に「それはそうでしょう、昔小さい時一度見ただけなんだから」

兄さんが手で方向を指し、「仏壇に線香あげやぁ」

私が仏壇に手を合わせた時、位牌に私の父ではない禹 明光と梁 在順、二人の名が書かれていた。何か辛いものを感じたが、今さらの一言である。兄さんと私は歳が十七歳離れている。兄弟というよりも親子に近い感がある。兄は私を見ながら、何か考え込んでいる様子だったが、

「そうだヒデオ、隣の部屋に仕立てのスーツ屋が来とるがや。好きなガラ選んで何着か作れ」

スーツ屋の社長が「山科（兄さんの日本の姓）さん、弟さんええ体しとるがや。背がほんと大きね。写真で見る母親そっくりだがね」と言う。兄は背が低い、父親似との事だ。顔も父親似で一見兄弟とは見えない。兄がハンメに朝鮮語で挨拶した。

「チャルオシッスンミダ（よく来て下さいました）。ヒデの事チャンコマッスンムミダ（本当にありがとうございます）」

私もハンメもテーブルに着いて豪華な食事となった。そのテーブルには兄の友人が数人いて「ヒデオちゃん、浩幸そっくりじゃないか」と言った。

兄の二つ上で私よりも十九歳年上の紀子さんあの一人息子、浩幸の事を言っているのだ。よく見るとその浩幸も目の前にいた。私よりも三つ下で私から見ても本当に双子かなと思うほどウリ二つだった。

「浩幸です。よろしくお願いします」

「いえ、こちらこそお願いします」

兄が今までの暮しについて詳しく聞いてきた。

「今は神戸の大西商事という金融会社に勤めています」

兄は私の色々な話を聞きながら、腕を組み、アゴのエラをピクピクさせながら涙ぐんで言葉を出した。

「俺も一人でここまでやってきたでよ、ヒデオお前もよくここまで一人で頑張ってきたな。立派だ。ハルモニ（ハンメ）のおかげだわ。ハルモニ、本当にコマッスンムミダ（ありがとう）」

「アイゴうちは何もしてへん。ヒデが一人で頑張ってきただけやで。ヒデはほんまに優しいええ子に育ったわ」

兄はまた涙を流していた。こういう時は私は常に平静を装うクセがある。私から兄にビールを何度もつぎ、帰りが車の私はお茶をいっぱい飲んだ。兄の山科家はこの晩、大いに盛り上がり、夜が深くなってきた。

「それでは兄さん、今日は本当にありがとうございました」

嫁の恵津子姉さんが、「ヒデオ、これとこれ、持って行き」恵津子姉さんから手渡されたものは、私のヘソの緒と母がいつも身につけていたという純金の指輪（かまぼこ）だった。私のヘソの緒を大事に兄さんは保管してくれていたのだ。

「あ、どうもありがとうございます」

兄はハンメの手を握り、「またヒデオと一緒にいつでも遊びに来て下さい」と熱く言った。兄の嫁の恵津子姉さんが、「ヒデオ、ちょっとだけ寄って行って欲しい所があるんだわ」と言って、十九歳年上の紀子姉さんが経営している居酒屋に顔だけ出しに行った。店の仕事の為、どうしても兄の家に寄れなかったのだ。

小さなカウンターだけの店で紀子姉さん一人でやっていた。私とハンメ、兄嫁三人で店に入ると、紀子姉さんが満面の笑みで、「ヒデオ大きくなったな。いい男になったがや」そう言って涙を拭いていた。私の母そっくりの顔だ。という事は私ともそっくりだ。その日は時間がないので、挨拶だけで店を出た。

「ヒデオ、二週間後スーツの仮縫いがあるで、また連絡するよ」

「はい。姉さん（兄嫁）今日は本当にありがとうございました」

「ヒデオ、運転気をつけてね。ハルモニ（ハンメ）、また遊びに来てくださいね」

私とハンメはのんびりと尼崎の家へと向かった。

母の墓前に手を合せれた事が、元の心を少し取り戻せたかに思えた。だが、名古屋の兄さんにしても幼く父を亡くし、病気の母をかかえ、一人の力であれだけの生活を建てた。立派な男だと尊敬に値する。もし兄さんと対面して貧乏な暮らしをしていたらどうしようかとも考えたが、反対に心配されかけていた状態だ。でも嬉しい、血の通いがある兄が立派な姿で存在してくれたなんて、血の通った人を兄と呼べる。この尊厳を私の魂にしまい込んだ。

そういえば食事の時に兄が言っていた言葉を思い出した。若い頃、兄が一人で駅裏の銀行に行った時、ある社長が兄を見て、「お前がなんでこんな所（銀行）に来てるんだ」と言ったそうだ。兄はこの言葉が悔しくて悔しくて、「いつかきっと見返してやる」とに誓ったという。

親のない人間をどこに行っても人の持す性なる優越感は区分けし続けるのだ。この世間にあっては、甘い言葉に惑わされてはならない。その向こうにある区分けを……。兄は色々なビジネスをしていると言ったが、何なんだろうか?とにかく成功者に間違いない。

生まれながら試練を背負って生まれた私。安 洋淑に対して最後に「ビックリするような大物になってやる」と約束したこと。決して貧乏に負けない。安 洋淑への思いは裏返せば貧乏へのみじめさを強引に教えられた。天の神に誓う。ハンメの次男和真兄ちゃん見ててや。大きな人間になって必ずや安 洋淑を見返してやる。私の純情を全て奪った安 洋淑側の世間に戒めてやる。私の真実と、ど根性を。

私は生まれながらマンガチックなロマンチストストーリーを歩む型として自ら設計してるのかもしれない。だが、そこにあるのは真実、誠、単純明快な人の心、それが私だと信じている。

現実を見れば夢を失う。だが、己の成長過程にあって有利妄想を育て、その壱事を本当のものにしてゆく方式でしか今を生きられないのだ。ただ々、今は天の神に誓う。「やったる！」それがハンメの育てた私でなくてはならない。

母の墓参り後、私は大西商事の仕事に身が入らない。安 洋淑を迎えに行く方法としての大西商事でもあったが、このままサラリーマンの世界に生きてゆく時間はない。

何かビッグな今日、明日を築かなくてはならない天の神への誓い。私は本当に幼稚な男だが、それでも血を見ても自分自身の天命を信じるしかない男であった。この頃、会社内では他の社員の意見に全く反論もしない。女性社員からの食事の誘いにも一切出向かない。全身、もぬけの殻状態で何かを思案はしていたのだろうが、あれだけ饒舌な私が無口な日々を過ごした。

名古屋の兄に会った日から丁度二週間になる。兄からプレゼントされたスーツの仮縫いの日がやってきた。大西商事の社用車クラウンに乗って、夕方名古屋の兄の家に着いた。スーツ屋の大将がすでに待機していた。玄関のシャンデリアが灯りをともすと数人の若い人達が、兄と共に私を迎えてくれた。

奥の和室には前回と同じく豪華な料理が準備され、兄嫁の恵津子姉さんと、兄の子供の三兄妹が、「チャグナボジ（小さいお父さん）こんにちは」と正しく挨拶してくれた。

父親が違っても兄と私は兄弟でこの子供達は私の甥なのだ。十九歳年上でシングルマザーの紀子姉さんとその一人息子の浩幸も揃って来てくれた。兄の日本名は山科。名古屋の駅裏朝鮮人の間では、「山科」と言えばやり手で有名だと聞いた。五人の若い人達は兄の会社の社員であった。その中の一人は私よりも四つ年上で兄嫁の実弟で姜こと坂上 達也と言った。

全員が私を見て「浩幸と双子みたいにそっくりだがや」紀子姉さんの一人息子の事を言っている。兄嫁の実弟坂上 達也が、「ヒデオは在日朝鮮蹴球団に行ってたんだって、すごいがや。あのチームは日本一の選手しか集まらんのだわ」と自慢げに言う。坂上 達也は愛知朝鮮高校の卒業生である。

「え、ほんと。じゃ僕もサッカークラブに入るよ」兄の次男憲成が尊敬心を見せた。兄が前回と同じく腕を組み、「ヒデオ、今の金融会社は大きいか?」への字の口で質問された。

「そうですね。神戸の朝鮮人の中では、戦後最も金儲けしている事業家で、将来必ず上場会社になると言われています」

兄は首を軽く縦に振り、

「それなら給料も良いんだな?」

「僕の年代層からいうと五倍位ですかね」

「そうか。立派な会社にいるんだな」

「でも兄さん、僕はあまり金融業が好きになれません。上から人を見て、金を貸し、何かあれば怒鳴って集金する。どうも苦手な業種ですね」

「うぅん」

兄に何度も両手でビールをついだ。私のお腹は有名な太鼓に負けない位、叩けば良い音が出そうになっていた。兄嫁が「ヒデオ、今日は泊まっていけばいいがね。明日の仕事に間に合うよう、朝早く出発したらどう?」

「そうしろ」と兄も続いた。

名古屋市内から神戸の会社は飛ばせば二時間ちょいで到着する。

「いいですか。それなら甘えて泊まってゆきます」

日曜日の夜だが、兄の自宅近くには知り合いのスナックが沢山営業している。スナック奈々という店に全員で飲みに行った。スナック奈々のママは兄と嫁の友人である。

「ヒデオ、何か歌え」

兄がそういうので、得意の「おふくろさん」を熱唱した。私のその歌を聞いて兄は涙を流していた。きっと私と兄の因果な関係に母親を思い出したのであろう。盛り上がったスナックでのひと時も時間がくる。この店で全員解散して、私は兄と共に兄嫁の運転で帰った。大西商事の社長と同じクラスのベンツは乗り心地最高であった。

兄の家に着いて、ソファーに座り、コーヒーを前に兄と兄嫁と共にのんびり会談した。その時兄が難しい表情で、「なぁヒデオ、俺はよ、堅気ではないでよ」と呟いた。

その意味がどういう事なのか、今の私には分かる。ヤクザという意味だ。社員と紹介された中の人には小指が無かった。もう一人はシャツの奥に入れ墨のようなものが見えていた。そして兄に対しての姿勢が何となく、ヤクザ組織の類と感じていたのでそんなに驚く所でもなかった。

兄嫁が続いて話をした。

「今ね、うちの人（兄さん）の仕事がすごく忙しくなってきてるんだわ。お金をさわる仕事なので身内で信用出来る人が必要なんだわ。もし、ヒデオが名古屋に来てうちの人の仕事、手伝ってもらえたらほんと助かるんだけどね」

私の中でも、もしかするとこのような話があるのかもと心のどこかで待っていたと言ってもおかしくなかった。兄と二人で大きな夢を実現したい。

「わかりました。ただ、大西商事の社長とその会社を紹介してくれた先輩がいるので、キチッと話をしてみます」

その日は早朝五時に起床した。兄嫁が一人で見送ってくれた。その時、「ヒデオ、これハルモニ（ハンメ）に渡して」手渡されたものは五十万円の現金入りの袋だった。

「いや、ねえさん（兄嫁）、こんな沢山ダメですよ」

「これ、兄さん（兄）ら預かってるものだから、いいの、いいの。ハルモニには色々世話なったんだからこれ位でもしないと気持ちがね」

「ねえさん、すみません頂きます。では兄さんによろしく伝えて下さい」

「帰ったらすぐ電話してね」

「はい」

嬉しかった。こんな私を必要としてくれる。親子の情、兄弟の情、そう言う事はこの私にはあまりピンとこない環境だったが、生まれて初めて本当の兄弟の情に触れた感情が嬉しかった。名古屋から神戸、黒のクラウンは軽やかに走って行った。

大西商事に勤めてから私の部屋に遊びに来る友人は少なくなっていたが、それでも夜遅く帰ったらちょくちょく勝手に部屋でテレビなど見てる友達はいた。久し振りに来る友人のほとんどが、トラブルの相談であった。

結婚の約束して妊娠六ヶ月になって、「相手の男が別の女と同棲している」「その男と本当にもう別れてもいいというなら、そのような話をつけてやる」と言って、相手の男から金目の物は全て没収して、毎月五万円の生活費を約束させたりとか、飲み屋で殴られて、「仕返しがしたい」とか。彼女を他の男に取られた腹いせで、「やっつけてくれ」とか。「金を貸してくれ」とか。村の銭湯に見た事のない入れ墨入れたチンピラが大きな顔して来てるから、「かましあげてくれ」とか。

私はお前らの「ボディガードちゅぞ！」

私が第一にしなくてはならない事はこの守部村から脱出する事が先決の問題であろう。人から頼まれたら嫌と断れないこの性格。良くも悪くも一旦付き合えば最後まで男らしく付き合ってしまう性格。一日でも早く守部村を脱出せねば。だが、「ハンメがおるからな」ハンメは守部村以外で生活出来るだろうか？　難しい疑問に直面していた。

そんな時、守部村部落全体が立ち退きになり、改良住宅として全体が団地に変わるという事だ。新井家はハンメの長屋一軒と私の長屋一軒で団地の二部屋もらえるという。

家賃はなんと1ヶ月たったの千円である。新築でエレベーター付きの現代風にこの集落が変わってゆくのだ。そうなれば団地の同じ階数で隣同士となり、暮らせるが、そのもう一軒を結婚して守部村外で暮らす長男恵目家族に譲れば、ハンメのそばでハンメの面倒を見てもらえるので安心だ。私は当分、外の世界で思いっきり仕事に携われる。

しかし新築のエレベーター付き団地が家賃月千円とはもらったも同じだ。尼崎市役所と朝鮮連合(総連と民団)、部落解放同盟との取り決めで決定したこの事業にはその裏に何もないとは言えないが、新しく生まれて来る子供にとっては悪くない環境の町となるはずだ。しかし年老いた人達にとって監禁された部屋のようで孤独感は否めない。だがハンメの場合は長男恵目兄さんの家族5人が隣同士で暮らせるので心配はない。また、かわいい孫三人の顔も毎日見れるのだ。それはいい事だろう。

仕事で私が遅れるといつもハンメは寝たふりして起きている。出来るだけ夕食もハンメと一緒にするようにはしているが、私の仕事は夜も忙しい時が多くあるので、この団地計画には大いに賛成であった。

でも守部村集落の長屋は人が人としての根本、助け合う精神に満ちた、温かい村だった。警察がある日、この守部村で駐車違反を取り締まった時などは、次の日交番所が襲撃され跡形もなくなってしまう事件があった。その日以来、警察も守部村内にはほとんど顔を見せなくなった。だから、守部村の周りは毎日乗用車、ダンプ、ユンボ、あらゆる車種の車が止めてあった。誰の土地かわからない所に畑も作ってある。本当に自然で暮らしやすい町だ。

このおもしろい村が私の生まれた故郷なんだ。実の母もなく、大地の母は日本の地にあって私に母と呼べるものは何一つない。あるのは故郷守部村、そしてハンメ自身が私の全てなんだ。

その故郷を誰かが正義の味方として資本主義社会の仕組みに則り、巨額な富を得る。信心深き弱者はその基礎を築くも、見えぬ猛者達のエサとなり、生かさず殺さず、知らぬは仏、笑って今日を食す。

大西商事の神代秀隆社長には本当にお世話になった。社長にすれば当然の事にあっても私にとっては苦悶なる道に光を与えてくれた人物だ。名古屋に行って、兄の仕事を手伝うにしても神代社長への御恩の挨拶だけ兄からもして欲しいと頼んだ。神代社長との歓談が終わったあと、兄は「ヒデオ、あの神代社長、大した人物だぞ」と言った。兄の見込んだ通り、大西商事はその数年後に株式会社化して大阪株式市場に上場した。

名古屋の空は雲一つない。JR名古屋駅裏は中村区である。中村区には太閤通りがあり、豊臣秀吉の実家で有名な地だ。この街にはソープランドが数多く存在し、元々遊郭で賑わった名地でもある。

この地元には伝統ある任侠組織がその縄張りを名古屋一帯に仕切っていた。その副総裁の有力組織のナンバーツーの人物が私の兄の兄貴分であった。兄はその組織の舎弟頭として組のシノギに関して日々邁進していた。

兄の仕事というのは、競輪専門のノミ行為である。名古屋、一宮、岐阜、四日市、大垣、松坂、これらの競輪場の現場でスタンドに縄張りを持ち、若い衆らがスタンドのその場で毎レース、お客とのやりとりをするシステムのシノギだ。

若い衆が多くいれば同時開催の時でも何ヶ所に分かれてシノギが出来る。だが、そこはヤクザの若い衆である。不正のたまり場とも言える状況にあって兄の思う弟、私の役目が大いに期待された。

平均一日一ヶ所で二十～八十万位の利益が上る。縄張りにあるスタンドお客全員が商売相手だ。細かい買いの目は数でその利益を安定させた。普段堂々とスタンドで商売をしているが当局警察も時々網にかけ、逮捕もされる。

この組織の名古屋においての縄張りは最大であった。伝統ある老舗の博徒組織にシノギの先入権は必然の業務にあって、組織の安定と強さを意味する。初代は清水の次郎長とも兄弟分との事だ。

私は以前、兄が事務所として使っていたマンションの2LDKを住まいにした。兄の自宅まで車で5分位の所だ。仕事の日は毎朝、喫茶店に集合し、モーニング付コーヒーを頼んでから、その日の段取りを取り決める。兄は常に口をへの字にして、厳しい表情で時に怒鳴る声が耳に痛く感じる。若い衆6名はいつも兄の表情を伺い、小さくなっている。

兄の組織はシノギが中心で、その若い衆らの組当番以外は組織事に関係しない。もめごとや喧嘩ごとは本部の若い衆が行動する。いわゆるアメリカと日本の安保条約のような取り決めだ。兄は短気ですぐに怒鳴るクセがあるが、本人においては特に几帳面、真面目、潔癖症で金銭に関しては名古屋人特有にあって無駄のないやりくりをする性質であった。

私は東海地区の競輪場に兄の若い衆二人を連れて日々シノギに精を出し、それなりに管理し、利益を上げていた。朝鮮小学校時代の一つ後輩で番長としては尼崎でその名を売っていた井土が仕事が無く困っているというので、名古屋に呼んで兄の仕事を手伝わせた。井土の知人や、私がスカウトした若い衆なども手伝うことになり、兄の山科組はそれなりに所帯が膨れていった。

私の給料が三十万円＋歩合だが、後輩らへの飲食代で全て消える毎日である。私は弱い者いじめのヤクザが大嫌いでヤクザとしては関係なく兄の仕事のみに徹して生活した。兄の兄弟内の人やら、その他の知り合いから、「山ちゃん（兄）の弟さん？」て言われるのが悪い気分ではなかった。

半年が過ぎた頃、ノミの現場に警察が踏み込み、兄をかばった私は拘留された。執行猶予が付いてしまったのでノミ屋の仕事を続けることが不可能になったのだ。

そこで兄さんが出資し、タクシー専門の金融業を始めた。私も個人的にテーブル式のテレビゲーム「ブロック」を喫茶店に売り込み、リースで置いてもらう仕事もした。売上の七割が私で三割を店に入れる仕組みだ。他にも「サン企画」の会社名でビジネスも始めた。

そんな時、神戸朝鮮高校時代同じサッカー部で親友の盧 羽鉱が名古屋までやって来た。家族の結婚式がある為、どうしてもお金が必要という事だった。その頃の私は毎日、兄の仕事を手伝っている二人の後輩達を飲み食いに経費をかけすぎて、持ち合わせの金がまったく残っていない状態だったので、兄が私の将来の為にだと言って私名義で毎月定期貯金をしてくれていた。金使いの荒い私の為にと直接、銀行にその金を入金してくれていたのだ。

私が今、親友蘆 羽鉱にしてあげるのはこの定期貯金しかない。蘆 羽鉱が遥々名古屋までやって来てるのだ。何とかしてやりたい一心だ。そのことを兄に話をした。

「定期を解約して貸してもいいですか？」

定期には百万円位あった。兄は鬼の目に変化し、

「お前はバカか！　金は命よりも大事なんだ！　定期を解約！　お前はやはり父親の血が違うんだ！　勝手にしろ！」

何もそこまで怒鳴る必要があるのかとショックだったが、何よりもショックだったのは、「父親の血が違う！」の一言だった。二人の間では禁句の言葉だ。

定期貯金の印鑑は兄が持っていた為、私は急遽、十九歳年上の紀子姉姉さんに金を借りに行った。蘆 羽鉱を待たせる訳にはいかない。紀子姉さんは、

「今二十万円ならあるけど」

「姉さん、それでもいいです。少しの間だけ貸して下さい」

私のポケットの十万円と姉さんの二十万円を合せて三十万円しか出来なかったが、蘆 羽鉱は「それでも十分助かる、ありがとう」と急いで神戸に戻って行った。

彼はこの頃、朝鮮大学に通っていた。貧乏の為、奨学金で二年遅れの入学であった。兄は普段から口が悪い事では皆の知る所ではあったが、いくら私の為だと言っても、「父親の血が違う」はないだろう。この言葉は私が名古屋に居る事を否定する言葉に他ならない。

次の日の兄は私に対して「まずい事を言ってしまった」というような気を使った接し方をしてきた。普段、強気な兄が弱腰で物を言うようなそんな姿を見るのも辛い。

だが、兄が私に言ったあの言葉は紛れもなく私の耳の中で生き続けている。兄嫁から紀子姉さんの居酒屋に来てと誘われた。何の話かは想像がつく。兄嫁はわざとらしい明るさで、

「ヒデオ、重ちゃん（兄）はいつもそうなんよ。心にも無い事をすぐ口にして人に嫌われるんだわ。内心ヒデオの事が心配で心配で仕方ないんだわ。今度の事はヒデオ、一度辛抱してあげて」

紀子姉さんはずっと下向きで話を聞いていたが、

「ヒデオの気持ちはようく分かる。言ってはいけない事を重ちゃん（兄）もどうしてそんな事を口にするんだろうね」

こうして冷めた毎日を送っていたが、尼崎から手伝いに来ていた後輩、井土が、

「ヒデ、あんな事言われたらここにはおられんよな。わしもちょっと嫌なるわ」

井土は名古屋の生活に飽きがきていた所に渡りの船といった感は否めないが、私の応援に来てくれた彼らの気持ちは見ぬふりはできない。兄は家族、兄弟が第一の人間だが私は他人の飯で大きくなった人間だ。仲間を中心に考えてしまう性格は否定しない。井土は頭も良く、男らしい性格であった

が、なまけものとも言え、私に付いている事で生活していた状況だが、やはり尼崎の地元が恋しかったのだろう。

兄と二人、大きな夢を私なりに描いてはいたが「父親の血が違う」という言葉がいつまでも脳裏から離れない。安 洋淑への豪語なる約束にあってこのままでは焦りだけが前を行く。

「井土、わしはとりあえず尼崎に一日帰るわ。色々次の仕事の準備をするまで兄さんの仕事を手伝っといてくれ。それとテレビゲームのリースに関しては管理頼むで。他のもんは名古屋を離れられないと思うので、このまま兄さんの仕事を応援してくれ。頼むで」

「わかった」

ポケットの二十万円を持って辛い思いで兄の名古屋を去った。仕事の当ては何一つ頭に無かったが、そこは天真爛漫ケンチャナ（どうにかなる）精神で明日の太陽光を待つのみだ。


守部団地建設の為、ハンメの家、長屋は立ち退き、仮説住宅に移っていた。二軒与えられるのでハンメの家とは別にもう一軒、空家として私の名で部屋があった。その部屋から私の次なる未知を模索する。

常に学校は違っていたが、守部村の親友でサッカーのライバルであった同級の新田 三彦の家を訪ねた。新田は日本の高校時代、朝鮮文化研究会の教師らの指導の元、通名の新田を本名朴とし、大手企業に就職した。だが、自分の好きな道を歩みたいといって、現在は大阪の舶来雑貨（ブランド物）卸業者の営業として勤めていた。

「新田、どないその舶来もんはよう売れるん?」

「そやね、これからの時代は高いけど舶来もんはいけるで。全国のブティック屋に回っているけど、まぁまぁ会社はいけてるな」

「わしらでは、その営業は無理やろな」

「柳川は何でもいけると思うけど、今の会社、給料が安いんや」

「わしは何か自分で商売したいんやけどな」

「柳川、僕らまだ二十二歳やで。自分で商売するのは三十歳過ぎてからやと思うで」


私は本気で仕事を探していた「困ったな、何かええ仕事ないかな」

井土が名古屋で私から呼ばれるのを待っている。事業をするにしてもそれ相応の資金がいる。テレビゲームのリース業は五店に入れ、月十五万円位にしかならない。ブロックゲームも廃り、売上が下がる一方である。

その時大西商事時代の八歳年上の木本先輩を思い出した。現在は独立して神戸で金融業をやっている。じっとしているよりもまず行動しよう。何の目的もなかったが久し振りなのですぐに電話を入れた。

「木本先輩、久し振りです。食事でもどうですか?」

「おっ、柳川君、こっち帰ってるのか？」

「兄さんの仕事もやりながら、尼崎でも色々やろう思ってます」

　こうして久し振りに木本先輩と三ノ宮で焼肉店に行った。木本先輩は体格のいい豪快なタイプだが実際の所、私の目からは気の小さい人だと見ていた。

「柳川君は尼崎で何をやろうと思ってるんだ」

「そうですね、営業関係ですね」

　予定はないが、みじめな事は言えない。

「柳川君まだ若いが金融をやったらどうだ。中々の腕前だったじゃないか」

「いや先輩、金融はちょっと性格に合いませんね」

「そうかな、合ってると思うがな。それとね、もし柳川君資金がいるようならうちの会社、金があまってるんだよ。いくらでも使って欲しいんだがね。二分でいいんだ」

「あ、そうですか。それならまた不足な時は頼みますわ」

　ここですぐ飛びついたら信用に疑いが生じる。その日は楽しく飲み明かし、尼崎に帰った。ハンメがいつものように私の事情を何一つ聞かず、世界一美味しい料理を作ってくれる。

「ハンメ、待っときや。わしは絶対にやったるからな」

　何のあても無いのに自信だけは過剰である。ネズミが食事をする私を見つめていた。仮説住宅にはネズミまで引越してきたのか。それともいつかのネズミ？

小学生の頃、家に帰ったらハンメが仕掛けた揚げ入りネズミ捕りに一匹のネズミが捕らわれていた。どうもかわいそうになってその捕らわれたネズミを逃がしてやったのだ。

帰宅したハンメがエサの油揚げだけ無くなっているネズミ捕りのカゴを見て、「あれぇ?」と不思議がっていた。そのネズミの子孫が今、目の前で私に挨拶に来たのだろうか。昔、幼い頃、ハルベが現場の山から雑種の子犬を持って帰って来た。この子犬に「ロック」という名を私がつけ、死ぬまで弟のように大事に育てた。このネズミ達も家族みたいなものだ。

七

天は期待する者にだけ数知れぬ試練を与えるという。
ライオンの尻尾では試練は遠く成長しない。
ニワトリでもやはり私は頭しかないだろう。
得のない人間に人はその門を開けない。
黄金の剣を持して進めば誰もが跪き、世界をも揺るがす。
ウソも方便。
下層部落から龍は天の空へと飛翔してゆく。
男は男の夢を豪語し、有言実行。
言った事をやれば真実。
言った事をやれなければウソ。
万に一の道を行く。

悲しく、虚しい、そして華やかなヒデオの道が今開き始まろうとしている。朴 泰植、ヒデオ、柳川、二十二歳、春であった。

富と財のある名古屋の実兄にあって、その弟の私は表面上の社会的な信用を得ていた。実際は兄と仲違いしていたが、そこは伏せて進む事がこの場合賢明と言えよう。みなしごの貧乏人では、同情はあっても金は動かない。しかし、見せかけにしても車もないし資金もない。あるのはハンメと仮設住宅だけ。ただ、友達は山ほどいた。

大阪にて新田 三彦と守部内にある喫茶店で会った。

「新田、舶来商品の仕入れはいくらかな?」

「大体定価の五〇%くらいやけど、物によっては三五%から八五%とか、ルイヴィトンなんかは九五%で定価と変わらんのもある」

「卸売りってどれ位で売るんかな?」

「相手によるけどブティックに卸す場合は低いパーセンテージでないと難しいけど、個人に売るんなら定価よりちょっと安かったらええん違うかな」

「個人か。ベルト一つが二万円以上もするのに個人で買うやつおるか?」

「そやから会社の社長とか、クラブのママやホステスはよう買うんとちゃうか」

「そうかっ、その辺あったら売れるかもな。今、舶来はブームやからな。派手な世界あったらいけるな。ヤクザ相手もええんやな」

　私は仕入れの金が無いと告げると。

「ええ考えがあるわ。うちの会社にようさん商品寝かしたるさかい、それを柳川に貸すから月締めで売れた分だけ入金してくれたらどうや。それあったら資金無しで商売出来るんやん」

「新田それええな、それいこうっ。ちょっとは営業の事わかってきたからな、やってみるわ」

「柳川あったら絶対売れるよ。僕らも営業畑の人間やからそのタイプは見たらわかるねん」

「よしっ新田、行動に入るでっ」

　どちらにしても名刺を持って営業しなくてはならないのだから、事務所、車、その他もろもろ資金が必要だ。頭に浮かんだのは大西商事出身の金融業で独立している先輩、木本社長だ。

　木本社長は私の資金依頼に喜んでポンと一千万円を出資してくれた。月二分の利息だ。この頃の二分と言えば安い利息で、世間にしてもこの二分で回っている会社は沢山あった。

　この資金でこの頃珍しい尼崎市の高級住宅街にマンション３ＬＤＫ、家賃五万円で借り、舶来物を売るには自らセンスが要求されるので、米車の中古ムスタングを購入し、事務所内には高級ソファーや舶来商品の見栄えする陳列を備え、一流の室内とした。

　新田のコーディネートで私のファッションも変身させてくれた。まるで芸能人のようなセンスに変わっていた。この頃はまだスタイルがバッグンだったので何を着てもバッチグーの状態だ。

「下層部落から龍は天空へと飛翔してゆく、ヒデオの夢に向かって」

とにかくビッグな男になりたい。スタートが何であれ「やったる！」である。二十二歳にして無知で世間知らずの私は一心不乱、迷う事もなく、世間の波に自ら飛び込んだ。新田は三千万円相当の商品を事務所に陳列してくれた。

社名は「Ｆカンパニー」とした。Ｆはファッションを意味したものだ。ピンカラトリオみたいなヒゲ面の一つ年下後輩ガメを社員とし、名古屋から井土も兄さんの段取りを終え、本人念願の尼崎、Ｆカンパニーの社員としてやって来た。

正直な所、ガメと井土は営業の才能はゼロに等しく事務所番と私の後方支援だけが仕事である。マンションが事務所なのでそこに私を含め、三人で寝泊まりしながらの仕事だ。

名古屋のテレビゲームのリースは井土が月に一度集金に出向き、名古屋の兄さんとも井土は交流を持ち、私や兄の情報をうまく伝える役目もこなしてくれる。親友の都 亢基は本人の仕事が終わると毎日Ｆカンパニーに遊びに来ていた。もう一人の悪友ソンギュンは器物破損、傷害、覚醒剤で薬物法違反によって懲役に行っていた。狂った脳にあって友達の付き合いも不可能と決断するしか道はなかったであろう。シャブをやらない時でも狂ってしまっていたのだから仕方がない。

大西商事を紹介してくれたヨンジョ先輩とはその後ちょくちょく食事に行ったりしいた。「Ｆカンパニー」という会社も設立したのでカッコが付いた事で私からも顔を出すようになった。

朝高時代の同級生が私の舶来物の商売を知り、三ノ宮のラウンジのママを紹介してくれたので、都亢基と二人でその店に行き営業した。ネクタイ二本とブラウス一着を買ってもらった。私はこの三ノ宮でお客さんを増やしたかったので、一番有名な店を聞いたところ「クラブＪ」という店を紹介してもらった。

私と都 亢基は神戸一人気のあるというクラブＪに行った。この時の私のファッションを紹介しよう。男性があまり好まない時期にあって私は、ネックレス、ブレス、指輪（カレッジリング）、小物商品はランセルのボストンバッグにしまい、サングラスは流行のディオール、服はダンヒルのカジュアルブルゾン上下、靴は舶来メーカーのスニーカー、時計はカルチェ、全て舶来物で新田が揃えてくれた。当然自費だが。

クラブＪに入った。店内の中央がダンスホールのようになっており、総ガラス張りの店だ。全体がガラスで他の色は黒一色である。うす暗いがライトの光がガラスと黒の色を輝かせ、今までにない初めて見るインテリアだ。

さっきのラウンジのママの紹介だということを告げて挨拶をする。

「どうも柳川といいます」

「善美です。よろしくお願いします」

初めて見たクラブＪの善美ママは今まで見た中でも飛びきりのファッションセンスに群を抜く色気にあって、なんと上品な美しい人であった。透き通るような肌が白光ライトと一体になる。これが社交界一流のママなのだなと見入っていた。

善美ママは私に名刺を優しくくれた。

「柳川さん、もしよかったら名刺頂けますか」

「はい」

私の名刺を両手で持ち、見ながら、

「Fカンパニーというのはどのような仕事ですか?」

「舶来雑貨の卸屋です」

「そしたら、今流行のヨーロッパ物があるんですか?」

「そうです。バッグ類から洋服、何でも大体あります」

「安くしてもらえるのかな?」

「もちろんです」

「レオナルドのネクタイもありますか?」

「あ、レオナルドですか。それなら何とかなりますが」

「ほんと。じゃ二百本お願い出来ます?」

「えっ、二百本ですか。まぁ何とかなるとは思いますが返事は明日でいいですか」

「はい、結構ですよ。

今度この店の八周年があるのよ。その時にお客様にお分けしたいと思っているんですよ」

「そうですか。何とかやってみます」

内心ビックリした。一度に二百本とはすごい。やはり神戸一のクラブのママは違うものだ。

「善美ママ、こんな事言うと失礼かも知れませんが、ママは朝鮮の方ではないですか?」

「あら、柳川さんよくわかるわね。私の父が韓国人なんですよ。母は日本人で私はハーフなんです」

「やはりそうですか。朝鮮人の女性は本当に肌がきれいで美しい人が多いですからね」

「あら、お若いのにお口がうまいこと」

この善美ママは二十一歳から商売を始め、現在私よりも九歳年上で三十一歳との事だった。

舶来で決めている私のファッションスタイルの横には、ジーパンにスリッパの都 亢基が退屈そうにタバコを吹かしていた。尼崎の人間は三ノ宮に飲みに行くと言っても近場の立ち飲み屋へ行くスタイルとなんら変わらないヤツが多くいる。言葉にしても
「都 亢基、出るとこ出たらたまには標準語でしゃべったらどないやね」

「なんでやヒデ、今こうやってしゃべっとんのが標準語ちゃうんかいな」

呆れてものが言えんのが尼崎の鎖国人間だ。

「あのな亢基、尼崎が日本の中心で動いとるんちゃうで」

「ほんまかぁ」

善美ママが都 亢基に話を移した。

「都さんは同じ仕事ですか?」

「わし、わしはユンボの運転手やねん。家の仕事手伝ってますねん」

「じゃお坊っちゃまでお金持ちね」

「いやいや、ちょっと金持ちなだけですわ」

都 亢基に話をさせると親友である私の品に疑いが生じる。その日は店のピアノで歌い、楽しく過ごした。帰り際に善美ママが
「柳川さん、歌プロね。またゆっくり聞かせてね」

「じゃママ、明日自宅に電話入れます」

善美ママは自宅の電話を教えてくれた。都 亢基と共に尼崎のマンションに帰った。そこに井土とガメがいた。都 亢基は二人を見て、

「井土よ、いつ見ても寝転がって怠けもんのコッテ牛みたいやのう。ガメよ、お前も鼻毛ばっかり抜いて電話番ばっかりで、ちょっと仕事したらどうや」

仕事の真面目な都 亢基から見ると二人の姿が耐えられないのだろう。都 亢基はどんなに遅くても次の日の朝、必ず仕事に出向く立派な仕事師だ。

朝一番、新田に電話を入れたら、「OK、OK、三日で揃うよ」と快く返事をしてくれた。ほどなく、善美ママの注文品、レオナルドのネクタイ二百本が入った。定価二万円、仕入れが八千円、善美ママには一万円で二百本卸す。私の利益は計四十万円となる。

二百本のネクタイを持って、この時は一人でクラブJに行った。店は午後七時から開いているが、ホステスは午後八時から出勤が始まる。善美ママとは午後七時半に店で待ち合わせた。

時間丁度に店に行くと善美ママはすでに来ていた。会計のおばちゃんが一人いるだけだ。レオナルドのネクタイ二百本をカウンターの上に置いて話しを始めた。

「ママ、こんな柄で良かったでしょうか?」

「柳川さん、二百本もあるのでそう気にしなくてもいいですよ」

そう言って現金二百万円を渡された。

「ありがとうございます」

「柳川さん、今度は女性用の物を色々と店に持って来て下さい。女の子らに見てもらったらどうですか?」

「それはありがたいです。本当に今度持って来ていいですか?」

「安ければ女の子も喜びますから、いくらでも見せてやって下さい。このレオナルドのネクタイだって半額では買えないから助かったわ」

「いや、二百本とはビックリしました。始めたばかりの商売なので仕入れ先にもいい顔が出来て、本当にこちらこそ助かりました」

「柳川さん、ごはん食べました?」

「いえ、これからです」

「何も用事がないのなら一緒に食事行きませんか?」

「本当ですか、是非お願いします」

その日は夕食からママの店、その後バンドのあるサパークラブ、明け方までママと二人楽しく過ごした。

「今日は最後まで付き合って頂き、本当にありがとうございました」

「あら、それはこちらが言う言葉で、男性の方からそんな事言われたのは久し振りよ。こちらこそ沢山ご馳走になっちゃって、本当にありがとうね」

こうして私はこのママの店に足を運ぶようになっていった。


井土の同級生が事務所の商品を見に来た。女の子だった。そういえば井土は高校には行ってないが、高校時代何かと尽くしてくれたあの明子と中学時代同級生だったので、この後輩の女の子も明子と同級生という事になる。

「彼女、明子トンムはどうしてるんかな?」

「あ、明子なら実家近くで母がやっていた喫茶店を今まかされてやってるよ」

私はこの子に場所を聞いて、明子の店を訪ねた。舶来のTシャツ数枚をプレゼントに持って行った。

「オッパ（兄ちゃん）久し振りっ」

「明子も大人っぽくなったね」

「このTシャツカッコイイ」

無邪気にTシャツを抱いて喜んでくれた。

「今度、明子の友達とみんなでごはん食べに神戸に行こか?」

「行きたい、行きたい、いつ?」

「いつでもいいよ」

こうして明子とその友達、私と都 亢基、新田の五人で神戸で食事をする事になった。みんなで焼肉を食べ、先輩のスナックに行った。都 亢基は小田 旭の歌ばかり唄う。お目々さえパッチリしていれば、ムードは小田 旭の顔なのだが、明子の友達は学生時代バレー部の同級生で真っ黒の顔をしていた、健康的なスポーツウーメンタイプだ。

都 亢基が懸命にその子をくどいているが反応がない。いつもの事なので気にはしない。金 明子は相変わらず清純にあって超がつくボインだ。新田の目がそのボインに集中していた。金 明子はそんな男の目を気にする事すら無知な子だ。

「泰植オッパ、安 洋淑オンニン(姉さん)とはどうなったの?」

「いやもう昔の話ですよ。今頃、結婚してるんじゃないかな」

「ふうん」

あどけない明子の横顔が眩しくなった。この子を彼女にしたい気持ちがないと言えばウソになる。明子は間違いない子だ。でも何かが心の中で邪魔をする。

「なんなんだろうか?」

私の歌を明子は噛みしめて聞いてくれていた。だが私の心は他にある。

「なんなんだろうか？」

明子は本当に愛らしい心のきれいな子だ。

今の私に明日は見えない。借金で始めたばかりの仕事に安定など今は考えられない。戻る事の出来ない道に自らはまっていっているのだ。安定を考えたら私の道は細くなる。大きな、ビッグな男を掴もうとする私には、器以上の巨大な道を妄想にしても渡らなくてはならない。

明子、君は愛らしく純すぎる。そんなきれいな君を私の妄想にある幻を追いかけるような道に引っぱり込む訳にはいかない。逢わなければ良かったんだ。明子を今度は私の愚かさで寂しくさせてしまう。

「本当にごめん」聞こえない言葉で言った。

「都 亢基、悪いけど彼女二人を家までちゃんと送ってやってくれるか。わしはちょっと急用が出来たんや」

「え、ヒデどこ行くねん」

「ちょっと、人と会わなあかんわ」

夜の三ノ宮神戸は雨が冷たい。

「明子、ほんだらな」

「オッパ、電話するね」

都 亢基が運転する車が消えていった。最後の最後まで天然で純粋な明子は笑顔のまま手を振っていた。

この頃の私は、いくら商品を売って利益を上げても派手な金遣いには勝てないでいた。それでも私の足は三ノ宮神戸のネオンに向かって走るのみである。

その内に「そんな小物はあげるよ」私は気前絶品だ。元来、この舶来雑貨商で身を立てる気などなく、目の前の道を開く為だけの作業に過ぎなかった。目に見えない何か巨大なものを探す事が実の目標であって、デビューは何でも良かった。崖っぷちに自ら立って、天運があれば何とか落ちずに行けるだろう。

「私は天より選ばれた人間だ」

この私の自身過剰はオリの外に吠えるライオンをも恐れないだろう。いつの間にか朴 泰植がペテン師に変化するかの如くの毎日でもあった。ブレーキなどとっくに取り外している。しかし天はやはり私の味方だった。

ブロックのテレビゲームがすたって心配していたが、そこに大ブーム、インベーダーゲームがやって来るのだ。名古屋の喫茶店五軒が十三店舗となり、インベーダーゲームを三十台リースした。それに加え、インベーダーゲーム自体が欲しいと注文が殺到したのである。

クラブＪの善美ママの紹介で神戸でもリースした。尼崎でも同じくだ。私は大阪にあるゲームメーカー本社に出向いた。代理店契約をして一層の利益を上げる為だ。ここで井土とガメが役立つ。善美ママの知り合いに頼んでベンツを借りる。そのベンツをガメが運転し、井土が私の秘書役をする。二十二歳という私の年齢ではなめられやすいので、超金持ちのボンボンに変身してゲームメーカーとの契約を有利、スムーズに取り行えるようにする為だ。

いわゆるハッタリである。ゲームメーカーの大阪本社玄関に私達の白いベンツが到着する。井土が後部座席ドアを開くと舶来物スーツでビシッと決めている若社長が降りて来る。この時点でゲームメーカー側は私の会社Fカンパニーに対して、丁重の気と念が宿る。最も豪華な応接間が待っている事はもう知っている。ゲームメーカー側は専務が対応した。社長の決断は二を踏めない。その為の専務だろう。相手の行動は計算通りだ。

「柳川社長、どうもお忙しい所わざわざお越し下さいました」

「いえいえ、私はまだまだひよこなので、父がどのような小さな事でも自分の足で出向けと指導されていますので、逆に勉強出来るお相手がいるという事だけで嬉しいです」

「父親様はどのようなビジネスをなさってらっしゃるんでしょうか？　失礼ですが」

「いや、それは勘弁して下さい。父親の力でビジネスをやってると言われるのが私は大の嫌いでありまして、私の周りは全て私自身の人脈で成り立たせたい決意ですから」

「それは失礼な事を聞いてしまいました」

実際の所、父親なんて言われてもとうに死んでいないのに言える訳ない。戦場では詭弁は作戦である。

「いえいえ、このような若僧ですから私個人の力では中々世の中は厳しいです」

「そうでしょうかね。私の見た所しっかりなさっていますよ。私のせがれと同年位と思いますが、うちの子などはまったくの子供ですからね」

「私の壁は父親なので何とか自らの力で生きてゆきたいと頑張っています」

「ところでインベーダーゲームの事ですね？」

「そうです。以前こちらでブロックゲームや、今回インベーダーも四十台リースさせて頂いてますが、そちらとのリース契約では少ししんどいんですよね。仲介みたいなもので利益が経費と五分五分になりかねません。そこで出来れば買取形式でお願いしたいんですよね」

「弊社としてもですね、買取形式の方が賢明に考えていますので問題はありません」

「そこで専務さん、仕入れ価格なのですが将来的には全国ネットも考えていますので、今日はそこの所もお願いに上がった次第なんです」

「インベーダーゲームは定価が四十五万円となっていますが、柳川社長はどうお考えでしょうか？」

「その定価は決まっているのでしょうか？」

「この定価はヒットする以前の値ですからもう一度検討する余地は残されていますね」

「そうですか。私はブロックゲームから始めてますのでインベーダーに関しては誰よりも情報は早いと思っています。その分市場を広げやすく販売、リースには幅広い自信を持っているつもりです。タイトーのメーカーも人気ですが、低い仕入れなら御社との契約が最善と考えているのです。何とか我が社にご協力願えませんか？」

「もちろんその通りです。正直言いましてお渡し金額を三十万円位ではどうでしょうか？」

「専務さんその値段ではどうにしてもやりくりつきませんね」

「その代わり配送、修理、メンテナンスの全てを保証させてもらいますが、腹をお割りになっていくら位をお考えでしょうか？」

「ハッキリ申してよろしいでしょうか、十八万円です」

「えっ、それはきつい。不可能に近いね」

「不可能に近いという事は可能な脈もあるという事ですね」

「何とか応援したという気持ちですから」

「私の考えではひと月百台売る自信を持っていますので、ブーム期間を考えれば一年千二百台となる計算です。数で勝負してくれませんか？」

「ううん」

「その為には関西総代理店というお客様への絶対的安心と定価を四十五万円から六十万円にして下さい。他のメーカーはプレミアが付いてすでに六十万円を越えていますから定価を上げてそれよりも安く販売すればひと月百台は今なら可能です。何とか十八万円でお願い出来ないでしょうか？」

「ううん、ん。申し訳ございません。少しお手洗いに行かせて下さい」

専務は十分間のトイレに行った。きっと社長と相談しているのだろう。専務の足どりが軽くなって戻って来た。

「まいったな、柳川社長にはハッキリ申します。めいいっぱい頑張って二十万円ですよね。この値でダメならこの話は前に進みません」

「ありがとうございます。本当に無理を聞いて下さって、専務、感謝致します。それと関西総代理店として宜しくお願い致します」

専務と固い握手を交わしFカンパニー事務所に帰った。

人は変化してゆく生きものなのか。サッカーしか知らなかった私が能書き商売をやっている。

だがハンメへの思いだけは永遠に変わらない。

Fカンパニーは舶来雑貨卸業とゲーム販売、リース業として忙しくなった。中学時代に番長グループにいじめられているところを助けてあげた香山がインベーダーゲーム十台を「売って欲しい」とやって来た。

この香山は地元では有名な金持ちだった。好きな事を何でも親からさせてもらえる超ボンボンだが、不良に近い日々を送っているようにも見えた。Fカンパニー事務所にやって来た香山は、

「すごい立派な事務所やな。そやけどこんなん言うたらあかんけど親もおらへんのに自分の力一つでようここまで出来るね。ほんま尊敬するわ。わしなんか親おらんかったらどないもならんからな」

定価六十万円のインベーダーゲームを四十万円で販売する。他メーカーは人気はあるが六十万円

以上で値引きをしない。そこに目をつけ、六十万円の物を四十万円という安値を売りに客を引きよせる。香山は同級生の友達なので一台三十万円にしてあげた。二十万円の仕入れだからそれでも十台で何もせず百万円は儲かる。

香山の父親は「人夫出し」を大きくやっているので、飯場やその喫茶室にこのゲーム機を置くという。それからというもの香山は毎日ベンツを乗ってFカンパニーに遊びに来るようになった。私には本当によくしてくれた。

しかし都 亢基、井土、ガメらは金持ちきどりのボンボン香山が気に入らない。特に井土はいつも「あいつ（香山）はヒデの商売を盗みに来とるや、気いつけな」

実際、舶来物を私と同じく月締めで新田を紹介してやった。私は友達らには甘い。それが天涯孤独である自分からの脱出方法なのかもしれない。三ノ宮神戸の「クラブJ」にもこの香山をよく連れて行ってあげた。とにかくその時は私の為に一生懸命やってくれるのだ。好意に思うのは当然の心だった。

私は日々、同級生友達らをクラブJに連れて飲み明かしていた。同級生友達らの収入では三ノ宮一の高級クラブには到底行けない。華やかな世界はその奥底に限界がなく楽しく、優雅だ。

三ノ宮神戸では一つの「ウワサ」が流れていた。クラブJの善美ママが「若い男にぼけている」というものだ。その相手は私になっていた。毎日に近い位、いつも一緒に飲食していたが実際はキス一つした事がなかった。ネオン街の「ウワサは花よ」善美ママはそう言って何ともないようだった。しかし私の中では善美ママのあの服の向うにある肉体に心は捕らわれていた。

善美ママとはミナミのディスコ、ホストクラブ、オカマバー、あらゆる所へ遊びに行き、必ず自宅にキチッと送る付き合いだ。こんな事を三ヶ月続けていた。使った金は会社の利益をはるかに超えていた。

ある日の日曜日、善美ママと二人、焼鳥屋に行った。焼き鳥屋の母親ママが、

「ママ、柳川さんといくつ歳違うの?」

「九つですかね」

「いやママ若く見えるね、ええ女はちゃうわ。柳川さんも二十二歳にしたら三十歳位に見えるし、男前とべっぴんでええカップルやな、うらやましいわ」

「お母さん、そんなんちゃうねん。ママに失礼やで」

「ヒデさん、それは私が言う事よ」

この頃、善美ママは私を「ヒデさん」と呼ぶようになっていた。

今日は日曜日で三ノ宮ではクラブなどの飲み屋は閉まっている。尼崎で気の効いた店は知らない。大阪ミナミも全休だ。

「ママ行くとこないな」

「もしよかったら私の部屋でゆっくり飲みましょうか?」

「ほんとですか」

焼鳥屋の先輩マスターに頼んでビールを一ケース買って、「ママこれ全部飲んだら帰るから」と言ったら、「そのビール一人で一晩飲めるの?」と笑っていた。

善美ママの部屋はクラブJから徒歩三分の高級マンションだった。思ったよりも西洋的な部屋ではなく、古風な日本的だった。何本ビールを飲んだか。善美ママは酒をたしなむ程度しか飲めない体だ。二人語り明かした部屋は自然とオスとメスの匂いをただよせ、爆発寸前のなりゆきとなる。

気がついたら、善美ママと私はナチュラルに絡み合って激しいキッスの嵐がバラのトゲのように攻撃し合った。

「素晴らしい肉体だ」

こんな美しい女性を見た事がない。バカラのグラスのように輝き、透き通る肌に上を向く胸としまりのあるシリがクイッと上がり、ウエストのしまりとヒップのラインが芸術のように波を打つ。喘ぐその色気の唇が濡れ、舌をうつ少しの唾液にある表情だけで、男は爆発を耐えれないだろう。

もだえるママの口から「ヒデ、ヒデ」ともれるその表情を見ながら、揉み倒すママの胸に私の力強い指全体が優しく強くくい込んでゆく。そしてママのまた穴全体を舐めまわす。クリトリスが私の唇と絡み合い、「アー!　イッチャウ!」

その後ママのほてった体全体を一からまたもや舐めまわす。ママはもう天国と極楽を行き来している。未だにいつもよりも巨大化した私の巨根が艶をはせてママの小さくしまった穴に思いっきりぶち込まれる。キュウキュウの穴。

「う、おぅ、気持ちいい最高だ」

なんと素晴らしい穴だ。すぐにでも発射に至りかかるが、それを静止する苦痛を越え、何度も何度も腰を激しく振りっぱなしで攻める。サッカーで鍛えた私の全身の肉体がこのママの穴一点に集中し、そのパワーの限界を終わらせない。男の勝負かのように私の腰と唇は強烈な原爆となる。私のサッカーはこの日の為にあったのか……。

「ママ」と呼んだ。

「ヒデ、ママじゃないでしょ。善美と呼んで」

激しいピストン運動は永遠に続くかの如く、一層激しく打つ。善美はママではなく私の善美になった瞬間、「うおー！　いくっ！」フィニッシュの強烈さは言葉に例えられない世界に突入し、ラスト絶頂によって世界最高峰エベレスト頂点にてその気の果てを終えた。

「素晴らしい女性だ」

この善美ママが騎乗位になった時などの腰の振りは世界新記録といえる超スピードダンスとなる。普通の男ならこれだけで二、三秒で果ててしまうだろう。学生時代はバレー部だと言っていたスポーツウーメンでもある。オスとメスというだけのセックスではなかった。

「これが本当の女か」

それからというものお互いの肉体に取りつかれたかのように、毎日毎日ホテルにもぐってセックス三昧の時を過ごした。電話で私の声を聞くだけで「イッチャウ」善美ママになっていた。

いつの間にか「ヒデ」と「おいっ」と自然に呼び合う仲になった。ある日、善美ママが芦屋にある大手不動産業者の本社まで乗せていって欲しいと頼まれた。ママは分厚い書類を持っていた。

一人本社に上がり、三十分位で戻って来た。

「何の用あったん?」

「ヒデあんたに恥かかしたらいかんから、マンション返すのよ」

「何の恥や」

「ヒデは若いから理解されないかも知れないけど、私はここの会社社長の愛人なのよ。あんたと出来てしまった以上、きれいに手を切らないとヒデは嫌いやろ。私はアホやからヒデと一緒にいたいの」

「ふうん、そうあったんか」

結局、そのマンションは善美ママにプレゼントされることになった。でもそのマンションは私としては利用したくない。だから別のマンションを私が借りた。

私はヒモではない。若くても男である。ママからお金を一切取らない生活をした。私とママの関係は神戸、尼崎で有名となった。華やかな夜の世界にあって、私はみなしごの貧乏人を脱出するかに見えただろう。

私はただ々目に見えない事業家を夢みていた。善美ママは華やかな中にあって心はハングリーだった。神戸一のママ、トップにある男ばかりを相手していても自由を好む自分自身の力があった。

「ヒデ、男あったらこれや思った事は何でも真っ直ぐやりいよ。あんた若いんだからね」

私はこのママに負ける訳にはいかない。いくら歳が下だと言っても男は男だ。自分の力でママと暮らしたかった。

ハンメにはママの歳をごまかして紹介した。水商売のプロだ。ハンメへの対応は完璧だった。ハンメと一緒に花札をして遊んだり、狭いハンメの仮設住宅は善美ママが来るとパッと花が咲いた。ハンメも「ほんま明るいいい子やな」と喜んでくれた。

守部村を歩く善美ママは村中の的だった。巨大な私の白のキャデラックに村のひとが群がり、まるで芸能人のようだった。

この頃は毎月十万円の小遣いをハンメに渡していた。Fカンパニーで毎月二百～三百万円の利益を出していたが、そんな金では私の贅沢は補えない。借金も一千万円そのまま残っていた。

香山がある日五百万円貸してくれと手形を持って来た。私はある先輩に頼んで、その手形五百万円を割ってもらったが、期日に不渡りとなってしまった。

「友達だから何とか助けてやらんとな」それを聞いた善美ママが、

「あんた、あの香山を友達やなんて思ったらあかんよ。ヒデには言わんかったけど陰で何度も電話あって、私の事くどいて来てたんやから」

「えっ！　なに！」

私の怒りは半端ではなかった。井土とガメに「香山とこ行って、すぐあるもん全部引き上げて来い！　車もや！」と命令した。二人はあっという間に金目の物を引き上げて来た。

数日後、香山は親に頼み五百万円を返済した。あとから人に聞くと香山はシャブで飛んでいたという。尼崎に居てはシャブ仲間から逃げられないという事で、親が韓国に香山を住ませたということだった。

Ｆカンパニーは地元で名のある会場を借り、チラシや団体名簿を仕入れ、宣伝に力を入れ、舶来雑貨、毛皮、時計などの大バーゲンセールのキャッチフレーズで販売に精を入れていった。一度の開催で二百万円前後の利益が上る。神戸、西宮、尼崎など各都市で回していた。だが、私の遊びっぷりも負けていない。利益が上がれば上がるほど遊びの質も上がってゆく。インベーダーゲームも順調だったが下火にある事は日に日に隠せない。

その頃私は神戸の一等地「北野坂」に喫茶ブティックをオープンした。喫茶店のテーブルをガラス張りのショーウインド的にして、商品の宝石らを並べる。値札には全て定価の半額としてある。お客が見せて欲しいと言えば、接客して売れればコーヒー食事は無料となる。店の周りにはショーウインドウに雑貨類を並べる。無理して大きな金をかけオープンした。

友達が共同経営を持ちかけて来たので、ヤクザ相手に借金をしたはいいが、当の本人は夜逃げをする事件も起きた。単純でお人好しの私だが、少しずつ世の中が見え始めていた。「多才は無才」私は一通りなんでもこなす能力を持ってはいるが、何か一つに入り込めないのだ。魂にかける仕事にどうしても巡り逢えないでいた。

安洋淑の事で「あせっていた」。

ハンメに「ええカッコみせたかった」。

私を差別してきた「ヤツらを見返したかった」。

普通に結婚して、普通に生活して、普通に友達と遊んで、普通にハンメと暮らす。それが私の本当の本意であるにも関わらず、「なぜ?」。だがこの時まだまだこの「なぜ?」の問いに気がつく私はいなかった。

その後も色々な事業に手を出してはいたが、Fカンパニーは苦しかった。同業者が増え、値も安くなる一方でインベーダーゲームは終焉を迎えた。

私にはエリート的学閥、財閥、大手の人脈がない。常にアウトローの世界でしか活動できない。同和、朝鮮、右翼、ヤクザ、こんな中で生きる私にとって理想はほど遠く、継続的、合法にのっとり発展するビジネスは皆目見当たらない。

「継続は力なり」だが、私にはそれが厳しい。浪費癖とバカがつくほどの人の良さが巨額な事業でしか身が立たない事を理解していた。今さらエリート道は無い。

朝鮮の有力組織の幹部がスロット賭博を管理していた時、私にこう解いた。

「朴 泰植トンム、朝鮮人はこの何でも有りの資本主義日本にあって、何でもいいからお金を儲けなくてはならない。金を持てば官軍。金が無ければ賊軍。市場でリンゴを盗めば盗っ人だが、一国を盗めば英雄なんだ。泰植トンム(同務)何でもいいから金を儲けなさい。それが朝鮮人(チョソンサラン)のプライドに変化してゆくのです。ただ、儲けたら組織に寄付して下さいよ」

笑顔の幹部は堂々と語った。違法が正しい。正しいが違法。それが資本主義の今の日本なのか。犯罪者から当局も政治家も企業家も利権に群がり利益を上げる。それを動かす人間こそが「大事業家」となる世界、何をしてもいい、金を握る、それが正義となる。この世に生まれた以上、人は生きてゆかなくてはならない。死にあった方が楽なのに……。

一発逆転しなくてはFカンパニーの経費は補えない。善美ママから決して一銭の金も取らなかった。男のプライドだけは一流だった。悶々とした日々が続いた。

ある日、名古屋の姉さん（兄嫁）から電話があった。兄のノミ屋の若い衆の事で身内の上層部から兄に対して追い込みがかかってるという話だった。兄は名古屋でも有名な財産家だ。嫉妬にある身内ヤクザはその金が目当てであるのはすぐ分かる。だがそれは兄本人の器量であって、身内ヤクザ全体の得る財産ではない。鎖国ヤクザの性、外にその力を示す事の能力無しの陰湿にある。

私はすぐに名古屋に飛んだ。名古屋に到着したその時にはすでに兄はいくらかの金で解決したあとだった。つい先日も上層部の組織から兄は襲撃を受けていた。私は直接上層部へ出向いて敵打ちを申し出たが、身内同士の出来ごとにおいては保守的な決断を下された。その時の気持ちがまざまざとよみがえる。

「もう辛抱も限界や！」

私は直接組長に会いに行った。

「組長、兄さんはやられっぱなしで全て辛抱しなくてはいけないのですか。私でよかったらいつでもやりますよ」

組織事情の知らない私は好き勝手言った。組長は静かな人だが、少し声を荒げ、

「ヒデオは堅気だろう。組織の事に口出しは無用だぞ」

そう言った組長の目は寂しさでいっぱいと感じた。組長は上層部の若頭であるが、その辛さが身にしみて伝わってきた。組長は厳しい表情となり、私に対して明確に語った。

「ヒデオ、お前ヤクザになればいいっ。ヤクザになって本当のヤクザを知れ、それしか今の私の心情を理解出来ないだろう。男の道がどれほど悔しいか、自分の体で覚えてみる事だ」

私は心のきれいな、優しい組長が好きだった。その真の優しさがヤクザ世界では通用しない。上層部ではナンバーツーの若頭という立場があったとしても常日々悶々として純真な組長だと感じた。私の兄にとって最善であって最良の人物であったに違いない。

Fカンパニーにあって悶々とした日々が私の脳をぼやかせる。どのような事業家も政治家も当局も真のその力に頭を下げ、利用し、尊敬の念の中にヤクザを重んじる振りをする。兄は私の血の通う兄だ。ヤクザに対する私の悔しさは天を越え、宇宙まで突く。

ヤクザに対抗するには己がヤクザになる事以外決着はない。単純な私に長い導火線が今、火がつき燃え上がってしまう。

「ハンメごめん」

八

朴 泰植、ヒデオ、柳川、そして名古屋にて兄の姓を取り、「山科 英雄」がここに誕生した。

それは紛れも無く私の名前であった。兄の姓「山科」にヒデオを漢字に変え「英雄」と私が考え付けた。「英雄」イコール「ヒーロー」になるという意味だ。

私は決断した。兄の今までの悔しさを「晴らしてやる」。当然それは私自身を晴らす実行でもあった。山科組若者「山科 英雄」として私はヤクザデビューに至った。

Fカンパニーは解散し、井土、ガメは別の仕事に就くように指導し、舶来雑貨卸元の新田には二百万位の借金を残して全てを切り上げた。

「思った時が旅の始まり」である私は、気よりも早く気が行く性格だ。善美ママは大いに反対したが走った電車はすぐに止まらない。ハンメの住む尼崎ではない名古屋の地でのヤクザ活動だ。

「知らぬは仏」でハンメに心で許しを得た。なんであれ「ビッグになれば勝ち」という朝鮮の有力組織の幹部の解きは大きな影響として私の中で叫んでいた。

単純で無垢な私にあってヤクザは成功者の道だと信じるしか、未来はなかったのかもしれない。とにかく迷いなく真直ぐに行く。それが「山科　英雄」を築いたのだ。世間の区分けがその事実を築いたとも私は知らずしてそう思う。幼い時から何の権力をも持たず、一人闘ってきた私が権力にあるヤクザ代紋を身につけるのだ。鬼に金棒どころではなく、トラに翼をつけたようなものだ。

「ヒデオ」の行動は名古屋中にあって旋風を巻き起こす激しさを、この頃山口組系傘下組織が知るよしもないのは当然であったろう。私の兄はヤクザデビューに関しては大いに反対した。

「ヒデオ、渡世は俺だけで十分だがや、生きる為だでよ、お前まで引っぱり込みたくないがや」

それでも私は生きる為の悔しさを払拭しなくてはその生きる為の尊厳に関わる。食べるだけの世の中はすでに時を終えていた。兄も私も同じ宿業の生まれである。勝たなくてもいい優しさは誰よりも持しているが、負ける事の悔しさは放置不可能な体質にあるのだ。

明日なんて知らない。今、全力で権力に立ち向かうのだ。「やったるでぇー！」

名古屋においてこの組織は反山口組の筆頭を走る組織だ。巨大化する山口組系に対して真っ向立ち向かってゆける。ライオンのシッポではなくニワトリの頭、私の望む所であった。私の巨大な道はヤクザの世界で成し遂げる。そう信じている私は明日の激しい雨など気がつかないでいた。

この頃は上層部の組長と共にトラブルを解決しに行ったり、手形回収のシノギや、組のもめごとを収めたり、私はヤクザとして多忙を極めていた。相手が暴力で来ようとも、私は素手で闘い続けた。

その姿を見て敵対組織であるのに兄弟分になった人間も一人や二人ではなかった。

ヤクザとしてそれなりにのし上がりつつあったある日、神戸の善美ママがクラブJを人に売って名古屋に来ると言い出した。昭和のチンピラヤクザの私に、夜のネオンにある華やかな社交場で培ったママが私より一歩下がって生活出来るだろうか？

そんな悩みの間にあってママは都 亢基の車にハンメを乗せて、名古屋にやって来た。私のマンションは新築で広い部屋だ。ハンメをダシに使うところは夜の世界の達人ではあったが、「まぁ仕方ないか」。

新しく広い部屋を見て「アイゴきれいやな」と満面の笑顔にあるハンメの表情が私の憂鬱を焼却した。名古屋市内の大通り沿いにあるマンションにあって、その歴史上から来る町に排他性なる陰湿は否めない。ハンメと二人手をつないで名古屋中村区の大門通りを散歩し、紫色のセーターをプレゼントした。

「うち（ハンメ）にはちょっと派手違う」

ハンメの好きなチャンポンラーメンをママ、都 亢基と共に四人で食した。以前よりも一層小さくなったハンメの手の動きがチャンポンの美味しさを教えてくれた。夜はママとハンメが花札で遊ぶ。

二日もすれば旅のハンメは疲れる。「ヒデそろそろ帰るか」。

都 亢基がハンメだけを乗せて尼崎の団地に帰る。三十万円を封筒に入れてハンメに手渡す。

「この金、恵目（長男）と順子（次女）にヒデから小遣いというて渡しとくわ」

車の窓から手を振るハンメに都 亢基の車がいつもより大きく見えた。

「ハンメ、僕、絶対頑張るからな。立派になってハンメのとこ行くからな。ちょっと待っててや」

私の心の声がハンメには聞こえる。首を二回うなずかせ、小さな手が私を見て揺れていたが、ハンメを乗せた都 亢基の車は名古屋から抜け出した。

善美ママは朝から毎日食事を自宅で作る。女性としての喜びを噛みしめるかの如くハツラツと。妊娠の兆候がまったく見当たらないママは三匹のネコ（スコティッシュフォルド種）を大事にかわいがった。

社会的地位のある社長が何人も全身で頭を下げ、このチンピラの私に仕事の依頼に来る。当然「ヤカラ退治」だ。歳の若いガキ（私）に真剣な表情で企業人達は頭を下げる。私の中と彼らの中に必要悪にある正義があるとすれば、それはヤクザにある最高の稼業であろう。

ネオン街を飲み歩く私が最良の私に戻る。だがそこに阻む暗い陰が一つある。善美ママだ。彼女は慣れない土地での暮らしが辛かったのか、ヤキモチを焼くようになってしまった。

「あたしが家にいるんだから、家におりよ！」

状況はエスカレートする一方だ。少し飲みに出てもママからのポケットベルが「早よ帰って来い！」の音が無数に鳴り響く。私は周りに気を使い、そのポケットベルのスイッチを切る。幾時過って帰るとママが狂乱して、「鳴らしてもかかってこんなら、こんなポケットベルいらんやろ！」と言ってマンションの窓から投げ捨ててしまう。女性に手を出した事のない私は、カッとなってベランダの窓ガラスを思いっきり蹴る。足首を三十針縫うて入院すること一ヶ月。もう気が狂いそうだった。

「ママ、もう神戸に帰えりや。ここにおったら二人ともダメになってしまうで。ママはやっぱり夜の仕事があってるよ」

「そうするわ！」

そう言って神戸に帰って行った。私の将来にも不安がある。善美ママはクラブJの雇われママとして、店を譲った社長から頼まれ元のサヤに戻ったのだ。愛情は山ほどあったが、善美ママが私の部屋からいなくなると、私の元気が一層増して精神状態も安定し、周囲にも徳が宿る。

そうなるとヤクザ稼業も順調に進む。ある日、いざこざを解決するため私が直接出向いた件では、七人に囲まれた。相手は拳銃をちらつかせながらの不利な話し合いだったが、私は一切引かなかった。結果的に事はこちらの言い分を全て飲ませることで収まった。

五分五分の武器を持つと喧嘩になる。絶対勝てないと思わせ、強烈なペッタンコ方式で屈服させればその場の喧嘩は逆に勝ち、無傷で終わる。中途半端だけでは傷の始まりだ。

「殺さずして殺す」。ハンメの為にも。

ヤクザは商売をしない方がいい。

金の無い人間は捨て身の喧嘩が出来る。裕福さはヤクザの長い懲役を拒む。若い時は金儲けするな。組織に命を賭けてやっていれば自然とヤクザは金持ちになる。これが上層部の組長の理論だ。

「ヒデオ、お前は商売がうまい。しかしそれはヤクザとして自分を見下げかねない。本当のヤクザになるなら今はヤクザ事だけに精を出す事だ。金みたいなものはいつか勝手に入ってくるものだ」

確かに私は兄の下で自由な毎日を送っている。ほとんど毎日夜のネオン街にいる。喧嘩は自分事ばかりで逆に代紋を自ら利用しているに他ならない。親分の為、組織の為ヤクザが第一にする本分であろう。もしかすると私は知らずして新美組長に対して卑怯を置いているのかもしれない。

兄は「組織に入り過ぎるな」と心配していた。兄は基本的に生きてゆことをヤクザに依存し、その金で家族を守る。それが私にはあまり理解出来なかった。しかし、いつの間にか私も兄のような考えになっていっていたのではないか。

兄には兄の人生観がある。

男はマブでなくてはならない。

組織の為に金を使うものだ。

組織の為に行動するものだ。

命は親に預けるものだ。

忠誠と犠牲心一つの大きな塊にならなくてはこの世界の真の侠にはなれない。

私は遂にこの決意をした。組織外の組員は全員が自身に刺青を入れる習慣がある。私は日頃から刺青を入れる人達の気の弱さを感じていた。強くなろうとして入れる。その裏には弱い者に威嚇する為の道具としか見てなかった。「刺青なんかどうでもええ」そう思っていた。しかし、組長から中途半端なヤツと断定されるのは私の根本が許さない。

「よしっ、わかった」

私は名古屋一有名な刺青師、先生にお願いした。

「面倒くさい事はいやなんです。この眉に刺青を入れて下さい」

「君、男前なのに本当にいいのかな」

「男の決意ですから」

「もったいないな、いい顔しているのに」

そう言って先生は鉛筆一つをくれ、

「これで自分の思うように下書きをして下さい」

すりへった鉛筆の線は太い。先生は太い線の外側から刺青を入れた。

「あれ、ちょっと太すぎたかな」と笑った。

鏡を持って見る自分の顔が今、流行りの「タケちゃんマン」のように見えた。

「山科さん、あんたの眉紋、日本一太くて濃いな」とまたまた先生は笑った。

「この先生、ほんまに名古屋一の刺青師か」心の中で、自分の顔を浮かべ私も笑った。

私の眉紋を見た組長は、

「ヒデオ、お前は今から俺のボディガード役をしろ、組長付だ」

私に影響されてか、組長の運転手野崎まで眉紋を入れてきた。野崎の眉紋はカッコ良かった。「あの刺青師、わしの失敗を野崎の成功にしやがったな」

「タケちゃんマン」の視聴率は上がる一方だった。

守部村団地のハンメはこの頃、目が悪く、私が大きな黒縁メガネをするとまったく眉紋に気がつく事はなかった。それだけが救いでもあったが。「侠を通す」この世界で一気に「はい上ってやる」ヤクザでも一流の親分になれば、誰もが認める人生となるのだ。

「ハンメごめんな。そして待っててや。いつか必ずハンメが育てたヒデオは龍になって天を突くからな」

組の副長は時々、「あの朝鮮野郎め！」と言う。組長は日本人だが、会長は朝鮮人だ。

ヤクザの世界に人権問題は差別の対処にはならない。ただ、任侠道組織は「天照大神」を祀る、日本古来の国枠にある。私の中に矛盾も確かにある。人が生きるとは生まれたその地が親となるはずだ。天の授けた縁の元、その他に従ってゆく以外にその血の継承も育たない。

人はどこに暮らそうとその成功に生きようとする。ハンメは常日頃から、「朝鮮には帰りたくない日本が一番いい」朝鮮人丸出しのハンメがだ。

とにかくヤクザの世界に於いて、人権問題は語る必要のない世界と言えるだろう。孤独に生まれても人には愛があり、孤独な一人ではなくなる。ヤクザ組織に於いても孤独な戦士の集団とも言える。他人同士が親子、兄弟の縁によって孤独から逃れる。命の担保を持して。

組長から私に対して初めての仕事がやって来た。トルコ（ソープランド）経営をする社長から新美組長へ再建譲渡された事件物件の先入だ。場所は長野県、土地、建物、営業権全て含めて三億円相当の価値があった。

「ラブホテルロマン」である。この債権をそっくりそのまま組長はプレゼントされた。チャンスだった。そのチャンスの仕事をこの私に任せてくれると言う。地味な生活を務めてきた新美組長にとっては三億円とはチャンスに他ならない。

組長はラブホテルロマンを営業しながらも債権者達を整理する困難な作業をクリアしなくてはならない。若い衆を数人、ここへ先入させていた。また、長野県は名古屋の地元とは違って地元ヤクザの世界からはよそ者扱いされる。当然地元ヤクザが債権の取り立てに来るのは必然で、私としては命を賭けた仕事に至る事間違いないだろう。

その話が出て間もないある日、組長から至急に呼ばれた。喫茶店の個室に組長はいた。灰皿には七、八本の吸い殻があった。組長は目を血走らせこう言った。

「これはもう辛抱出来んだろう。ホテルなんてもうどうでもよい。ヒデオ、命（タマ）取って来い！」

長野県のホテルにチンピラが猟銃を持って乱入し、散弾を乱射しながら組や組長に対して罵詈雑言を投げかけて言ったのだという。地元組織の犯行であることは明白で、怒りが収まらない組長は、まくしたてるように叫んだ。

「とにかく誰の指示なのか？　これが重要だぞ、ヒデオ。お前に全てまかす、頼むぞ！　おまえの判断でうまくやってくれ。俺のプライドがかかっとるでよ、ヒデオ、頼むぞ！」

こうして私のやる事は明確化された。私が面倒を見ている中古車センターの社長に頼み、クラウンとセドリック二台を借りた。私のファンであるこの社長は「ヒデちゃん、頑張ってよ」と、いつも明るい顔で私の頼みを聞いてくれる。ちなみに私の乗る普段の車も全てこの社長が無料で貸し出ししてくれていた。

私は六人の若い衆を連れて長野県に向かった。その中に野崎もいた。兄貴分二人も共にした。野崎は学生時代、相撲部で体を鍛えていたのでこういう場合は安心できた。あとのメンバーは拳銃の引き金を引く力しかないようなタイプだ。

ラブホテルロマンの従業員兼若い衆の中に地元の者が一人いて、ジープに乗って猟銃をぶっぱなした本人を見た事があると言うので、調べた結果地元の有力一家の若い衆である事が分かった。ただし単に命を取るのは簡単だが、私としては生け捕りにして、誰の命令なのか吐かせ、その上でケジメとして債権放棄させる。組長に一石三鳥の喜びをプレゼントしたかった。しかし、この仕事は大変困難で危険度を要した。一度の失敗は全ての終わりを意味する。

私は慎重を期してかかった。一台の車に三人乗る。もう一台も同じく三人乗る。相手をさらった時の為の席を一つ空けておくのだ。運転手以外二人が動けるようにする。

私達は相手に気付かれないよう事務所の周りを何度も調べた。事務所前には塀のない駐車場がある。事務所前の道路は約八m位の長さ。周りは民家が点々と距離をもってほとんど明りはない。丁度良い事に事務所前は大きな林があった。

事務所は中々立派ではあったが、明りがポツンとついているだけで人の気配があまり感じない。敵対組織は大きかったが、傘下組織の事務所は田舎にあってこんなものなのだろう。ラブホテルロマンでの発砲時のジープを発見。私達の黒い車二台は見えない所に隠した。誰かがこの事務所の出入り口を開閉する時をこの林の中で生きをひそめて四名で待つのだ。あとの二人は車の運転だ。

林から事務所までの距離、約四〇m位だ。全員黒ネコのタンゴを踊る準備のように黒い服に身を殺す。心臓の鼓動音だけが林の虫とたわむれている。

夜の十二時が来た。一人の若い衆が事務所の周りのシャッターを閉めに出て来た。

「今だ！」四人全員が全力で走った。やはり元サッカー選手の私が先頭にいた、シャッターを閉める若い衆の後ろを私が体ごと持ち上げて運んだ。

私達の車がすぐやって来た。野崎がその後部座席を開けると、私は持ち上げて運ぶ相手若い衆と共に後部座席にダッシュで飛び込んだ。

車内で相手若い衆が暴れるので野崎が拳銃の後ろで一発頭を殴った。血が吹いた。それでも暴れるのでもう一、二発野崎が同じように殴った。車内はすでに血に染まった海と化した。相手若い衆が事務所内にもまだいるのか分からない。血に染まった若い衆の両脇をがっしり私と野崎が掴み、そのまま調べておいた山深くに入った。スモールランプ一つの視界に浮かぶのはネズミ一匹いない森林だ。

拉致した若い衆の顔を見たうちの運転手が、

「こやつです！　猟銃持って来たんわ！」

「ほんまか！」私は久し振りの武者震いに襲われた。

森林の深くこの血まみれ若い衆をうつ伏せに倒し、羽交い締めして尋問した。誰の指示かを聞くためだ。

「俺が勝手にやったんだ」

それは絶対に無い。さらに尋問を続けるとさすがに相手若い衆に疲れが見え始めた。

「それあったら、もう一度聞くけど、わしの質問に首で応えればいいから、それならお前がうたった事にはならんやろ。一家の組長の指令か？」

相手若い衆は動かない。

「組の若頭か？」軽く首を動かした。

「よしっ、わかった」

野崎が相手若い衆の微妙な首の動きに気がつかなかった。

「ヒデちゃん、この野郎殺して埋めてしまおう」

他の若い衆も組長を呼び捨てして侮辱し、発砲までした憎きチンピラだ。

「埋めるしかないな」と声を揃えた。

　私の中でヤクザは忠誠心が命だ。ヤクザ同士、抗争での殺人はお互い恨みっこなしの戦争であり、その殺人には勲章も付く。国と国の戦争のようなもので犯罪ではない。それがヤクザ世界の見解と理解と言えよう。

「よし、ここでこいつを殺って男になろう」と心で叫んだ。

　その時どこからともなく、

「ヒデや」と小さな声だったが、確かに聞こえた。

　後ろを振り返って周りを見渡したが誰もいないに決まっている。気を入れ直して前を見たらまたも「ヒデや」と声がする。野崎らには聞こえない。私の瞳に眩しいものが入って来た。見上げるとそこは輝きまくる星の群れだった。

「きれいだな、ハンメ」

　少しの時が流れた。

「わかってますよ、ハンメ」

　私は手に持ったままの拳銃を腹に納め、

「野崎、こんなチンピラ殺しても時間の無駄にしかならん。車の中に閉じ込めて見張っといてくれ。そしてこの場所から離れんといてくれ。わしはちょっとホテル見てくるから」

　私は公衆電話で相手組織の若頭の事務所に電話を入れた。相手はすぐに出た。

「お前のとこのチンピラ一人のガラを預かっとる。このチンピラの命は二十四時間しかないとお前のオッサンに言うとけっ！」

「あなたはどこの誰ですか？」

「そんな事はお前のオッサンに聞け！　わかったな、チンピラの命は二十四時間だけやぞ！」

「あのっ」

「ガチャン」

私は一方的に要件だけを告げて電話を切った。ラブホテルロマンから見える星達は誰の為にあんなに輝いているのだろう。だが、いつか見たあの夜空の星の輝きとは違って冷めた光に感じた。

「母さん星ではないな」

私の人生が何なのか、その応えはまだまだ遠い先にあるようだ。

ホテルの専用電話が「リリリリン」と鳴った。

「もしもし」私は声を沈め言った。

「ヒデオ、ようやってくれた。話は全て終わったぞ！」

全てうまくいったという組長からの電話だった。

「よかった」武者震いは一時、私の体から逃げなかった。

名古屋に戻った夜、繁華街で思いっきりネオンの酒を浴びた。拉致して森林で袋叩きにした相手若い衆は中々の根性をしていたが、話が済んだ後に山の中で開放した。私が病院代だと言って、十万円を渡すと黙ってその金を握り夜の暗闇を一人、足を引きずって消えていった。十万円を握るその男の心裏を問うた。「ヤクザも色々タイプがあるんやな」

この男を殺していれば、ヤクザとしてカッコは良かったが、全てはきっと損だらけであったろう。建前と本音の使い分け、本当に難しい世界だ。ただ一つハッキリここで言えるのは、「ハンメありがとう」だけだった。

「天の神よ。私自身を教えて欲しい」

寒い夜空の下でどこからもなくタイガーマスクの歌が聴こえる。

温かい人の情けも胸を打つ熱い涙も知らないで育った僕はみなしごさ
強ければそれでいいんだ、力さえあればいいんだ
ひねくれて星を睨んだ僕なのさ
ああだけどそんな僕でもあの子らは慕ってくれる
それだからみんなの幸せ祈るのさ
それだからみんなの幸せ祈るのさ

こんな私でも「ハンメ」だけは愛してくれる。そう、そこだけが私の「ふるさと」なんだ。

ある日ハンメから私のマンションに電話があった。

「ハルベがもう死んでしまうわ」

ハルベが危篤状態にあるとの電話だった。このハルベの死に不思議な出来事に遭遇する事になる。こんな真実がこの世には本当にあるのかとこの地に立つ今の世の中を疑った。

意識不明の危篤状態が一週間も続いた。今日、明日の命というので新井家全員が毎日病院で待機したが、止まらないハルベの心臓に長男恵目は、「このクソジジイ、死ぬまでみんなに迷惑かけるわ」と言った。

ハンメ、長女明姫、次長順子、長男嫁、そして私、全員仕事を休み、自宅と病院での待機が続いていた。ハルベが意識を無くす前に見舞に行った際、「ヒデ、仕事に困ったら岡山でブドウ畑をやってる社長のとこに行け。何とかしてくれるから」と、私をいつでも気に掛けているようだった。

この言葉がハルベの最後の言葉だった。博打一筋の人生だったハルベ、競馬、競輪では万馬券しか買わない。夜寝る時、競馬新聞を見ながら布団に入っている。疲れて頭の上に新聞をのせて寝る。朝起きたら、そのまま寝ながらまた新聞をずっと見ている。

初めて行った競馬で万馬券で大儲けした。それから競馬に取りつかれてしまった。その後は全く当たらない。新井家のハンメの地獄はそこから始まった。結局、死ぬまで競馬に取りつかれ、万馬券の大儲けは最初の一度切りで死ぬまで当たらなかった。そしてハルベは七十一歳にして、その鼓動を止めた。

私にはとても優しいハルべだった。高校三年間、ハルべが毎月三万円を私の為とハンメは渡してくれた。正月服も高級なものをプレゼントしてくれた。新井家全員の恨みはかっていたが、私はハルべがとても好きだった。赤ちゃん犬を山から拾ってきて、「ヒデ、かわいがってやれ」とプレゼントしてくれた。本当は優しい人なのに。

新井家で通夜、葬儀について話し合った。長男恵目は「みんなみんな金もないのに無理せんと簡単にここでやろ」と言い、他の皆も「簡単でいいや」と口を揃えた。でも信心深いハンメは納得出来ない表情で黙っていた。

こういう時こそ私の出番だ。「ハンメ、これ使ってや」と百万円を渡した。神戸の善美ママもやって来た。「ハンメ、大変あったね。これ使って」と五十万円をハンメの手に握らせた。

葬儀はそれなりにカッコがついた。ハルべの奥さんとしてハンメは一つ重いものに花を添えた。葬儀が終了したあと、長女の孫、恵を神戸の自宅まで善美ママと共に私の車で送って行く事になった。善美ママを先に送り、恵の自宅元町駅近くに送った。神戸に送る際、車の中で私が冗談を言った。

「ハルべの死んだ日の時間と数字で競馬、買ってみよか。死んだ日にちが六月五日、時間が十一時四十五分やから、六月五日は5―6、十一時は11レース、四十五分は4―5、これどないかな」

善美ママと恵は「金、放るだけよ」と笑っていた。たまたま、恵を送り降ろした場所が場外馬券場近くだった。

「一回、冗談でやってみよか」

馬券を買いに言ったらまだ9レース目であった。私は11レースの5―6を二万円と4―5を二万円買った。

尼崎へ帰る車の中で、ラジオの11レースの放送を聞いた。その日は大雨であった。結果は写真判定となった。結果を待つ時間が長い。

「ただの数字合わせで当たる訳ないわな」

ラジオの競馬放送が11レースの判定結果を発表した。

「えっ！」「11レース、5―6で一万三千百七十円」

耳を疑った。「間違いかな?」私は競馬を一切しない。「聞き間違いかな？」

尼崎に向かっていた車をUターンさせて、神戸の場外馬券場に向かって走った。

「馬券を換金場に持っていったら、その答えはすぐ分かるわ」

命を賭けて闘うヤクザ事では心臓を気にしなかったが、この時は「ドキドキ」が激しく、手が震えるのを知った。

受付で馬券を出した。息をのむ。「おうっ」表情は平静だが、心は躍った。現金二百六十三万四千円が間違いなく私の手に載った。

新井家に帰りこの話をした。新井家全員思考停止に至った。

「こんな事がほんまにあるんやな」

長男恵目は腕を組み、首をかしげていた。

「ハルベがみんなに苦労かけたお詫びに最後にヒデの万馬券をおしえたんやな」

次女順子が笑みいっぱいだ。

遺骨の前に供えた、現金二百六十三万四千円の前でハンメが深々と手を合せ、「ハルベ、ありがとう、ありがとう」と呟く。信心深いハンメへのハルベからの最後の贈り物であった。


ある日、兄を陥れた組織内の人間の弟からシノギの話があった。その本人には恨みがあったので相手にはしなかったが、その弟はそれとは違い良くできた人間だと思っていた。

二億円の取り立てで、回収できた金額の半分を私が貰う予定だった。このシノギは簡単ではなかったが、それでも五千万円の手形を受け取ることができた。私の取り分は二千五百万円ということになる。

しかし、弟の事務所へ受け取りに行き、そこで差し出された封筒に三百万円だけが入っていた。騙されたのだ。私は机を思い切り蹴って事務所を出た。当然その三百万円は置いたままだ。この行動が組織内で問題になった。いくら騙したとはいえ、私から見ればその弟も目上にあたるからだ。組長は、「どんな事情があれ、目上の者にやからをするのはいかん事だ。とにかく一言謝れ」と言った。

私は沈黙を守った。組長の叱咤は続くが、それでも黙して語らずを貫いた。同席していた私を騙した当の本人は、「若頭、一体若い衆にどんな教育してるんですか」と言い放った。

この一言で組長の立場が無くなってしまった。名古屋の兄に即され、部屋を出るとき、ふと組長の横顔を見た。辛くむなしい表情だった。この表情が新美組長とのしばしの別れになる最後の表情とはその時知らなかったが、心は決まっていた。

兄は悔し涙を隠さず、「お前は神戸に帰っていろ。あとは俺が話をつける。その代わり二度とヤクザはするなよ。俺らの母親の為にもよう」と言った。組長のためにもそれが良かったのだろう。

私はとりあえず、尼崎のハンメの団地に行った。11Fの団地から見る星空は悲しくなかった。ただこの印、眉紋だけは行く所が無く、私は元の「柳川」に戻ってゆくのである。

以前、知り合った十歳年上の金森先輩と再会した。金森氏は私の眉紋を見ても何の気にもせず、当たりよく接してくれ、

「柳川君、久し振りだね。ウワサは聞いていたよ」

「いや、いいウワサならいいんですがね」

「これからはずっと尼崎にいるのかな？」

「はい。この顔でしょ、仕事がねぇ」

「いや、ちょっと待ってよ、柳川君がこの尼崎にずっといるんなら丁度良かった。いい仕事があるよ、本当」

「そうですか、どんな仕事なんですかね？」

ひとの出逢いは私の心と命を守ってくれる。それは天の神が与えてくれる試練の嵐と共に誕生時にて今日まで、そして未来へと。その出逢いはとどまる事のない我が人生と信じよう。

「堅気の世界にまっとうなる正義の大事業にあって、そのビッグを私に、天の神よ与えてたもう」

私のふるさとハンメ。世界一美味しい料理だけが守部団地に匂い、待っている。

「ハンメ！　ほんまやったるでぇ！」

ハンメの育てたヒデオは不死鳥如く天を突く。

ヒデオ二十七歳の春だった。

九

巨大なライオンの尻尾には決して屈しない。ニワトリの頭が艱難辛苦にある時、いつの日もそこにはハンメがいた。

だからこそ「やれる！」ヒデオがそこにいるのだ。

運の哲学はどうにもならない状況に於いて、「石の上にも三年」では無いという。新たな場所を求め敏速、決断、素早く実行する事に、その運は良として変化しうる可能性を解く。

金森氏の仕事の話はこうである。

「柳川君、今、建設会社で成長しているのはヤカラ退治の会社なんだよ。右翼、同和、ヤクザなどその顔を一般国民には知られないようにして、大企業の傲慢進出阻止を正義として振りかざし、弾圧する第三の存在が『ヤカラ』だ。こいつらが国、県、市の予算をもぎとっている時代なんだ。今、私が柳川君に言いたいのは、『ヤカラ』側ではなく、その『ヤカラ』を退治することが可能な建設会社を創りたいんだ。柳川君ならこの仕事は必ずやれると思うんだがね」

「金森さん、ようは『ヤカラ』を追っ払えばいいんですね」

「まぁ、そういう事なんですが、柳川君には今見た目以上の本来持っている気品があると思うんです。事業家への近道は汚れ仕事をこなしたあとにやってくると確信してるんですが、共同経営で私と一回、会社を興してみませんか?」

この金森氏は雑学に長け、高レベルなインテリにあって交流も幅広く、何よりも議論好きで、容姿清潔な好感度にあった。

「私は建設の実態に関しては全く無知ですが、こんな私でもやれるなら、やらして下さい」

こうして毎日、朝から晩まで会社の設立への準備と事業内容について金森氏と語り、行動した。その時親友の舶来雑貨商の新田三彦がある建設会社の売買について話があった。

「柳川な、僕の親戚のおじさんからの話やけど、元々尼崎市トップクラスの建設会社あってんけど今はCクラスで、社長も歳でこの会社やってくれる人を探しているらしいんや。詳しい事は今分からんけど、やるんあったらおじさんに聞いてみるけど」

「それいいじゃないですか。新会社よりも創業25年で役所の指名業者としても実績があるんだから条件さえ合えばやりましょう」

私はすぐに新田のおじさんの紹介した業者に会いに行った。相手は西宮市にある吉田組の社長だ。話によると売買したいというこの実績ある尼崎の会社は佐野建設と言って、この吉田組の吉田社長が老いとる佐野建設、佐野社長を現在、支援しているとの事だった。

佐野社長には毎月給料を二十万円渡し、実質的にはこの吉田社長が経営していた。ある佐野建設の工事に関連業者十数社に対して、全額佐野建設の手形で支払いを行った。その手形の金額が何と一億円だった。吉田組吉田社長は私の眉紋の事には触れずに話し始めた。

「柳川さん、工事代金として出した手形一億円で佐野建設を買ってくれませんか」

「期日はいつですか？」

「三ヶ月後です」

「一億円ね」

「柳川さん、手形ですからその手形を戻すのはいくらでも話の仕方じゃないですか。あとは柳川さんの腕次第ですよ」

いわゆる手形の一億円を食い逃げするつもりなのだ。吉田社長は、簡単に言えば「乗っ取り屋」の手口だ。

「どないでっか、柳川はん。買ってもらえまへんか？」吉田社長は急に関西弁に変わった。

要は一億円の手形を二割で買い戻せばこの実績ある「佐野建設」が二千万円で私達のものになるという事だ。金森氏とじっくり相談した結果、二割で買い戻しが可能なら「やろう」という事になった。

「エリートビジネスをするにもまずはドブ掃除からか」

私は緊急で佐野建設の債権者達を集めた。

「皆さん、この佐野建設は倒産の危機に直面しています。私達も五千万円の債権を持っていますが、この会社はどうにもならない状態に至っていて、このままでは完全に倒産するでしょう。そこで提案ですが、皆さんの持っている手形を二割配当で戻してくれませんか？　もし全員が承諾してくれるなら、私どもスタッフがこの会社を再建し、協力してくれた皆さんに一層の仕事で利益を上げさせて頂きますが、どうでしょうか？　大変苦しい選択とは思いますが、倒産すればその手形はゼロ円になり、再建すればその後はこの佐野建設の仕事を優先的に行え、大きな利益を得てゆけると確信していますが、ここは何とか私達スタッフにご協力頂けないでしょうか？」

一人のヤクザ風の男が私に質問した。

「あんたらのスタッフとは誰でっか？」

私の眉紋は日焼け用ファンデーションで隠し、その眉の上から大きな黒縁のあるメガネで眉紋を全く見えないよう工夫してある。また兵庫県で名のある財閥系で大手自動車メーカーの総代理店をしている俵田社長に頼んで、もしこの「佐野建設」を再建するなら給料三十万円で名前だけの社長に就任してくれるとの承諾を金山氏がすでに取っていた。もちろん、名義貸しの件は伏せ、その事を告げると債権者全員の顔が厳しさから少し柔らかさに変わった。

「皆さん、今日の今では中々解答が困難と思われますので、この一週間以内にその結果を私、柳川宛に頂けるでしょうか。何卒、何卒宜しくお願い申し上げます」

その後、ほとんどの債権者は二割で手形を戻してくれる予定となったが、一件の会社だけがヤカラにやって来た。二千五百万円の手形だった。その債権に三人のヤクザ風が佐野建設事務所に押しかけて来た。その中の四十歳位の男が、

「二千五百万円の手形を二割っちゅうのはあんまりひどいんとちゃいまっか。こんな金ではわしら帰れまへんで」と言ってきた。

「少し前にも説明致しましたが、全社二割でなくては、私達としてもこの会社に一切介入しないという条件のもと、お話させてもらってますので二割以外はどうしても無理なんです。何とか二割で手形を回収させてくれませんか?」

「それはな柳川はん、おたくの事情でんがな。倒産しようがそんなんわしらには何の関係もあらへん。そんあったら好きにさせてもらってもよろしんでっかな?」

その時横にいたもう一人の若い男が、

「あれ、すんまへんけど、あなた名古屋の組織の方やおまへんか?」

ドキッとしてしまった。この尼崎で名古屋の組織に居たときの事が出てくるとは思わなかった。どうしたものか。

「あ、やっぱり。二度会うてますが覚えてませんか?」

以前、あるいざこざを通して知り合った若いヤクザを思い出した。

「ああ、そうや、そうや、そうあったたな」

この若い男は横の兄貴分に、

「兄やん、この柳川さん、ほんますごい人やねん。兄やんわしに一回話させてくれません？」

こうして場所を変えて、この若い男と話をする事になった。

「柳川さん、佐野建設はほんまのところどないなってますのん？」

「今は堅気やから気つかわんといて。佐野建設の事やが話は全部ほんまの内容や。会社が二割配当で納得してくれんかったらわしらもこの会社は再建せんつもりでおる。不渡出したらこの会社の信用もパーやから、二割でしか絶対に手形は買い戻し出来んのや」

「それあったら柳川の兄貴、わしら三人に百万円だけ別でつけてくれませんか。元々集金した二割がわしら三人の取り分ですね。それあったら何とか依頼して来た社長に話つけますわ。どないですか？」

「あんたらに手形の二割配当、別で百万円渡したら、ええいう事やな。ではそうしましょう」

こうして手形の一億円については、ほぼ二割配当で回収が可能となった。佐野建設の規模をグループ化し、大きく見せる為に社名を変更して「西成建設株式会社」とした。金山氏が副社長となり、私が営業部長となった。

金森氏の同級生で一級建築士の人間を建設部長、親戚で一級土木士の人間を土木部長という待遇でスカウトして西成建設株式会社の再建をスタートさせ、あっというまに仕事を膨らませた。事業は好調でたった一年で尼崎一の立場に立った。Aダッシュの仕事を請け負う一流の建設会社となったのだ。

ところが、探険隊一派が宝物を発見した瞬間、仲間同士の争いが始まるというがそれは事実だった。西成建設内部のいやらしい争いに私は飽き飽きした。会社名義のロールスロイス、ベンツ、ゴルフ会員権、リゾート別荘、それぞれの趣味に金を使い争った。経費の嵐は個人が食う。結局、尼崎ではヤクザの神様と言われた山口組幹部の実子にこの西成建設を1億円で売却してしまったのだ。

そんな頃、名古屋の組長の運転手野崎が組に嫌気がさしたと言い、私を頼って尼崎にやって来ていた。この野崎も私に便乗して当初から眉紋を入れていた。私より体の大きい野崎と二人でいると眉紋の力は強烈で尼崎ヤクザも私達の歩く風にも触れない。そこに知り合い関係の息子まで「真面目な男に鍛えて欲しい」と預かった。この二十一歳の子が身長一九〇cm一〇〇kgのいかつい顔の大暴れん坊であった為、私はどこから見てもヤクザ関係にしか見えなかっただろう。

エリートの仲間入りする為にはまずは、汚れた仕事をこなしてゆかなくてはならない。このメンバーは弱者を助け、強い者に向かっていく。理論としては完全に適していた強靭なる堅気の道であった。そこには常にハンメの正義が見守っていたであろう。

ある日、西成建設時代に知り合った外川社長から事業の話があると食事に誘われた。私の同級生の焼肉屋に行った。この社長は私が西成建設をCランクからAダッシュに持っていった手腕を買ってくれていたのだ。

「柳川さん、私の会社の仕事は政治家とヤクザが常に関わっていて、その資金が大変なんですよ。阪神間の仕事だけでは私どもの会社はやっていけません」と話を切り出した。

「そこでですが、私は大阪に進出したいと思うんですが、柳川さん、何とかその大阪でご協力してもらえないでしょうか？　私には今、大手ゼネコンへの信用がありますがその大事業に巡り会えていません。大阪なら必ず大きな利益を上げれると確信しています。柳川さんどうでしょうか、一緒に大阪で勝負してくれませんか？」

要は混乱したヤカラ地域の現場を外川社長の会社「外川建設」で「サバク」という事だ。理不尽なヤカラ達を裁くという話なら私の正義に対する言い訳にもなる。

「社長が大きくなる為なら、どんな応援もしますよ。社長のやる気ある情熱があれば、どんな難しい事でもその事をやれる可能性は死にません。日本一大きく難しい事でも私はやってみせますよ。やりましょう！　命、賭けますよ」

外川社長は私に手を出してきた。私も手を出し、きつく握手した。

舶来雑貨の仕事をしていた時の社員で、一つ後輩の井土がこの頃、大阪の不動産屋に勤めていた。そこの社長が朝高時代の教師で私もよく知っている人だったが、井土が、

「七十坪の事務所があるんやけど、もしヒデが使うんあったらタダで貸してもええ言うて、社長が言うてるやけど、どないかな？」と願っても無いことを言ってくれた。

売れるまでの間という約束で、大阪の一等地にあるビルの7Fワンフロアをタダで貸してもいいと言うのだ。地上げ管理している最中で最終的に売買が目的であったようだが、私は二つ返事でOKした。

この事務所経費として外川社長は私にポンと一千万円出した。この七十坪の事務所を外川建設大阪

支店にし、別会社として「英和雄」という会社も共に看板を上げた。「英和雄」の意味は私の日本名「ヒデオ」を漢字に変え、「英雄」とし、その中に「和」を入れて「英和雄」とした。これらは外川社長の提案で決めた。

こんな素晴らしい事務所に巡り逢えるとは、それも無家賃なのだ。だがそこは甘える訳にはいかず、いくらかの家賃は払うつもりであった。私の名刺は「外川建設（株）大阪支店長　柳川 英雄」もう一つは、「英和雄　代表　柳川 英雄」この二つをもって大阪に進出した。

社員は野崎、小田、そして新しく入った三つ先輩で元ヤクザの加山、この加山は小指を落としていた。いわゆるどうにもならん先輩を私の器量で面倒を見てやっていたのだ。

事務所が七十坪とあまりにも大きいので半分のスペースを私の仕事場にするしかなかった。余ったスペースの奥にベットを四つ置いた。シャワー室もあるので、寝泊まりも可能だ。しかし、事務所の目の前が大阪一の繁華街「北新地」である為、そのネオン街にかかる経費は無視出来ないものであった。

外川建設の仕事は順調に大阪の地へと入っていった。小さな建設の「サバキ」仕事も入り、私の未来は巨大化する前触れを感じた。不動産関係もこの頃から手掛けた。

「英和雄」も忙しくなっていった。ただ、仕事をこなすのは実質私一人であり、ビジネスの人材はいない。

この会社の今のメンバーこそが、今日までの私の生きた環境にある現実といえよう。この頃の私はあらゆる先輩、後輩、様々な仲間から金を持っていかれていた。仲間と思う者に金を出しても貸したつもりはなく、返済がなくとも一切、請求などしないばかりか、「友達に金なんか貸さない、全てやったつもりだ」と考える私であった。だからと言って金を貸している相手が私の困難に助けてくれるなどそんなチンケな事は考えた事などない。

万に一つの夢を掴むには巨大で強力な器でなくてはならない。そう信じて相手が誰であっても相談があれば受けた。そんな事だから、私のポケットは入っても入って出て行く、そんな出入り激しいポケットとなっていた。

私の毎日の楽しみは西成建設時代によく訪れた尼崎のラウンジ「サンセット」で飲む事だった。この咲絵ママの歌を聴くだけで心が和んだ。私より六つ年上のママはそれなりに色気もある。店は毎日満席、待つ間店の外で飲む時も時々ではなかった。いつも笑顔で気の使い方にそつが無い。時には「私（ママ）のおごり」と言って高級な酒やフルーツなど沢山出してくれる。気風のいい面も大いに好きだった。時々チークダンスもこのママと踊ったが、未だ若い私は「ボッキ」して腰を引いて踊る事、一、二度ではない。私がサンセットで飲んでいると私のファンのホステスがサンセットまで押しかけてくる。サンセットは最後のお客さんが帰る明け方でも営業をしていた。

守部団地のハンメの所に行くと「ヒデお前、いつ結婚するんや。相手はおらんのか」とよく言われていた。ハンメには欠かさず毎月十万円、盆、正月は五十万円ずつ渡していた。この頃のハンメは定年となり、ハルベの労災金もあり、家でゆっくり長男家族と共に過ごし、ゆったりした生活にあった。朝鮮人参ドリンクを一年分持って行っても一瓶のドリンクの半分を残してチビチビ飲み、少しも減らない。貧乏性が身についているのだろう。その代わり、娘、息子、孫らには気風の良い祖母だった。

そんなある日、香山が会社にやって来た。彼は韓国でシャブを切って来て、現在実兄の金融業でサラリーマンをしていた。

「柳川、今な、西宮にええ男が一人おるんや。一回おうてみひんか？」

「ええ男って誰やの？」

「まだ二十七歳やけど、二代目山健組の直参なったんや。最年少やで。元々実の親が森組の舎弟あったけど森組が解散してしもて、お父さんは引退したんやけど、その息子が山健組の直参で入ったんや。高木 実言うんやけどほんまええ男やで。今は山健組と一和会に分裂しとるけど、こらからは絶対、山健組の時代がやってくるはずや。柳川の仕事にも得あると思うし、一回会いや」

なぜこの香山がそこまで力を入れて物を言うのかはわからないが、私としてはあまりヤクザの付き合いは避けていた。だが、香山に押し切られるように高木 実という人物に会う約束をした。

この頃、私は尼崎でディスカウントショップ「なんでも十円屋」という店をオープンし、オールナイト喫茶レストラン「ハーフムーン」も経営した。

大阪の十三で知人の店を買い取り、オールナイト喫茶店「バラ」を始めとし、昔知り合った社長の持つ西宮の土地と事務所を是非使って欲しいという申し出があったりで、私は小さいながらも実業家の道を歩み始めていた。

堅気の安らぎを求めていた私は合法的なビジネスに徹した。私はヤクザではない。しかしヤクザ相手に命を賭けて対処する仕事に従事している。命の危機は前後左右どこから訪れてもおかしくなかったが、何かあってもヤクザの力を借りる事はしない。私は決して自分の事を人に依存した事は一度もなかった。

香山が会社を訪れてからしばらくして山口組二代目山健組直参高木組組長、高木 実と食事をする事になった。食事のメンバーは私、高木組長、香山、そして高木のお父さん時代の頭で現相談役の南、この四人で北新地のネオンを浴びた。

行くクラブ、行くクラブで「西宮の高木さん」からだと言ってホステスにチップを大いに励んだ。北新地のクラブは夜二時で終わる。ホステス四人と私達四人の計八人で尼崎のサンセットにタクシーを乗って行った。野崎と小田もあとからサンセットに呼んだ。

そのサンセットで偶然な事があった。サンセットの咲絵ママが高木組長の顔を見て驚いたように言った。

「あれ、実さんじゃないの?」

「ああっ、咲絵姉ちゃん!」

長い間疎遠になっていたが、二人は従姉弟同士だった。このような出逢いもあって、その日は大いに盛り上がった。楽しいひと時を過ごし、結局一晩で二百万円以上使った。

高木組長はその次の日から、連日私へ連絡が入るようになり、毎日と言っていいほど飲み回る事、朝までであった。

最初は少し気が重たかったが、高木組長の人なつっこさと気のいい部分に惹かれていった。山健組直参という代紋からいうと、当時西宮のヤクザ界では高木組がトップだったろうが、なんせ二十七歳の若手でガキ扱いする他組織も多かったようだ。ただ、この高木組長は喧嘩っぱやくて、激しい性格でイケイケドンドンタイプ。「触らぬ神にたたりなし」と他組織の者は感じていただろう。

山健組には朝鮮、韓国人が多くいた。この高木組長も在日韓国人である。高木組長は私と酒を酌み交わす時には、いつも組織を大きくする為の議論に終始した。そんな会話を明け方まで出来る男だった。私よりも一つ年下の高木組長はヤクザ世界で燃えに燃えていた。

私は高木組長の事を「高木さん」と呼び、高木組長は私を「社長」と呼んでいた。高木組長が兄弟分を多数呼び、私の兄弟分達と全員で大阪ミナミで「ドンチャン騒ぎ」して遊んだが、よく見ると私だけが代紋のない堅気だった。が、指揮を取るのはいつも私のようだった。

確かにヤクザ世界の人間と遊んでいると楽しい。立場がハッキリしている者達との話には少なからず真実がある。利益が主の商売人とはその腹の底が別だ。楽しいこんな日が過ぎるのは早い。

サンセットの咲絵ママは堅気であろうとヤクザであろうと区別なく接する人間ママだ。その人の本質をしっかり見ているママで、どこの誰がお客として行っても楽しませてくれる。本当に商売の神様であった。また、信心深き人でもあった。間違った事をした人に対しても仏心で接する本音でサービスする姿にお客は心から感謝し、このサンセットは常に超満員だ。

どんな暴れ者のヤクザでも「いや、ママにかなう人はいませんよ」と慕われていた。ハートの大きな器を持った真の人間ママだと私は常日頃からそう見ていた。極端に言えば、一人の人間として尊敬に値する女性といえよう。人間味のあるいつもの笑顔に私は惹かれていった。

ある日このサンセットで事件が起きた。高木組長、香山、南の三人が飲みに来た時、他の席に私の兄弟分の組である沖縄系組織の三人が飲んでいたのだ。その日、私は疲れを取る為一人尼崎のホテルで休んでいた。

高木組長と沖縄系組織の一人が思った通り、睨み合いになってしまった。どちらも酒が入っているので浮き足立っている。組織の大きな体をした一人が高木組長に向かって来た。高木組長はボクシングの経験があり、逆にボコボコに倒してしまった。こうなると大変だ。

沖縄系組織も殺しの軍団と言われていて一歩も下がらんだろうし、相手は天下を目指す山健組の高木組だ。お互いサンセットで分かれ、抗争の準備となってしまった。

そんな事になっているとは知らない私は、高木組長に「今日は部屋でゆっくりしている」と告げようと思いサンセットに電話を入れた。すると咲絵ママが慌てた感じで、「柳川さん、大変な事になったわ」と、私が今どこにいるのか聞かれた。ホテルにいる事を教えると咲絵ママは、「今すぐそこに行って、詳しく話すから」と言って私の泊まるホテルにやって来た。咲絵ママから話の全容を聞いた後すぐに高木組長へ電話を入れた。

「柳川ですが、大丈夫ですか？」

「あ、社長、あんなん大丈夫や。やるんあったらいつでもやってまうがな。こっちは相手を半殺しにしてあるから、後は向こうがどう出て来るかやわ。わしは喧嘩の準備をして待っとるだけや。まぁ、向こうも半端な組やないから、このままでは終わらんやろ。まぁ社長、心配せんとおりや」

「とにかく高木さん、気をつけて下さい」

高木組長との電話をすぐ切って、沖縄系組織で私の兄弟分にすぐ電話を入れた。

「高木組の件やけど関係ないわしが言うのもなんやけど、明日、私と会ってくれませんか？」

「柳川さん、心配せんといて。今、別の組織と抗争中なのに、飲んで殴り合ったくらいでドンパチせんから大丈夫」

「ほんとですか。とにかく明日、午前中に会って下さい」

「うんうんいいよ」

沖縄系組織では私の兄弟分が一番日本語がうまい。他の琉球なよりの人は日本語の言葉が通じない時が多々あるものだ。一応、これで安心して眠れる。

ただし、沖縄系組織はいつもとぼけながら殺しを考える恐ろしいマフィア的やり口を決行する時があるので、念には念で、明日それとなく兄弟と話をつけようと考えいた。だが、沖縄系組織の兄弟には一つおもしろい事があったろう。それは私が高木組長サイドで話をしてきた事だ。

ホテルの一室で咲絵ママが私にビールをついでくれた。

「柳川さん、これで安心やね」

「ま、まぁね」と一気にビールを飲んだ。

しかし、困った事が別にもう一つあった。ホテルの一室で咲絵ママと二人っきりなのだ。色気たっぷりのこのきれいなママを前に私はビールを何度も一気飲みした。夫と子のあるママをどう出来るというのだ。咲絵ママはアルコールを一滴も口に出来ない体質だ。だが、私の目の前でコップ一杯を一気に飲んだ。初めてアルコールを口にするのを見た。これがどういう意味なのか。私も子供ではなくなっている。

私の頭の中にある拒否反応とは別に、下の息子は熱く燃え、辛抱の限界を破り強烈に立ち上がった。密かにママを思うこの心と全身がこの社会にからむ全てを忘れさせた。

私から始めたキスをママは一切拒否しない。溜ったものが激しさを一層激しくしてゆく。二人の子を産んだとは思えない美しい体のラインに私の濡れた舌がからむ。もう辛抱出来ない。両足を持ち上げて大砲よりも強烈に突きまくった。ママはすでに二度果てていたが、すぐに後ろからもう一発、ぶち込んだ。人を好きになるとこんなにもピストン運動が激しく速く動くものだ。ママは続けてもう二度果てた。

次は私の上にママが馬乗りになって、激しく乱れる。もう何度果てているか数える事は不可能だった。ママが糸状の唾液をのばし、「大丈夫、中でいって」

最後のフィニッシュは地球全体を爆破するのではないかと思わせるほどのぶち込みにあって、その巨根は王者の輝きを見せた。

「死ぬ！　死ぬ！」咲絵ママは完全なるノックアウトに至った。

朝、目が覚めると部屋からママの姿は無かった。ママの話では夫は仕事もせず、毎日酒浸りになっているという。ある事がきっかけでヤキモチから殴ぐられ、救急車に運ばれたその日から夫への愛情は一切消えたらしい。そういう事情を知っているからといって、私とママ、これは「不倫」に違いない。

一番嫌っていた男女関係の成り行きだ。しかし、昨日にはもう帰れない。その後は何度も何度もママと絡み合った。もう離れる事は不可能という所まで来ていた。

ある日、お客はもうすでに帰って店には誰もいない。閉店のライトを消した。

「ママ、もうわし、店来ん方がいいな」

と、小さな声で言うしかない声で言った。ママは黙っていた。

私も黙していたが、席を立って出入り口の方に歩いたが、ママが駆け寄って来て、私の背に泣いていた。

「もう会わない方がいい」と心で言ったが、出るのは目からの涙だけだった。

「柳川さん、明日、夫にハッキリ言います」

「私にも責任があるから、私が話しましょうか？」

「いえ、私のした事だから私一人で話します、その方がいいです」

「殺されるよ」

「殺されても仕方ありません。死ぬ気で話して来ます」

私自身では何も出来ないこんな状態が憎い。しかし、ここはママが一人話す事以外に正論は出てこない。辛いが勝負を賭けるママに任すしかない。サンセットの店は午前十一時から午後三時まで咲絵ママの両親がレストランとして営業をしている。私は昼、咲絵ママに会いに行った。

「あ、柳川さん、咲絵奥の部屋にいるよ」仏法講師のインテリ母親が心配した表情で私を見つめて言った。父親は優しい笑顔で「柳川さん、いらっしゃい」と歓迎してくれた。私は両親に深く頭を下げ、咲絵ママのいる奥の部屋に入った。部屋に入った瞬間、咲絵ママの顔を見てビックリした。顔中うっ血し斑点だらけとなっていた。

「ママどうしたその顔?」

「あ、柳川さん」

「どうしたん?」

「夫に別れて欲しいと言ったら、首絞められてん。私は殺したいなら殺して頂だいと言ってじっとしてたんよ。そしたら首絞めた手を止めて、わしの事がそんなに嫌いあったら分かった。すぐ別れたるわ。そう言って、キチッと話は終わってん。もう心配いらんよ、柳川さん」

このママへの責任は私の命よりも重いだろうと肝に銘じた瞬間だった。そんな表情を全て知っているだろうと思う両親は私に何一つ語る事はしなかった。ただ、優しい笑顔で迎え、見守ってくれるだけで私への訴えが分かる咲絵ママの両親だった。咲絵ママの子供二人は夫側が親権を取った。ママは私の為に大事な全てを捨てた。あの静かなるママが一つ燃え立つとその情熱は天を突く、女の強さを真に噛みしめた出来事だった。

すぐにサンセットの近くに新築のマンションを二軒借りた。一軒は野崎と小田の寮とし、もう一軒は私と咲絵ママの新居とした。心機一転、私の夢は一層、走り出した。

そんなある日、外川建設に大事業の話が転がり込んだ。大阪のある地域の大規模な道路工事の話しなのだが、同和、右翼、ヤクザ団体が密集しているため、住民との話し合いが難航してしまい、工事がストップしているのだという。ここで大手ゼネコンからの信頼を勝ち取れれば、外川建設は一気に飛躍できる。

「工事金額はどれ位なんです？」

「そりゃあ、すごいよ。五十億から百億、工事の継続も受ければその倍はかかるだろうね」

「そんな大きな仕事ですか。社長、やりましょう！　人間やろうと本当に思えばやれん事はないですよ」

「柳川さん大丈夫かな？　失敗は即、破滅で危険な仕事になるよ、柳川さん」

「やれん思ったらやれん。やれると思えばやれるんですよ。当然そこには命を担保にありますがね」

「よしっ、分かりました。私もこの命、担保に出しますわ。やりましょう！　柳川さんに全権任せますので、宜しく頼んます！」

「社長、まかしときなはれ、絶対やったりますすわ！」

もうすでに私の武者震いは私の中に宿っていた。尼崎の中堅建設会社が大阪の頭痛にある大局なる現場に挑戦するのだ。「武者震い！　わかっとるな！」今回だけは武者震いも子分にした。外川建設大阪支店「支店長　柳川 英雄」この日の為に準備された名刺であっただろう。

外川建設はその日から大手ゼネコン関連会社の筆頭名義人の名をもらった。「ヤカラ」団体と地元業者に対して筋を通す姿勢が大事になるからだ。私は大手ゼネコンの寄生虫ではない。物事の弱みにつけ込んだ仕事はしない。一人の人間として正々堂々と筋と利に基づいて、自ら自分なりにその決定を下すと同時に理解を求める。

鬼にも鬼の正義があり、悪にも悪の正義論がある。人の環境にある正義はその川の向うと川のこちら側にあるだけの差だ。天は人をみんな良い人として創っている。「ヤカラ」に関してもその理解をもって、対処してやらなくてはならない。力だけでは田は育たない。

大手ゼネコンにある私は尻尾とはいかない。ヤカラ達とは同じ視線で心にとめなくてはこの「ヤカラ」の大群は納めれないであろう。私の「サバキ（裁き）」にある一世一代の仕事が始まった。

私の「サバキ」料は一億円だ。この領収書のない一億円の中から「ヤカラ」団体業者へ諦め料（顔立料）を払い、残金が私の取り分となる。このような仕事を当時「サバキ（裁き）屋」と言った。

この頃「サバキ屋」は当時大物ヤクザの親分関係が行っていたが、私の場合は全くの無名で堅気としてやっていた。そんな私への圧力は相当な激しさに会った事はこの体が承知にある。そんな私の「ヤカラ屋」デビューがここにスタートした。ヤカラ退治が始まると眉紋入りの野崎、キングガマゴジラの小田、エンコ詰めの加山三人が受付に顔を揃えて座る。

一等地のオフィス街にある私の会社を目にしたあと、受付に居座る妖怪じみた三人の男を見る。この時点で小者なヤカラは小さくなって会社に入って来る。

まず眉紋の野崎が「どちらさんかな?」その横で一九〇cmの太男小田がニキビだらけの顔ですっと立っている。第三の男、エンコ詰めの加山が欠損した指の手をみせながらヤクザ歩きで私の社長室に案内する。

「社長、お客はんですわ」

いかつくヤクザ言葉で言う。

ヤカラ団体の三人は小さくなって、「失礼します」

私の顔にも日本一の太く濃いと言われる刺青が眉毛に力強く入っている。

「どうぞ、どうぞ。お座り下さい」

と優しく私が言うと、その時点で相手は落ちている。

「近畿道の件ですね」

「外川建設の支店長ですよね」

「そうです。私が柳川です」

「あの、うちに何か仕事させてくれませんか？」

「申し訳ございませんが、どのような仕事が出来るんでしょうか？」

「何でもやります」

「何でもでは困ります。専門をおっしゃって下さい」

一応、話は聞くがほとんどがブローカー達だ。仕事の事など大して知らない。

「今回は無理ですね。次回また」

ヤカラを帰らす時には必ずいくらかの金を持たす。私の机には一万～百万円までの引き出しがそれぞれ分けて作ってある。いわゆる相手の人間ランクを私がその場で見定め、見積りして、「ちょっと待って下さい。これは足代です」と五万円封筒を渡す。

このような具合で毎日何十件ヤカラがやって来るのだ。最終的に約三百件ものヤカラらが、私の会社に押しかけたが、その退治は思ったよりも簡単に処理出来た。しかし最終的に本物ヤカラが二社残った。この二社のヤカラを退治すればこの大事業は成功となる。

外川社長から電話が入った。

「柳川さん、最後に残ったこの二社が前回の時もどうにも話がつかなかった相手なんですよ。大丈夫ですか？」

「外川社長、ここまで来たんです。心配せず吉報を待っといて下さい」

「頼みますよ、柳川さん」

工事現場でのヤカラは、最初は大手ゼネコンM組に来る。そこでM組が外川建設の大阪支店に振ってくるという流れだ。電話で話す外川社長の震えがわかった。

最後に残った大物ヤカラは大阪きっての右翼団体。もう一つは「壱百会」という内容が分かりかねる組織だった。ただ、この「壱百会」は逆に「サバキ」側でも有名だと聞いた。

「壱百会」会長が私の会社にやって来る日が来た。相手は大物だ。私の武者震いが「おいっヒデ、あんまり無理せんとうまくやってくれよ」

「今までわしの前に来てわしより大きい腹の人間なんてそうおらんかったやないか、心配せんとじっと寝とけや」

武者震いが裏切って逃げて行ってしまった。

「野崎、小田、加山、事務員さん、今から来る人には特別な丁重姿勢で迎えて欲しい。いいね、頼みますよ」

午後一時「壱百会」会長がやって来た。説得をする時は昼食を取ったあとの午後に話を進める方がいいと宇宙の法則にある。会社の入口まで私も迎えに出た。

「これはお忙しい所、すみません、私が柳川です」

五十歳以上に見える会長は私の眉紋を見てビックリもせず、

「君は極道者かね?」

「いいえ私は全くの堅気です」

私は社長室に案内した。

「柳川さん、立派なオフィスだね」

「いえいえ、大した事ありませんよ」

「このビルは、将来私が仲介して売買する事になってるんだよ」

「あっそうですか。では私の星山先輩をご存知で?」

「いや、その上の話だよ」

会長は自分の力を暗黙に伝えていた。

「ところで柳川さん、近畿道の件ですが、うまくいってますか?」

「いや会長を度外視にうまくいくなんて言える訳ないでしょう」

「君、中々うまい事言うね。どうだね柳川さん、私と共同体という事でこの件、納めないかね?」

「え、共同体ですか?」

「そうだ、あくまでも君が全権まとめたという事にして、私はただ名前だけでいい。私にも立場とプライドがあるのでね、ただで帰る訳にはいかないでしょう」

「会長、そのように紳士的に言われる事に私は大変嬉しく思い、感謝も致しますが、率直に申しましてよろしいでしょうか?」

「いいとも」

「全権私にくれるというその経費はいくらかかるのでしょうか?」

「それは君が提示したまえ」

この場合の提示金額は難しい。この会長のウワサは聞いているが、実際の所、どれほどの器なのかまったく私には知るよしもない。少額と取られてたらこの交渉は破談する。いかなるものか、男は迷ったら負ける。

「会長、本当に申し訳ありませんが、経費の残がほとんどありません。五百万円しか出来ない状態なんです」

「え、五百万円？」

「はい」

「君、私をなめとるのか。今やっている君の仕事など私の一言で本当は吹っ飛ぶんだぞ。柳川さん、もっと大きくならなければあんた、伸びんぞ」

「いや、会長、何を言われてもこの金額しか無理です」

「柳川さん、私を今、このまま帰らせてもいいのか。君の今の足り場が飛ぶぞ」

「仕方ありませんね。好きにやって下さい」

「柳川さんは堅気だと言っていたが、現在ヤクザ関係は全くないのかね？」

「友達なら数人いますが、ヤクザ関係という立場は一切ありません」

「その眉の刺青は？」

「昔の事です」

「昔と言ってもあなたはまだ若いでしょう?」

「二十九歳になります」

「若いなぁ。中々しっかりしているよ。だけどね、この仕事ヤクザの代紋無しでどこまでやれると思っているんだね?」

「自分の命があるまでと思っています」

「よっしゃ、合格や。その五百万円で全権納めよっ」

「ほんとですか、会長ありがとうございます」

金額が決まったあと、会長はリラックスして腹を割って話だした。

「柳川さん、私は安心したよ。高木はいい友達を持っている」

「え、あの、高木というのは?」

「西宮の高木 実だよ」

「えっ、どういう事ですか?」

「少し前に高木と食事をしたんだよ。その時、柳川さんの話になってね、今回の仕事の事も聞いてたんだ。高木は君の事を絶賛して、いい男だと言っていた。でもね、山健組の代紋を利用ばかりしているヤツらが多くいてね、君もその一人ではないかと考えていたんだよ。高木はまだ若い。だからすぐに商売人に利用されかねないと考えてたんだが、あなたは一切高木の名を出さずに全くの堅気としてこの今日の話を私にした。柳川という人間を見たよ。頑張りたまえ」

「あの高木さんとはどういう関係ですか？」

会長は少し考え、

「柳川さん、私のバックボーンに関しては一切他に漏らしてはいけませんよ。当局がうるさくてね。仕事がやりにくくなってしまうからね。ただ言えるのは。これから高木の役目と期待は大きい。山健組の渡辺親分も高木の若さと行き足に大いに夢を見、柳川さん、この高木を何とか男にしてやってくれ、私からも頼みますよ」

「わかっています。私に出来る事があれば」

「では柳川さん、今日はこれで失礼するが、最後に一つ聞いていいかな？」

「はい、何でも」

「この仕事いくらで請けたんだね？」

「経費全て込みで一億円です」

「なにっ、たったの一億円！」

「柳川さん、それはあなた軽く見られてますよ。あの近畿道の現場はその内容によっては、百億円以上は必要な工事になるんだよ。それも前回サバキが失敗に終わり、頭を痛めた仕事です。その突破口を開く価値はもっと大きく最低でも三億円はもらわないといかんよ、ほんと。その辺がまだ若いんだな。だいたい工事金額の三〜一〇％だが、まあ、柳川さんにも色々と事情がある事だろうけど、今度何かあったら一度相談に来て下さい。この業界のいいアドバイスしてあげますから。ではまた近い内に高木と一緒に食事でもしましょう」

そうだったのか、会長は最初タヌキになって私の会社に来たんだ。私は常に一貫した精神と口しかないので良かったが「なんか恐ろしい世間やな」。

私は後日、高木さんに五百万円の小遣いを持って行った。そして最後に残った一社の問題が最後の最後まで私は冷や汗をかき苦しむ事になった。

その一社は大阪でも強力な右翼団体だった。そこの会長は一度会って話をしていた。その時は会長一人でやって来て「承知出来ない」と捨てゼリフを置いて帰っていったが、その後私からの返答が無い為、怒りをおみやげに今回、私の会社にやって来る。

この右翼団体のバックは山口組ではない地元一本どっこのイケイケ組織がついている、反山口組ともとれる組織だ。

午後1時にこの相手と私の会社で待ち合わせしていたが、大変な事に尼崎から私の会社、大阪に向かう車が高速道路で事故の為、一切動けなくなってしまった。天はまたもやこういう時に嫌がらせする。到底一時には間に合わない。

この場合、相手を待たす事は話の不利になる。そこに来て三時には私の会社で高木組長と待ち合わせしていて食事に行く事になっていた。車電話で会社の方に渋滞の為少し遅れと伝えたが、ここぞとばかり「怒っている」と事務員が言う。

野崎、加山らの口ではこの相手には一〇〇%勝てないだろう。困ったが車が止まったままではどうしようもない。一生の不覚にあった。

いつものなら大事の前は会社の近くのホテルに泊まるのだが、相手との待ち合わせ時間は一時で、高木社長とは三時なので、鉢合わせになる事はないと考えていたが、その心配は的中してしまった。

野崎に何度も私が会社に着くまで相手方と高木さんが顔を合わせないよう指示していたが、高木組長が三時の予定時間よりも早く、一時四五分頃に来てしまった。相手方は私の遅れにイライラしている状態だ。私が高木組長に車電話から「高木さん、奥の部屋に入って待っといてくれ」と言ったが、この頃の車電話はすぐ切れ、中々繋がらない。

もういてもたってもいられない状況の中、二時三〇分前にやっと到着した。私は会社の前に車を止め、運転手の小田を置いたまま、急いで会社に入った。すると社内が静かで、高木組長が「柳川社長、遅かったな。もう相手は帰ったで」と話しかけてきた。

私は野崎の顔を見た。野崎はその視線を避けた。社員にある加山先輩が頭をかいて、下を向いている。何か難しい。高木組長は実弟、昇と他の若い衆二人を連れて来ていた。山口組は他組織と抗争中なので、このメンバーは常に拳銃を所持していた。高木組長達を社長室に入ってもらい、野崎に「相手はどうした?」と聞くと、「高木さんが全て解決してしまいました」と言った。

「どのように」

私は厳しい表情で野崎に質問した。野崎の話によると右翼団体の会長堂が、「柳川はまだか!」と大声で怒鳴ったらしい。それを隣の部屋で聞いた高木組長が、「こらおんどれらなんじゃ! 柳川社長の事を呼び捨てにさらしやがって、ええ!」となってしまったと言う。

相手は三人、一人は会長で二人は隊員服を着ていて、「われは誰じゃっ! なめとったらいてまうぞ!」と、高木組長が小指の無い手を上げて怒鳴った瞬間、実弟の昇と二人の若い衆が全員拳銃を取り出し、相手三人に向けた。

高木組長が、「おんどれら、死にたくなかったら、そこに三人正座せいっ!」と告げた。

銃口を向けられている相手方三人はすぐに正座した。会長が、「今日は話し合いやないんですかいな。なんでこんな事しまんねん」と言い、高木組長は「話し合いに来たんあった黙っておらんかえ! 大きな声で怒鳴りやがって、おっわれ!」と返したのだという。

会長が、「今日はこのまま帰らせてもらいますか」と言ったらしいのだが、私の仕事を少しは理解している高木組長は、「おっ、帰らしてやる代わりにな、二度と柳川社長に関わるなよ! わかっとんのか! 返事せんかえ! もし、関わったらほんまに殺すぞ! ええなっ!」と吠えたとのことだった。ここで起こった出来事を説明した野崎が伏し目がちになるのも分かる。

私としては「しまったな」である。なぜなら、高木組長とは友達以上になってはいけない。そう心に戒めていた。だのに今回は私から高木組長に頼んだのではないが、やはりこの場合、高木組長に義理と恩を作ってしまった事になる。高木組長にすれば私に恩を売るいいチャンスと見たであろう。

私の社長室に座っている高木組長に言った。

「高木さん、すみませんね。えらい気使わせてしもて」

「柳川社長、あんなカスら気にせんでええよ。ちょっと前に社長から五百万円小遣いもうとんのに、この位せんとあかんがな、気にせんといて」

「いや、気にするよ」と言いたかったが、高木組長の気持ちは大いに嬉しかった。

しかし、この出来事が重大問題となった。この右翼団体は高木組長への仕返しに大手ゼネコンの現場事務所を攻めたのだ。外川建設としてはこれが一番頭の痛い所だ。

相手会長も一本どっこにある地元ヤクザ最強と言われるバックボーンを持っている。一歩も下がらない勢いで日時を指定して襲撃予告を出してきた。私は外川社長にすぐ電話を入れた。

「外川社長、ここは正念場です。相手を思いっきりかまし上げますが、腹をくっといて下さい。いいでしょうか?」

「柳川さん、ここまで来たら、やるしかないでしょう。柳川さんの好きなようにやってみて下さい。上にはうまい事言っときますから」

勝てば官軍、負ければゴミだ。外川社長もその編の所は腹をくくって理解している。私は持てるだけの武器を携えて現場へ向かった。車を隠し、襲ってきたら皆殺しにする決意を持って現場が見通せる丘の裏側に身を潜める。しかし、襲撃予告の日時を過ぎても彼らはやってこなかった。結局、それから一ヶ月が過ったが工事現場はスムーズに進んでおり、何の問題も無くこの「サバキ」は成功とみなした。

私の「サバキ」料は一億円以外に外川社長は一銭の金も上からもらってないというので、外川社長にその一億円から三千万円渡し、私の残金は四千万円となった。

この件で外川建設は大手ゼネコンより大きな信頼を得、次々と仕事が入ってきた。あっという間に尼崎トップレベルの会社となった。そうなれば私個人の値打ちも上がり、私の未来にもその光が他方から差し込んで来るのであった。

そんな時ハンメの長女明姫が疲労からくる脳溢血で亡くなってしまった。新井家の最も苦労にあった時期の子あって、ハンメの悲しみは深かっただろう。

棺にある長女明姫の顔を両手で長い時間、優しく撫で回していた。いくら子供が大人になったとしても、その親にとっては幼くかわいい時の事だけが頭の中に残るのだろう。ハンメの長女明姫の葬儀は大きな会館で沢山の参列者を私が呼んで執り行った。二人目の子を無くしたハンメの心情を思うと私の涙は「辛いな」と光るだけであった。


ある日、野崎の話によると、毛根を削らずして眉の刺青をきれいに取り除いてくれる整形の大先生がいると聞いた。この技術は当時としては全国にこの先生しかいないとの事だった。七十歳になる先生なので、野崎が「先生が死んでしまったら困るので、手術するなら早く行かなくては」と言うので、私と野崎二人は予約を入れ、急いで名古屋まで手術に向かった。一人五十万円で野崎の分を入れ、百万円支払い手術を行った。

手術後、一、二ヶ月すると眉毛だけが残り、元のきれいな眉毛を取り戻した。私は指も十本あり、身体には一切刺青をしなかったのでいかつい顔以外、ヤクザの痕跡はこの日以来全く消えたのだ。眉毛も晴れ、心も晴れ、「ヒデオ」の前途は天を突くであろうと思われた。

この頃私は不動産も多く手掛けた。友人の金融会社から貸し付け債権のこげつき物件を五百万円で仕入れ、その後、整理して三千万円で売る。商工会の不動産業を経営する理事から、ある日突然電話があり地上げ物件だが、間違いなしに利益が上ると声をかけられ、一千三百万円で買った。上物所有者と八百万円で話がすぐまとまり、その後五千五百万円で売ったが、この理事の内にある話はこうだった。

理事の出身と実家は守部村である。その守部村の実家にいる母親が私のハンメとよく花札をして遊んでいた。ハンメが「うちのヒデが毎月ずっと十万円くれるねん」と私の自慢話を言う。そんな話を理事は本人の母親から聞かされていた。

「柳川さんは毎月ハンメにお金を運んでいる孝行もんや」

そう言ってあえて私に物件の仕事をくれたのだと聞いた。私が子供の頃、真夏の熱い日、サッカーを観に来たハンメがグラウンドで走る私と同じように、いくらのどが渇いても水一杯飲まず、ハンメはずっと応援してくれていた。いつもハンメは今でも私の見えない所でハンメなりに私を応援してくれているのだろう。

不動産で大きな仕事がやって来た。大阪一等地の駅前物件で地上げ、十億円の決済依頼だ。バブルのあわが見え隠れ少しずつ膨らんで来た頃だった。今の私に十億円なる資金が準備出来るだろうか。だが、話の通り、もしこの地上げが成功すれば二十億円という利益が生まれるという。私の天命はこれをやり遂げる実にあって、それは私の生まれ持つ星と信じている。

「よしっ」やるしかない私の道は決断した。バブル前の嵐を知る事もなく、私一人、資本主義の荒波に飛び込んでいった。

ヒデオ三十歳、過渡期の冬であった。

十

二十億円というお金に目が眩んでいる訳ではない。私個人の潜在能力に挑戦すると同時に、ハンメの育てた私自身の成功に意義がある。私の世にあって差別してきた者達を屈服させたい。そして咲絵ママの人生に花を添えてやりたい。ただその一念だけだった。咲絵ママの姪のダンナが私の運転手として新しくメンバーに加わった。横山直樹、二十歳、中々の美男だ。

大阪一等地大阪駅天満駅前の地上げ決済金の話は神戸の善美ママの紹介である。以前、善美ママが愛人関係にあった不動産業者の幹部社員から仲介された持ち込み物件で、その信用性においては言う事がなかった。

大手企業は直接の地上げに手を出さない。きれいにまとめれば四十億円でパチンコ屋の大手が買い取るという、その買い付けもある。

問題は当然の如く、商店と民家が納得の上、立ち退いてくれるかであるが、その建物らはいつ潰れてもおかしくない建物で、それなりの金額を少し多めに出せば話に応じるだろうと予測する大阪の不動産屋があった。サンセットの咲絵ママのお客で大阪を舞台に活躍する光山不動産の中森という男だ。

地上げの土地購入金十億円。上物の立ち退き料総額約十億円。更地の売買金額が四十億円。この全ての業務を一年で決着する予定とした。税金に関しては光山不動産の中森社長が利益の一〇％以内で操作するとの事と、北朝鮮への帰国者に領収書を切らす方法もあるとの事がこの仕事の全容である。その結果数字の上では二十億円の利益が上るという事だ。

十億円もの投資に他人名義ではその安心は前に行かない。西宮で私が作った会社「東建設」の名義で進める準備をしたが、この会社には十億円もの融資を受けるだけの信用は皆無だ。

そこで佐野建設の負債手形一億円でその会社を仕入れた事のある吉田組、吉田社長に相談した。

「吉田社長、大阪のこの地上げ物件どうでしょうか？」

吉田社長は元々競売物件など不動産にも明るい人だ。吉田社長はへの字の口に小さな丸い老眼をかけ、書類を真剣に見た。

「柳川さん、この物件いけまっせ。一度、私と現場を見に行きまひょ」

「十億という資金はどうでしょうかね？」

「柳川さん、そんなもん私にまかしときなはれ。そやけどわしの目は狂いなかったな。あんたは大物なるでえ」

大手の不動産業者の仲介に吉田社長は安心したのだろう。吉田社長は現場の物件を舐め回すように見てこう言った。「柳川さん、やりまひょ。これはおもしろいで」話しはすぐ決まった。

十億円の借入れ方法は地上げの土地を私の「東建設」の名義にし、担保提供の形をつくり、吉田社長が借主となる。吉田社長の信用として銀行と取引される。私の「東建設」の十億円手形に私個人の裏書保証を入れて提出する。その手形期日一年と六ヶ月先とした。

全ては吉田社長の信用での銀行取引である。銀行の支店長は私に、

「これがうまくいけば、次回から柳川さんと直接取引させてもらいます」

こう言って取引条件面は終わった。あとは吉田社長への礼金だ。

「吉田社長、成功した暁には、いくらの礼をしたらよろしいでしょうか？」

「柳川さん、わしはあんたが大きゅうなってくれたらそれでええねん。大して欲はおまへんがな。まぁ利益の二割でいいやろ」

吉田社長の言葉は常に偽善的だが、今回の場合、この二割配当はそう悪く思わなかった。

「では二割ということで」

十億円の決済取引をするまでにまだ少々時間がある。もう一度ゆっくり自分なりに考える事とした。しかしいくら考えても「やる」しかない仕事だった。

結局銀行からは十一億融資してもらう事になった。仲介料をはじめ、その他融資諸々、現行利益は年一〇％と少々高いが、短期貸付という事と、支店長の顔も立てた。

取引は完了した。地上げ物件の少ない空き地に「所有者　東建設」の看板を立てた。サンセット咲

絵ママの紹介にある光山不動産社長、中森社長が上物所有者への交渉をスタートさせた。私は一切この仕事に直接関わらないようにした。クリーンで誠意をモットーに交渉する為にも元ヤクザの私の名が出ない方が賢明と判断したからだ。また、私が長苦節相手方と話し合いをすると気前良く立ち退き料をアップしてしまう事も懸念される。

私に金の相談に来た知り合いに断った事は一度もない。いくら儲けてもポケットは軽くなる一方でもあった。こんな私の性質では到底立ち退き交渉は「無理」だと皆から抑えられていたのだ。立ち退き交渉というのは一夜にして成るものではないが、中森社長のテクニックでそれなりに順調と言えた。

地上げの敷地内に「東建設」の看板を立ててから三ヶ月が過ぎた頃、ある一本の電話が私の会社に入った。

「柳川社長でございますか?」

エイト不動産の大藪と言う人物だった。この地上げ物件に興味があるらしい。

「わかりました。いつでも時間はとらせてもらいますので、日時をおっしゃって下さい」

「では、明日午後一時という事でどうでしょうか?」

私はその約束を受けることにした。地上げ交渉をまかせている中森社長に「エイト不動産」という会社について聞いた。

「ああ、エイト不動産ね。この会社はええスポンサーを持ってますわ。今、大阪では飛ぶ鳥落とす勢いの立派な不動産会社ですよ」

約束の時間にコーヒーラウンジでエイト不動産の大藪氏と面会した。歳は40代に見える。

「柳川社長はあの物件を自ら何かご利用なさるのでしょうか？」

「いえ、更地にすれば転売を考えていますが」

「上物の交渉は順調ですか？」

「まだスタートして三ヶ月ちょいですから、これからですね」

「転売とおっしゃっていましたが、買い手は決まっているのでしょうか？」

「一応、買付はもらってますが」

「その買主には必ず売買しなくてはならないのでしょうか？」

「まぁ、その買付の信頼において、今、地上げしているのが現実ですから」

「では、他社が欲しいとなれば転売出来る可能性もあるという事なのでしょうか？」

「まぁ私も商売ですから、今より高く値がつけば他社に売る事もあるでしょうね」

「そうですか、それなら話が早いと思いますが、私共エイト不動産にあの物件を譲って頂けませんか？」

「譲るとは、買いたいと言う事ですか？」

「その通りです」

「ただ更地になるまでまだ少し時間がかかりますが、もし地上げ完了の際の値はいくら位を考えていますか?」

「柳川社長、誤解なさらないで下さい。私共は現状のままで譲ってもらいたいのです」

「現状?」

「そうです。地上げに関しては私共が思案致しますので、今の状態のまま買わして頂きます」

私にとっては考えもしなかった内容の話であった。

「大藪さん、今の現状と言いますが、いくら位をお考えなんでしょうか?」

「柳川社長、ハッキリ申します。二十億です」

「二十億」私が十億円で買った地上げ物件、そのままの状態でなんと二十億円で買うというのか。信じられない数字が飛び出した事に私は戸惑った。

「大藪さん、この二十億円というのはあなたの会社での協議の決定なんでしょうか?」

大藪の名刺には「営業　大藪 真吾」としか書かれていない。本当に間違いない二十億円なのだろうか。その時大藪がもう一枚の名刺を出した。

「あ、柳川社長、申し訳ありませんでした。これが私の会社での本当の立場です」

そう言って大藪はもう一枚の名刺を出した。そこには「エイト不動産　代表取締役会長」と明記されていた。

「あ、そういう事ですか」

「柳川社長、是非私共にお譲り下さいませんか」

「わかりました。二、三日返事を待ってもらいますか。私の関係者に相談してみますので」

こうして最終決定の返事はその場ではせずに、その日はこの大藪会長と別れた。まず吉田社長にこの二十億円の話をした。

「柳川さん、これはほんまええ話でっせ。あんたええ運持っとるなぁ」

吉田社長は二つ返事で賛成した。中村会長社長も
「柳川社長、そら早いに越した事はないです。ただ、自分の手で地上げしたかったんですがね」

こうして十億円で買った土地をエイト不動産、大藪会長に底地のみ二十億円で売る事を決定した。

大藪会長は満面の笑みで、

「柳川社長、またいい物件持って来て下さい」

私はこの仕事に携わった関係者に大いなる配当をした。気風のいい私の手元に残ったのは、税操作もあり、五億円だった。私はお金にまったく執着が無い。あるのは大事業を成功させ、真の仲間が欲しいだけである。

「あの柳川はすごい奴やね」世間にただ、そう言わせたかった。その心理の裏にあるのは「ハンメ」と私との人生への思いであったろう。

私はサンセットの咲絵ママの為に一軒家を建てた。1億円だ。新型ＢＭＷ７５０、一千五百万円。シーマ、五百万円。ピアジェの時計、ダイヤ巻きカウスボタン、ダイヤベルトバックル。咲絵ママには13カラットにあるスタールビーの指輪。天皇陛下も使用するメーカーの家具、合計何千万をポンッ

と使用した。また、社員何人かにポン百万円以上するローレックスの時計をプレゼントした。元々、金に執着のない私はアホバカのように金をあちこちにバラ撒いた。

「金みたいなもんはいくら使っても減らん位儲けなあかんのや、貯金して貯める金持ちはケチくさい」いつもこう言っていた私は、明日また良い仕事に巡り会い、金なんぞすぐにでも入って来ると信じていた。百万円でゴルフセットを揃え、毎日ゴルフの日を過ごした。

「人間、下手な若さで大金儲けたらあかん」

こんな言葉を投げかけたいそんな、時期であったろう。

朝、目覚めた。ふと遠くの空を眺めたら青空に広がる雲が、バブルだった。降る雨は途中金と成って降り積もる。語ればバブルのビールと金のつまみが出て来る。北新地、ミナミ、三ノ宮、尼崎、西宮、どこに行ってもナンバーワンのホステスが待っている。店ではなく、ホテルで待っている。この頃の私といえば狂ったその素行に、「君はもう死んでいる」であったろう。

クラブに飲みに行くとその店のママに「ポンッ」と最初から百万円を渡す。それがたった一時間位の飲み代だ。席に着く女の子達には五万円ずつチップを渡す。店の外には派手な車に運転手が待機している。毎日色んな業種の人間を連れて飲み回る。

ハングリーだった頃、接待されて豪華な料理を口にする時などは、「ハンメ、僕だけこんな美味しいもん食べてごめんな。大きい人間になって成功する為やから、今は辛抱してな」と心で呟いていた。贅沢は私とハンメの明日の為の作戦に過ぎない。そのような理屈が中心だった。

それに比べ、この頃の私は狂っていた。私もただの凡人だったのか？「贅沢なんぞ、明日の為の一つに過ぎん」という精神の私だったが、今の私はどうだろう。己の価値観が全く見えなくなっていた。


いい天気だったのでハンメ大好物の「チャンポンソバ」を私とハンメ二人で食べに行った。

「ハンメ、死ぬまでに何か一番したい事ないの？」

「なんもないわ」

「なんかあるやろ、一回言うてみいな」

「そやな、うち（新井家）は貧乏で寂しい家あったから、うちが死んだ時には花をいっぱい飾って欲しいな。恵ちゃん（長男、恵目）は人の付き合いが少ないから、ヒデあったら仰山、友達おるからヒデに頼むわ」

「花やな、よしっ、ハンメわかった」

信心深き人の答えだった。その日から会う人、会う人、誰に対しても、「ハンメがもし死んだ時は、絶対花頼むで」と触れて回るようになった。

名古屋の兄から突然電話が入った。

「ヒデオ、俺はよう、今回、渡世から足を洗ったでよ、俺の事は気にせんと自分の思うようにやればええ」

兄が突然ヤクザ世界から引退した。この頃、兄はすでにビルを三軒持っており、その家賃だけで暮らせたが、堅気の商売建設業を始めた。大手ゼネコンの名義人ともなり、大いに繁栄した。名古屋駅で「山科建設」と言うだけでタクシーもすぐ分かる会社になった。

この頃、私は咲絵ママの力量にあって芸能興行中心に「プロダクションヒーロー」を設立していた。過去一流にあって、現在「売れない」歌手中心にサンセット店内でステージに立ってもらう。このミニステージ効果によって店は一層の繁栄をしていった。

咲絵ママは「創価学会」の熱烈な信者である。その母は厳格にあって、人の罪に広い心で包む講師的存在で何事にも全力で活動するパワー絶大な仏心の人柄であった。

その母の強い進めもあり、私は「日蓮正宗　創価学会」に入信した。無宗教主義の私だったが、家族の輪にあって入信を拒む理由はどこにもなかった。「死んでも患らわず」この頃墓地も購入していた。だが、いつどうなる私の身の上、咲絵ママとは「婚姻届」は「無さぬがママの幸せ」そう考え、その事には一切触れずにいた。

在日朝鮮、韓国人には日本においてのその戸籍は無く、入籍という行事も無い。私の父側には長男がいて、その家系を守っている。母方には名古屋の兄がいる。もし、私が死んだとしても別れ別れの両親のどちらにも行く事は出来ない。だから一人死んでゆく。

そして私の生きた存在はひっそり確実に納めるのが宿業と考えていた。咲絵ママの母は常日頃から私への諫言を忘れなく説法してくれる。「うっとしい」が本当に嬉しかった。私は素晴らしい家族を持っていたのだ。

この頃、ある重大事件が起きた。高木組長がある堅気のチンピラに対して、「拉致、監禁、傷害」の事件を起こし、指名手配されてしまったのだ。

私の名で高級ホテルのスイート部屋を取った。高木組長とその嫁を匿う為だ。

「ヒデオ、一つ無理を頼んでいいかな？」

この頃、高木組長は親しみを持って私の事を「ヒデオ」と呼ぶようになっていた。

「高木さん、そんな難しい顔せんと何でも言ってよ」

高木組長は間髪入れず、私の前に来て、正座した。

「ヒデオ、頼む！　わしのおらん間、高木組の組長代行になって、わしが帰って来る間だけ、組を守ってくれへんか？　頼む！」

「高木さん、その正座はやめてぇな、水臭いよ、私ら友達なんやから」

高木組長は元のソファーに戻って、

「ヒデオがええ返事してくれたら、わしはすぐに出頭して務めを終え帰って来る。その間だけ、うちの組長代行として組を守って欲しいんや。他に組を任せられる若い衆は一人もおらん。ヒデオ、頼むわ！　この通りや！」

そう言ってまたもや正座して頭を深々と下げた。

このような男の情熱に私は最も弱い。胸が熱くなった。忘れかけていた真の男の情熱が、今、目の前で再び私の中にも甦って来た。拝金主義の世の中にあって、心と心、人と人、友と友、男と男、私はこの高木組長のその姿に感動した。阪神間一の暴れん坊と言われるこの人がこの私には何と律義な姿勢を見せるのだ。

「高木さん、私みたいな男で良かったら何でも応援しますよ。そんなカッコせんといて下さいよ」

高木組長は私の手を取り、自分の右手コブシを突き出し、

「ヒデオ！　わしはな、絶対にチャンピオンになったる！　そやからヒデオ、頼むわ！　わしを応援してくれ！　わしは絶対やるから！」

その時、買い物に行っていた高木組長の嫁が戻って来た。

「アッ子、ヒデオがわしが出て来るまで組長代行で組守ってくれるてや、お前からも礼を言え」

ニコッとしたアッ子姐さんが、「柳川社長、無理言ってごめんね」と呟く。

「姐さん、何を言ってますのん。この世で一番大事にせなあかんのは男同士の友情ですわ。私が喜んでやる事ですから、気にせんといて下さい」

「ありがとう」

その後、幾日かして高木組長は警察署に出頭した。山口組は抗争中にあって、私は二代目山健組本

部に出向き、直参約百名の前に出て挨拶した。

「高木組長代行の柳川です。高木組長留守にあって、宜しくお願い致します」

二代目山健組組長渡辺芳則親分に呼ばれた。

「柳川よ、高木組を頼むぞ。わしは若さとやる気がある高木を買っとる。抗争中に命を捨てに来たんが高木や。帰ったらあいつにはもっと苦労してもらわなあかんからのう、頼むぞ。組員を増やそう思わんでええ。その代わり減らさんと組を守るのがお前の役目や、わかったな」

「はい、がんばります」

こうして時の人に励まされた。引退した名古屋の兄にはもはや気を使う事は無い。

高木組長は高木家の長男として、私に養子に来てくれと言ったがその事だけは断った。それをしてしまうと私という人間の尊厳と生きた証に艶を無くし、ハンメを捨てる事と考えたからだ。

服役中にあっては金 哲守こと高木組長と面会をした。

「ヒデオ、色々ありがとうな。帰ったら必ず恩返しするよって、頼むわ」

「何が恩やの、友達やん、気にせんといて。それより体にだけは気いつけてや」

「ヒデオわしな、体だけが財産の男やねん。おやじ（実父）の跡継ぎみたいに人は言うけど、ほんまはおやじのケツふきやってるみたいなもんや。とにかくなヒデオ、大変や思うけどほんま、組頼むわ」

「まぁ、ゆっくり休んどいて下さい」

「ヒデオに甘えてそうさしてもらうわな」

高木組長は酒を飲んだ後、私を無理に部屋に入れ、嫁と共に三人で眠る事、しょっちゅうだった。朝から晩まで「社長、ヒデオ」だった。こんな私をそこまで慕ってくれる、必要としてくれる、そんな高木組長が大好きだった。大志を抱く、お互いの意志にも合併する事、男の血が騒ぐ。

「高木と柳川」それはいつしか天を突く相棒だとその時私は信じて決して疑いはしなかった。

「多才は無才」なんでも適当にこなしてしまう私に、天はその何を与えようとしているのか。

その疑問に対して考えるヒマなど今の私には皆無だ。とにかく友情を守る。その一点に集中した。大好きな高木組長の為に行動する日々が充実感にあふれ、私の心が清められて行くのが分かる。どのような雄弁にあっても、高木組長の黙して語る心の言葉は金賞に値する。

私達在日朝鮮、韓国人は日本の地にあって他国人である。しかし、朝鮮半島には韓国と北朝鮮という分断した二国がある。我々在日とは一体なんなんだろうか？

日本社会は私や高木組長を思わしくない人間と見るに違いないが、エリートもハングリーにあるアウトローも、全てを含め社会というのではないのか。忌わしい環境に生まれようが、天のなす人の社会ではなかろうか。

「人は人を愛して死んでゆくんや。決して社会や人を恨んで死んだらあかん。人間ってほんまはみんなええ人だらけやから」

自分の成す定めの運命が何処にあるのか、その解釈は人間、私には困難だ。ただ一つ、答えられるのは人は「生きてこそ」の逝く黄泉の世界にはばたけるのだと。この世とは光があればこその影、地があってこその天であるのだ。

高木組の内情は考えていた以上に愕然と困難極まりない実態であったが、金、公用、喧嘩、全てにおいて私は高木 実自身と化してそのプライドを守り、高木組長との友情を守り通し闘っていた。

朝から晩まで毎日、事務所、家族の経費、シャブ中のケツふき、他団体とのトラブルと喧嘩、抗争、全て私一人中心でこなしていた。しかし、何があってもあと二年、高木組長出所の日迄、私が高木 実個人になり代わってやる決意にあった。それは単に友情を死守する「愛」のみの忍耐と高木組長が「好き」という極めて単純な感情でしかなかった。

損得は宇宙の彼方へその昔に去ってゆき、私の目の前には「無」の「心」しか残ってはいなかったろう。世間の暮らしには雨、嵐、風、雲、晴とあるが、高木組の毎日は雨嵐しかやってこない。こんな私にあって咲絵ママはただ々黙して私を見守ってくれていた。

私の社員としていた野崎を高木組の若頭、加山先輩を舎弟頭に据えた。高木組を守る為の役職でもあった。彼らは元々根っからヤクザだ。その方が生き生きするだろう。二十二歳になったばかりのキングガマゴジラの巨人小田は知り合いから「正しい人間になれるように教育して下さい」と引き受けた子なので、高木組には関わらないように心がけていたが、ある日、本人の勝手で刺青を入れてきた事からヤクザとして更生するしかなく、やむなく高木組の若い衆として修業させた。

高木組の組長代行になって、警察の発覚は免れたが、拳銃発砲のゲリラ的抗争にも何度か手をつけた。高木組内における高木組長にある苦難のあり様がこの頃、身にしみて理解出来た日々となった。二代目山健組は急激な巨大化にあって、その義理事も成長してゆく事、嬉しい悲鳴でもあった。

私の経営するオールナイト喫茶三店舗をポーカーゲーム店に切り替えた。高木組の運営資金にする為だ。こうなると当局の紐がワイヤーとなって手を出して来る。また建設関連の仕事となると外川建設の陰にある存在を「ヤカラ」達は暗黙にして知り、ヤカラ営業をしなくなったが、大局の現場ではそれなりの利益を得ていた。

ディスカウントショップ「なんでも十円屋」はそれなりに繁栄していたが高木組の行事で忙しく、仕入れ先の社長に店ごと売った。咲絵ママのサンセットは現状維持にあって歌手のミニディナーショーは繁盛の目玉となっていた。

究極は「東建設」の地上げにある。この案件は高木組長の知り合いから回ってきた話で、私は知人らに声を掛け、四億七千万円を投資していた。期間は二〜三ヶ月で、三〜四億円の利益が出ると言っていたが、すでに四ヶ月目に入った。私の支払う毎月の金利は、毎月八百万円になる。長くても一年で解決してくれなければ、その利益が減る一方となるのだ。この利息は高木組の毎月約二百万円の経費とも重なり、大変苦しいものとなっていった。実際、私の生活費は咲絵ママが支えている状態に至っている。苦しい日々が続いたが、「ケンチャナー（どうにかなる）精神」で耐え忍ぶしかて手立てがなかった。

結局、投資はうまくいかず、私への負債が残る結果になってしまった。しかし、私は山健組内のニワトリの頭として、この生死のプライドをもって高木組長の大飛躍を成し遂げようと決意一つにあった。この大山健組内で高木組長一人は孤独に闘っているのだ。身内というのは建前にあって弱小組織に対してはその協力な権力で潰しに来る。この世界の筋は力のみなのだ。懲役に務める高木組長への哀愁の念は、一層天を突いていった。

この頃、知り合い団体の紹介があって、ある人物と会う機会があった。その人物は山口組最強と言われた「殺しの軍団」、引退後は韓国の英雄として民族運動で世界中を飛び回ってベルサイユ市民賞を受賞しているあの人だ。様々な話しをして、仕事の仲介までしてもらった。本当に大きな人物だった。この人からは「私の元で勉強してみるか?」と言われたので、私も大きな夢が描ける希望を持った。しかし、この希望は遂に敵わず、私が勉強させてもらう前に他界されてしまった。

もうすぐあの笑顔いっぱい愛らしく強い高木組長が帰って来る。そう思うだけで私の心は浮き浮きドキドキであった。しかし、高木組内の事では四面楚歌状態になっていた。姐さんは好き勝手な生活で私が時に指摘するも嫌な顔をされた。ただ、姐さんは実弟達と不仲にあって、かろうじて私の味方であった。実弟二人はシャブやマリファナで組のシノギにある盆栽や面倒料など勝手に使い込む。その上、ゲーム喫茶をギャングして警察から手配されていた。

他の若い衆はシャブで飛んで私がヤキを入れた事一、二度ではない。相談役連中は約束を破り、一切組に金を入れなくなった。何かあると全員、私の金だけをあてにする。他組織との喧嘩は私の若い衆が行動する。組の車がいると言えば車を買った。組の冷蔵庫がいると言えば買う。箸一本まで買った。そのくせ、組関係の全員が「高木組の代紋があるおかげで柳川代行は金儲け出来るんや」と陰口を言われていた。ただし、私の前では全員ネコになる。

「高木さん、一日も早よ帰って来てよ〜〜」

それでも私は高木組長個人の友情を信じて疑わず、一心不乱、友情を確信してやって来た。「高木さんだけは分かってくれる」そう信じ続け、頑張った。

そして遂に私の大好きな朝がやって来た。それは高木組長の晴れなる出所の日である。高木組長が懲役に行った時点では組員は二十名前後だったが、現在は約五十名前後の若い衆名簿が上っていた。

高木組長の放免に相して二代目山健組渡辺親分の指示の元、幹部全員が祝いに駆けつけてくれると本部の通達があった。そうなると今の高木組事務所では少々古びて寒い感がある。その為、急遽、高級な内装をした。

ヤクザの放免は早朝と決まっている。人の目を避ける為だ。私は若い衆一人の運転で大久保（兵庫県）刑務所に車一台で高木組長を迎えに行った。刑務所の門から一人歩いて来る高木組長を見た。最高の感激にある私は高木組長に近づき、「お疲れさんでした」と一言発するだけで多くを語らず、車に案内した。

「ヒデオ、ありがとうな」

高木組長はまだ目の焦点が合っていない様子でぼうっとした感じだった。車の中で高木組長にタバコを差し出すと軽く一本吸ったが、「やっぱりヒデオ、タバコは止めとくわ。体の調子がもう一つやね」と言う。その横で私がパカパカ吸っていたら、「ヒデオ悪いけど、窓開けてくれるか」と呆れていた。

高木組長は事務所への道中、窓の外をずっと見て半口状態で「ポカン」としていた。でもその左手は私の右手をしっかり握っていた。

西宮市、高木組事務所の回りには山健組の若い衆、約六百人が集まり、高木組長の放免祝いに参列していた。高木組事務所には高木組若い衆らが集中し整列した。二代目山健組幹部の錚々たる顔ぶれだった。

不調の高木組長になりかわり、私が挨拶をする。高木組事務所に群がる黒服の大群に当局の厳しいチェックが目のゴミとなる。放免祝いはすぐに切り上げ、その黒服大群はあっという間にどこかへ消えていった。

私と高木組長は渡辺親分の自宅神戸へと出所の挨拶に出発した。神戸へ向かう車内で半眼、半口の表情が少しキリッとしてきた高木組長が、

「やっぱりヒデオがおらなあかんわ。ヒデオはどんな場面でもうまい事機転効かしてやってくれるからな。ほんま助かるわ」

そう言って自分からタバコに火をつけた。

山口組若頭二代目山健組組長渡辺　芳則親分の自宅は神戸市内で長屋的な家屋を改造した所で派手さは全くなかった。私と高木組長が乗る車が渡辺親分の自宅に着いた。

「ヒデオ、わしと一緒に親分と会おうや」

「いや高木さん、自分は車で待ってますわ」

「何言うてんのや、代行という立場で組守ってくれてたんやから、一緒に挨拶せんかったらあかんで。早よ、一緒に行こ」

結局、私も一緒に渡辺親分への挨拶をする事になった。渡辺親分自宅の部屋住み若い衆が迎えてくれた。

「高木の叔父貴、お疲れさんでした。親分が奥の部屋で待ってます」

私と高木組長は正座をして親分の部屋の襖を開け、

「おはようございます！　高木です。ただ今帰りました！　親分の大事な時に勝手しまして本当に申し訳ございませんでした！」

「おっ高木、帰ったか、まぁ入れ」

「はい失礼します。親分、うちの代行、柳川も入ってよろしいでしょうか」

「お、代行の柳川な、入れ、入れ」

「柳川です。失礼します！」

高木組長と私は畳部屋にあるソファーに座った。目の前に座っていたのは紛れも無く、ヤクザ世界の時の人、渡辺親分であった。

「高木、お疲れさんあったな、体はどうや？」

「はい、親分、全然大丈夫です。今回は自分事で本当に済みませんでした。これから一生懸命頑張ります」

「何を言うのや、ヤクザの税金をちょっと払いに行って来ただけやないか。そう気にすんな」

「ありがとうございます」

渡辺親分は私の方に目をやり、

「柳川言うたな、若い衆は減ってないやろな？」

「はい。一人も減ってません」

「おう、そうか。そしたら増えたんやな？」

高木組長がその答えを代弁した。

「はい、親分。自分の留守中に柳川が倍にしてくれました」

「おおん、そうか、立派なもんや。普通親分が留守中は若い衆も減って消滅する組もあるのにな」

「高木、これから苦労してもろうぞ」

「はい、頑張ります！　親分っ」

「柳川も高木を支えて頼むぞ」

「はい、頑張ります！」

こうして渡辺親分の自宅をあとにした。

女に惚れてもその穴に入るものはしれているが、男が男に惚れたら財産どころか命までも貢ぐ。金の有る無しでしか人の評価を基準にしない人はその金に裏切られても人心として卑下される。人の価値観によって裏限られた者はその金を言及しない。高木組長も私も男なる価値観にあってそれ以外に生きる道を追求する術も無であったろう。

高木組長はヤクザの道への価値観、私は生い立ちにある逆襲への価値観、決して両者、金が主ではなかった。


ハイエナ刑事が本人の苦の如く伝えて来た。

「ヤナ（柳川）はんよ、ヤクザになってはもうあかんよ。ポーカーゲーム下げてくれ、やばいぞ」

三軒のオールナイト喫茶はそのポーカーゲームを下げ、他の人に貸した。高木組組長代行となった私のシノギが消えてしまう。金融は性に合わない。違法商売はゲームだけと決めていた。他の場所に移転してゲーム喫茶をするにしても資金がいる。

ある日、神戸朝高時代の同じサッカー部の親友の蘆 羽鉉が、東京から神戸へ出張で私の家に遊びに来た。彼は教師を経て、総連系雑誌社の編集部長に就任していた。

神戸から東京への転居の際、バブル景気で買ったマンションが高く売れ、その一部の資金五百万円を私の新たなるゲーム喫茶に投資してくれた。この五百万円で新たにゲーム喫茶をオープンしたが、苦しい時には苦しい事が起きる。オープンして三ヶ月で店はサツの手によって上げられてしまった。約一千万円の金が「パーになってしもたな」

しかし、サラリーマンの蘆 羽鉱はこの五百万円に関して一切の何の愚痴も言わず、私を見守ってくれていた。金だけじゃない、友という価値観を強く持っていた男だったのだろう。

サンセットの咲絵ママの実兄がマレーシアで赤貝の養殖をしたいと言うので三千万円を投資した。この事業も赤潮で赤貝が全滅になり三千万円はまたもや「パーかいな」

この頃、何をしてもダメだった。唯一サンセット、咲絵ママのおかげにあって生活は何とかいけていたが、男の私にとってこの状況の屈辱は耐え忍びなかった。それでも高木組の代行としてその経費は計り知れず、待ってくれない。この頃の私の若い衆は五、六人いた。

ある日、高木の兄貴が、

「これなヒデオ、おやじの関係から取って来たんや。前の穴埋めや、取ってくれ」

こう言って三千万円を私の家に置いていってくれた。

次の日、五百万円を高木の姐さんに小遣いにした。借金返済は後にし、以前から目をつけていたゴルフ開発の地上げ依頼に向かったが、役所の指名が入ってしまい、またもや経費倒れとなった。

それでも細かい建設の「サバキ」で何とか利益は上げたが、男を売るヤクザ稼業にあってこの今の利益では高木兄貴への支援にまで届かない。確かにヤクザという看板が私のビジネスを邪魔はしていたが、それが現代のヤクザ事情でもあり、ひと昔のやりたい放題のヤクザ世界は下りにあって、合法的ビジネスの知恵がなくては中々巨大な資金力は生まれない。

そんな中でも高木兄貴と私は地元ヤクザの中ではその派手さと金に使いっぷりは群を抜いていた。高木兄貴はチンピラ風のイケイケドンドンの性質は中々抜けなかったが、その分私は落ち着いた親方風のイメージに変化しつつあった。

私がまず高木組でやるべき事は組員を百人にする事だ。そして高木兄貴の周りに存在する悪魔達から高木兄貴を守る事にあった。高木兄貴に対して、友としての友情ではなく、男としての忠誠心に転換する。言葉だけの世界ではなく、簡単な事ではないが、その精神を私自身自ら全うしてこそ天を突けるのだ。妄想ではなく、現実としてである。

高木兄貴は本家親分山口組五代目渡辺 芳則組長のボディガード隊長となる一方、本家親分の身の周りにある全般の仕事もこなした。

本家親分から大いに信用され、その若さに期待もされた。山健組は二代目から三代目と代わり、桑田 兼吉組長が代を受け継いだ。

超過激軍団と言われた山健組内にあって高木兄貴は一層の過激精神に入っていった。私は高木兄貴の名「実」の一字を取って、「実道会」という会を立ち上げ、高木組組長代行「実道会会長」となり、尼崎にてこの事務所を置いた。実道会はこの頃十六人位の若い衆名簿を揃えていた。そしてなんと高木兄貴は最年少三十二歳にして、巨大山健組の「若頭補佐」となったのだ。本家親分の側近にある高木兄貴の立場に関して、本家親分のプライドが若頭補佐という籍を与えたのだろう。それにしても高木兄貴は大出世にあった。

　高木兄貴への後方支援にある私の立場も一層のプレッシャーに至った。元々高いハードルはその今後の高さに目を疑わずして大きく丸くした。本家親分の側近にある高木組にはもはや揉める相手すらどこかに飛び立っていた。西宮ヤクザ事情で高木組中心としてその動きがなされていったが、高木兄貴は、「ヒデオ、西宮や尼崎だけやないで、阪神間全道に事務所置くぞ」と言った。

　この頃、高木組は百人近い若い衆の所帯となっていた。飛ぶ鳥落とす勢いの高木組であった。東京、岐阜、名古屋、長野、大阪と高木組支部も立った。高木組は全国に広がっていた。しかし、私のポケットは厳しい冬の時代が続きに続いていた。


　ある日、安 洋淑の親友、ジョンオから連絡があった。

「朴 泰植、久し振り。ウワサはよう聞いてるよ。えらい金儲けして出世してるらしいやん」

「大した事あれへんよ。バブルも止まっとるしな、時代がちょっと儲けさしてくれただけよ」

「それでな、朴 泰植、一回同窓会せえへん？　朴 泰植あったらみんな連絡取れるやろ」

「同窓会な」

「それとな、安 洋淑がな、今度里帰りで北海道からこっちに帰って来るやで。その日に合わせて同窓会したら？」

　一度として日々忘れた事のなかった安 洋淑が、里帰りするというのか。

「よし、わかった。ちょっと動いてみるわ」

私の中にはすでに安 洋淑は生きていない。生きているのは青春の日に止まってしまっていた安 洋淑だけが宿っているだけなのだ。安 洋淑の顔をどうしても見たかった。今の安 洋淑を直視し、もう昔の安 洋淑でない事を確認したい。一目見る事によって私の中に宿る全ての安 洋淑を抹消したい。その時こそ私は普通人の心として、この先の人生を過ごしてゆける。そう感じていた。

安 洋淑の帰省の日に合わせ、尼崎のパブで同窓会を主催した。

阪神間の同級生中心で行った同窓会は大いに盛り上がったが、安 洋淑の姿が無い。私はジョンオに
「安 洋淑は来られへんのんかな?」

「小さい子供がいるから中々家出られへんのかも。せっかく朴 泰植が同窓会開いてくれたのにな」

いくら待っても安 洋淑は来ない。その時、ジョンオが安 洋淑のいる身内の家に電話を入れた。

「朴 泰植、安 洋淑が電話代わってて」

私は話がしたかった訳ではない。一目見て、遠い昔と今は全て違う安 洋淑の姿を確認したかっただけなのに。

「もしもし、朴 泰植やけど」

「朴 泰植やの?」

「うん」

「子供が泣いてだだこねて、中々出れないねん。親の家違うから困ったわ」

「子供連れて来たらどうや?」

「まだちっちゃいから無理やわ」

「せっかくじゅぶん(安 洋淑)が来る言うから、同窓会したのにな」

「ほんまやな」

「まあ、まだ夜は長いし、みんな久し振りやから朝まで楽しくやる思うから、あとでもええから来いや」

「わかった」

電話を切った。安 洋淑と話した途端、私は学生時代の昔に一瞬戻っていた。安 洋淑と終わったあとの今日まで、私は別人のような日々を過ごした。だが、私は全く変わっていない事に今気がついた。

「行けない」私の中に未だ安 洋淑が生きている。

「来てくれ」そして昔と違う君を見たい。そして、私の中の安 洋淑を全て消し去りたい。

安 洋淑を待つ。遠い昔ならパンダのぬいぐるみの一つくらいプレゼントを持っていただろうが、今は違う。安 洋淑にプレゼントするのは何一つ持ち合わせていない。心にある本当のサヨナラをする為にだけ、今、君を待つ。

私の心の奥を知っているのか、ジョンオが

「もう日が明けるよ」

それでもジョンオとは楽しく過ごせた。本当にいい女達だ。その時、ナイトサパークラブのママが私の席にやって来た。

「柳川さん、もうそろそろ終わっていい？」

「ありゃ、もう朝の五時かいな」

同窓会は成功に時が過ぎた。全員夜明けの光の中、それぞれの道に消えて行った。ジョンオは普段のストレスが解消されたのか、

「朴 泰植、また来年やろうよ」

「そやな」

夜が明けたその日は疑う事のない日本晴れであった。だが、私の中にある心は人知れず何かに曇っていた。人にある歳はとっても心の歳はとらない。未だ私の青春はうしろ髪だけを引く。

ある日、一つの事件が起きた。私の実道会事務所はマンションの3Fであった。その日の早朝、2Fの幼稚園の女性先生二十一歳の部屋から「キャーッ！」という声がした。

その声を聞いた私の若い衆が幼稚園先生の部屋のドアを開いた。見た事のない男が出刃包丁を女性先生の上に馬乗りになって突きつけていた。私の若い衆はその男をあっさり捕まえ、警察を呼んだ。

事務所近くに自宅を置いていた私にこの事件の報せがあり、すぐに駆けつけた。実道会事務所には怯え、震える女性先生がソファーに丸くなった小さい姿勢で座っていた。女性先生は一言の言葉も発

せられないほど怯え、黙って座っているだけだった。幾時間して女性先生の母親が私の事務所にやって来た。

「ありがとうございます。ありがとうございます」

何度も何度も頭を下げ続けていた。

逮捕された男は、この一年別件で四件もの連続婦女暴行を犯していた重大犯だった事が判明し、尼崎東警察署は大手柄となり、新聞にも大きく報道された。警察の上司が私に会いに来て、「柳川さん、暴力団に表彰する訳にはいかないんだよ」と言ったが、私にすれば表彰なんていらない。それが任侠道、真のボランティアだから。私は女性先生を助けた若い衆に声を掛けた。

「ようやった。そやけど包丁持っとる相手に向かって、よう簡単に捕まえたな？」

「会長、違いまんねん。わし目悪いでっしゃろ。慌ててメガネせんと行ったもんやから、包丁が見えんかったんですわ」

まぁ、何はともあれ無事救出した事は大手柄だ。


バブルが消滅しかかっていた頃は、悲惨な夜逃げ事業者達があふれていた。誰かが夜逃げする度に私のポケットは「カラ」になっていった。時代で儲けた人間は時代によって倒産する。難しい時代の流れではあったが、私だけはかろうじて立っていた。

この頃、人の為とは言え、沢山の仲間に私は迷惑をかけてしまっていた。サンセット咲絵ママのおかげで何とか目の前の道に明りはあったが、バブルの崩壊は成す術を奪うばかりだ。だが私は自分の星を信じ続け、この先必ず「やってやる！」と確信していた。

大業を成して私の為に苦を共にした人達に必ず恩返しする。その日の為に今を信じ一つ一つ小さな事からもう一度、自分を作り直していった。成功をイメージすれば、真っ直ぐに真を持ってイメージすれば、必ずその通りになってきた今までの自分を信じた。

ある日突然、高木兄貴から電話が入った。意外な内容だ。

「ヒデオ、今度な、ヒデオを山健組の直参に上げよ思うんや」

「兄貴、何言うてますねん。わしは高木組からはどこにも出ませんで、そんな話やめて下さい」

「違うんや、ヒデオ。本部からの強制みたいなもんやし、わしの為にもヒデオは上に上って、力つけて欲しいんや。ヒデオならどこででも恥しない。ヒデオをわしの自慢にしたいんや、頼むわ」

「そやけど兄貴」

私は兄貴の帰りを待って、高木兄貴の自宅へと行った。高木兄貴の自宅では、姐さんと二人で私の直参祝いのビールが並んでいた。

「兄貴、なんでんの。祝いのビールやなんて、それはあきませんよ。今日は断りに来ましてね」

「ヒデオ、もう遅い、アカン、アカン、本部に返事してしもたさかいな」

高木兄貴は笑って言う。

「兄貴、自分みたいな難しい人間、本部の直参だはやっていけませんよ。自分は兄貴の事しか素直になれん人間ですからね」

「大丈夫、大丈夫、ヒデオは大丈夫」

「何が大丈夫ですねん」

「なあヒデオ、わしは天下の五代目親分に尽くす。ヒデオは山口組一の山健組三代目親分に尽くす。わしら若手二人がこの世界の天下柱の支えになって、いつかわしの言うチャンピオンになろや。ヒデオ、なあ」

高木兄貴の情熱に語るその姿が私はとても好きだった。

「わかりました。そういう話ならわかりました。兄貴、高木のプライドとしてやってみますわ」

こうして私は日本一の巨大組織五代目山口組三代目山健組桑田　兼吉親分の直参若中となった。天下の山健組にあって、最年少組持ち直参の私は、その毎日がこの世界の勉強にあった。桑田親分との盃にある当初から「柳川、柳川」と声をかけられ、嬉しく親分の元へ走る日々に直面し、器量不足をこの身体で補っていた。気がつくといつの間にか親分の秘書役を務める事になった。

桑田親分は元気一杯の人物で、全国を駆け回った。親分のいる所、常に私も付いて側にいた。親分の公用で地方に行ったホテルの部屋で、親分と私、二人っきりになった時、親分が思いがけない言葉をかけてくれた。

「柳川、お前親の味知らんらしいの。わしがほんまの親になったるぞ」

私は脳の中が空白になった。少し間を置いて、

「親分、もったいないお言葉、本当にありがとうございます」

その日の夜は嬉しくて全く眠れなかった。親分の温かいこの言葉は私だけの胸に納め、ヤクザの厳しさだけを置いて、親分に接した。決して甘えてはいけないからだ。親分は真に厳しい人格だが、時に見せてくれる笑顔が大好きで、毎日一緒にいる事がとても幸せだった。

三代目山健組では直参の年齢が平均五十歳以上にあって、その時の私は三十六歳であった。表ではヤクザの親分、子分だが、私の心の中では誠の親と子の感情で日々仕事に精を出したそんな日々。

桑田親分の直参若い衆となり、秘書役を任せられてからも巨大組織の山健組は、全国にてその抗争は限り無く起きていた。ヒマのない私は眠る時間も日に三時間位で、親分の秘書役として日々飛び跳ねているところ三六五日、毎日であった。

そんな私に親分は言う。

「柳川、お前もその内に出世せなあかんやろ。誰も真似出来ん自分を若い今、作らななぁ」

「親分、自分は出世なんか本当にどうでもいいんです。親分の仕事だけきっちりこなせたら、それだけが自分の目標です」

「まあ、そう言うとったらええ」

どんなに日々の仕事が辛くても大好きな桑田親分の為なら楽しかった。そしていつか高木兄貴のプライドとなってきっと花を咲かせたい。私の目標は明確にされていた。三代目山健組桑田　兼吉親分

の秘書役に付いてからは、急激にビジネスと人脈が増えた。あらゆる企業社長との交流は花火の導火線のように火花の光を持ってスピード良く走る。

日本全国で解決不能な事業から声がかかり、桑田親分の秘書役としての力の原理は絶大で、完璧にこなしていった。ある商工会の副会長と敵対する組合との闘いの後方支援もした。私への挨拶料だけで1億円であった。あるゼネコン関連会社の難問現場も私が整理した。三億円の礼を頂いた。私の周りのあらゆる障害にあっても金の問題なく、出来る限り、惜しみなく、私の持す権力にて支援もした。

桑田親分は週に四日は北新地、ミナミに飲みに出る。当然、私も常に共にする。

北新地のクラブに行った時、あるホステスと出逢う。この女性こそが生まれて初めての私の子を誕生させてくれる事になる。

彼女を一目見て気に入ったが、彼女もまた私を一目で好いてくれた。北新地の美容院に勤め、アルバイトとしてこのクラブで働いていた。以前はミスコンで準優勝し、大手プロダクションの女優業も務めていたが、監督から泣く場面で「なぜ涙が出ないんだ」ときつく言われ「そんなん悲しくもないのによう泣かんわ」と返し、辞めてしまったのだという。そんな子であった。

彼女とはすぐに付き合いが始まったが、私の仕事はほとんどヒマがない。私の行く所、ヒマがあれば常に彼女の方から飛んで来てくれた。柳川教の信者のように一生懸命の子だ。そんな彼女の全てを私は受け入れた。

ただ、私には私を常に支えてくれる咲絵ママがいる。この彼女とは愛人として私は接した。彼女二十三歳の時である。名を中峰 静といった。私は常に彼女に対して次のように言っていた。

「サンセットの咲絵ママに対して、私と二人、心の中で常に詫びなくてはならない。咲絵ママを決して苦しめる事は絶対にしたらあかん。それだけは肝に銘じて分かってくれ」

この時三十七歳の私は生涯独身、子は持たない。そう決めていた。死ぬ時はそっと一人、あの世に行こうと決めていた。真にヤクザの道を通せば、明日の生死に自らの責任も問えず、死ぬ覚悟で今の道にあった。決してうしろ髪を引かれてはならない。

深い夏だった。クラブのママと親分の彼女と都 亢基の実弟、都 成基の四人で西宮市のゴルフ場でプレーしていた時だ。

カートにある私の携帯電話がいつもより大きな音をたて、鳴った。暑い日だった。雲一つない。あまりの青き空に太陽の光線が私の瞳を何らかの意志が働くかの如く、正常に動かそうとしなかった。

携帯電話の呼び出し音が、宇宙が無限かのようにいつまでも鳴り響く。カートにあるその携帯電話を私は走って取りに向かったが、芝生に足を取られ、つまずき転んだ。

土手の上に静止しているカートまではあと少し、力を入れて登って行くが今度は雑草に足を取られすべって転んだ。目に見えない何かがこの携帯電話を取らさないよう働いているのか。

やっとカートの携帯電話を取ろうとしたが、その瞬間呼び出し音は鳴り止み、切れた。もう一つ準備している携帯電話が鳴らない以上は親分の用事はない。

ゴルフに忙しい私は再び戻って、クラブを持とうと土手を下る途中、またもや電話音が激しく鳴り響いた。急いで足を止めようとしたが、またまたすべって転んだ。私は一体何をしているのだ。今日までの日々の人生においても何度も転んだ。その度に世間の人達は友達らまで、

「柳川はもう終いだ」

「あいつは二度と立ち上れん」

「そんな甘いもんやないで世の中は」

色んな事を言われた。しかし、私は常に不死鳥のように蘇って来た。私の潜在能力は私をも上回っていた。上回ったその力こそ、きっとハンメの力だったのだろう。西洋には「金持ちに成る為には貧乏人に生まれなくてはならない」という言葉がある。「親のいる子は良く育つ。だが親のいない子はなお育つ」という。なら、血縁のない他人だったハンメの愛は、この私をどこまで育てるのであろう。不死身なるハンメの愛は、この身私を通して世間にある嫉妬の期待を裏切り続けた。

携帯電話の呼び出し音の中で私は今、何を心に語っているのだろうか。間に前にある土手の雑草、私はいつでもその雑草を食しても生きてゆくハンメの愛を育て、勝ち取る為なら。

カートの携帯電話をやっと掴んだ。

「冷たい」この真夏の中、なぜこの携帯電話はこんなにも冷たいのだ。暑く燃えた私の体を何かの力が冷やしてくれるのかの如く、私は受信のボタンをプッシュした。

「もしもし」

「ヒデか、ヒデか」

この語り口はハンメの次女、順子姉さんだ。

「姉ちゃんか、どうしたん？」

「ヒデ……」

順子姉さんの沈黙が私の全身を冷たくした。

「どうしたん？　姉ちゃん」

「ヒデ、ハンメが、ハンメが」

順子姉さんの声は涙に犯され、言葉にならない。いつかこんな電話から聞こえてきた順子姉さんの声を思い出した。次男の和真兄さんが亡くなった時の事をだ。

「姉ちゃん、ハンメに何かあったんか⁉」

順子姉さんは溜った涙を全てのみ込んで、

「死んでしもてん。ハンメが死んでしもてん」

携帯電話の向うは泣く声で富士の山をも越えていた。

「わかった、姉ちゃん。すぐ行くからな」

共にコースを回る他の人達にはハンメの死を告げず、ラスト4ホールを黙って終えた。その間、真夏の太陽は私だけを避けて照らしていた。親分の彼女にあって公のゴルフだ。何があっても最終ホールまで付き合わなければならない。この頃の私は組織人と化していたのかもしれない。

クラブのママと親分の彼女とは北新地で食事の約束をしていたが、事情を説明して都 亢基の実弟と二人、急いで尼崎市守部村の団地に向かった。

ハンメだけは永遠に生きていると思っていたが、やはりそんな事はなかったのか。人を信じる能力は人一倍持っていたが、順子姉さんのハンメの死を告げる言葉だけは信じようとしない私だけがそこにあった。

私の車は西宮市から尼崎市に入った。守部村に近づくにつれ、思い出す事はこの道もあの道もハンメの事ばかりだ。

武庫川にかかる名神高速道路と国鉄の線路の間に囲まれた守部村。武庫川土手に上がれば甲子園球場のナイター用ライトが輝く、川の流れはいつの日も優しい。

夕日に照らされた守部村集落の美しさ、下層地域と差別されてもそこには助け合いにあった人々の安らぎの土地であった。そこでハンメと私は運命の出会いに、人の愛なる問いの中、教育された私。

野良犬もこの守部村ではよく肥えていた。

私の車が守部村に入った。11F建ての団地にその陰は村全体を囲う。いつもと変わらないこの守部村。だのにハンメが死んだという。ハンメがハンメが。

私の運転手、横山 直樹が、

「会長、着きましたよ」

「おう、直樹、ここでちょっと待っといてくれ」

私は一人、エレベーターに乗り、ハンメのいる7F、701号室に向かった。ハンメの部屋までの通路に歩く私の足音だけが妙に響く。歩きながら団地の7Fから見る武庫川の向うで落ちかかる夕日がこんなにきれいだとは知らなかった。普段、私が帰る時、ハンメはいつもこの7Fから遠き下の私に手を振っていた。いつまでもいつまでも手を振っていた。

ここに来ればいつでもハンメの顔を見れる、いつでも会える。だけど今、私に手を振る事なく、ハンメは一人遠くへ行ってしまったというのか。

もちろん、ハンメと私の間に別れはない。一つの心と一つの心が合致にあるのが、ハンメと私の心だが、手も振らず、行くのかハンメ。手を振る、それは明日また会える合図だったはずだ。だのに今は手を振ってくれないのかハンメ。

いつも口癖のように「子供はまだか?」そう言っていたハンメ。

それだけは「ごめんな、ハンメ」と心で詫びていた。でももし生き返るならハンメすぐにでも「子供つくったるよ!」もう「返事も出来ないのか、ハンメ!」「ほんまに死んだんか?」

ハンメの部屋はいつも玄関ドアが開けてある。私は玄関で靴を脱ぎ、部屋に入った。部屋中が真っ白で眩しい。

「ヒデ、ヒデ」

ハンメの声がした。「生きてるやん」いや、順子姉さんの声だった。順子姉さんは私の手を取り、大声で泣き叫んでいたが、私は無音の世界にいた。長男恵目兄さんも仏になったハンメの横に下を向いて座っていた。

ハンメの息子、娘達はよく知っている、私とハンメの絆を。

二人の間には誰として入れない事を。

医師の話では、ハンメは午前十時頃、脳梗塞で倒れ、午後一時頃、順子姉さんが部屋に来て発見した時はすでに息がなかったという。

私はハンメの側に座り、涙一つ見せず、ハンメの死に顔をじっと眺めていた。ハンメに一度として涙を見せてこなかった私のクセが、今ここでも耐えていた。ハンメが大嫌いだったヤクザの世界に私は身を置いている。でもそれは裏返せば、他人を愛し、尽くす、その精神は任侠道の世界そのものであって、昨日まで他人でも今日からは親と子、兄と弟の契りを交わす、ヤクザの世界に他ならない。ハンメが私に教えた事、それは他人の愛を信じきる勇気ではなかったのか。ハンメを生きる私にとってある意味必要な世界がヤクザだったのかもしれないのだ。だが、理屈をいくら並べてももうハンメはいない。

ヤクザ論とハンメ、これは永遠なる私の中だけのテーマであろう。ハンメが最後に私へ言い残した事。

「うち（ハンメ）は貧乏で寂しい家あったから、うちが死んだ時は花をいっぱいに並べて欲しい」

私の周りの全ての人にこの花だけはしつこく、この日の為に頼んで来た。

長男恵目兄さんと順子姉さんは、

「金もいるし、葬儀は簡単にやろか」

「兄（恵目）ちゃん、葬儀は自分に任せてくれへんかな？　勝手するけど頼む」

「そうか、ヒデとハンメの事はわしらは最後まで入れんかもな。ええよ、ヒデの思うようやったらええわ」

「ありがとう、兄さん」

守部村の人達に私がヤクザだと知れないよう、ヤクザ色の葬儀には一切してはいけない。私の若い衆達にも一切ヤクザ色を出さず、葬儀の準備をさせた。山健組の直参になっている私にとっては、その義理事の花の数は計り知れない。樒（しきび）、花には団体名は一切伏せ、個人名だけにしてもらった。


なんと守部村中が花の世界に変身した。


葬儀屋の一人が、私の所にやって来て、「亡くなられた方は、大手企業の株主様だったのでしょうか？　今日は社葬となるのでしょうか？」

「いや、この守部村のただのおばぁちゃんや」

「はあ、そうですか。私がこの葬儀屋に勤めて十年位になりますが、私の経験上、今日の葬儀は関西一の葬儀ですね」

今の私のハンメへの心情から言えば、このような言葉は嬉しぃの一言だった。守部村のおばぁちゃん連中が沢山、私の元に集まって来て、私の手を取って言った。

「ヒデや、ヒデや、えらいな、えらいな」

「ハンメが言うてた事、全部ほんまやったんやな。毎月十万くれる、言うていつも自慢しとったけど、この花見たら分かるわ。みんなほんまあったんや」

このハンメの友達らのおばぁちゃん達の感動の言葉が本当に嬉しかった。村一番の貧乏と言われていたが、今、村一番の旅立ちにあって、その心の成功を誰もが認め、ハンメの私への苦労を村全体の人々が、今、祝福し、ハンメを見送ってくれる。

「ハンメ、これでよかったのか？」

盛大な参列者達の前で、私は耐えていた心にためきった涙を、棺に眠るハンメの頬に私の頬を持ってこすりつけ、永遠の如く、大声で泣いた。

「ハンメ！」「ハンメ！」「ハンメ！」

参列者達は黙っていつまでも私とハンメの世界を見届けてくれていた。恵目兄さんと順子姉さんは言う。

「ヒデ、ハンメとええお別れしたな」

私のハンメの何かを認めてくれた瞬間だった。ただ恵目兄さんの嫁が、

「これ位の葬儀せな、ヒデのハンメへの恩返しにならんわね」

私とハンメの中に「恩」という言葉は全く無い。やはり、ハンメと私の間柄は世間の人には真に理解出来ないのかもしれない。

それでいいんだ。ハンメと私だけが知っていれば。


その日の夜、武庫川の土手に登り、一人、星を見ながらビールを飲んだ。

「あ、あれがハンメの星になったかな？　その横には和兄ちゃんの星、明姫姉さんの星、ハルベの星もすぐ近くにあるわ。僕の父さん、母さんの星もずっとハンメの側で輝いているな。ハンメ、これからはここに会いに来るわ」

享年　八十一歳　朴　男玄（ハンメ）

エピローグ

ハンメの「男玄（ダンゲン）」という名は、その父が男の子の誕生を信じ、ハンメが生まれる前に予め付けていた名である。女の子のハンメに変更せず、そのまま男の子の名にしたまま名付けられたとハンメから聞いた事がある。新井家のハンメの墓地は兵庫県猪名川霊園に建っている。

私の愛人となっていた中峰 静のお腹はいつしか大きくなっていた。宿っているのは、もちろん私の子である。ハンメが待ち望んでいた私の子が、今彼女の中に居る。すぐにでも知らせに行きたかったが、ハンメは不滅ではない。もうこの世にはいなかった。私の故郷はハンメ自身であって、守部村の家ではなかった。私の帰る場所はもうこの世にはどこにも無い事を思い知らされた。

彼女が妊娠六ヶ月頃に入った頃、思いもよらぬ歴史的激震が神戸全体を襲った。

平成七年一月十七日午前五時四十六分、私は桑田親分の仕事の為、階数が大阪一高い三井アーバンホテル五十一階建ての三十三階の部屋に入っていた。ホテルのベッドが「ドドドドドッ！」と縦揺れが激しく唸った。ホテルはパニック状態だったが、妊娠中の中峰 静と共になんとか脱出できた。

ホテルの一階ロビーには私の運転手、横山 直樹がすでに待機していた。

「会長、大丈夫でしたか？」

「なんかえらいさわぎみたいやな」

親分の自宅に携帯で電話を入れても回線がパンクしているのか全く繋がらない。

「直樹、静（彼女）を豊中のお母さん家まで送ってくれ。その前に親分の家にわしを降ろせ」

桑田親分の自宅は新築でどのような地震が起きてもびくともしない造りで建てていた為、大きな壺が一つ倒れて損傷しただけで済んでいた。自宅にて親分がいくら神戸の本家に電話を入れても繋がらない。

「柳川、すぐ車出せ。神戸（本家）行くぞ」

運転手一人と親分と私とで、緊急にて神戸に向かった。大阪の淀川の端を渡った所で道路が少し陥没していた。

「親分、道路が少し陥没してますわ」

「ほんまやな」

私達の車は尼崎市内に入った。

「親分、ビルのガラスがみんな割れてますわ。これはすごい地震あったんですね」

「そうみたいやな」

まるで第二次世界大戦にある空襲跡のような光景だ。親分は一言言った。

「柳川、これからわしらが何をせなあかんか分かるやろ」

「え、」私はピンとこなかった。

「そんなんも分からんのか。この町の状態見てみい。わしらが全力でボランティアせなあかんがな」

「は、はい。そうですね」

「売名行為言われても関係ない。こんな時こそやな、ヤクザの精神任侠道が大事なんや。どこの誰のボランティアでも困った人にとっては問題やない。助かればええんや」

「はい」

さすが天下の桑田親分である。任侠道に胸中は燃え上がっていた。

五代目山口組本家には、全国の任侠団体から支援物資が毎日届くようになった。住民の列は食糧から毛布、日用品、あらゆる物資を手にする為群れたが、決して相手がヤクザだという偏見には無きよう感じた。当局警察は二次災害を恐れてか、いくら住民が助けを求めてもやって来ない。桑田親分は若い衆を連れ、日々住民側の相談を受けるため町を巡回して歩いた。他の山口組幹部も屋台で焼きそばを無料で提供するなど、幅広く活動していた。五代目山口組全体が任侠道精神にのっとり、無心なるボランティア活動に精を出した。

そんな本家正門には全世界からのマスコミ関係者が取材にあふれた。

「日本のマフィアはなぜボランティアをするのか?」

広報担当の叔父貴が、

「日本のヤクザはマフィアではない。強きを挫き、弱い者を助けるのがヤクザだ」
と答えていた。

日々ボランティア活動にあった地震の年、平成七年六月九日に我が息子が「誕生」した。

約四〇〇〇gの大きな赤ちゃんだ。

桑田 兼吉親分が、

「柳川、わしの一字、お前の子供にやるぞ」

日本一強い男になれと桑田 兼吉親分の「兼」をもらい、日本一優しい子になって欲しいとハンメの「男玄」から「玄」をとって「兼玄（かねひろ）」と命名した。

彼女は日本人なので息子は彼女の籍に入れた。日本で生まれたので日本人としてその権利を受けて育つのが、息子の為には最善であろう。我が子を思う親は誰も一緒だ。毎日、我が息子の顔を見るのが楽しみいっぱいだった。息子が生まれ、なぜか金が沢山入ってきた。子宝という事だ。この子が私の生涯たった一人の分身なのだ。

この頃、もう一つ日本全国を震撼させた大事件が起きていた。オウム真理教の地下鉄サリン事件である。ヤクザ団体にはこのような無差別犯罪を悪魔の妖怪使者として、別世界の非人間的反社会主義組織にあって決して許さない魂を持している。

この神戸の震災にあって、サリン事件はこの世の末期を思わせた。戦後の日本は世界トップクラスの経済発展を成し遂げたが、しかし貧しさの中にある希望の正常人間の魂を置き去りにしてきているのではないかと、無知な私でもそのエリートが何なのかをこの社会に感じる。

味方に見える敵、敵に見える味方。正常を感性的に知って感じてこその人間人生であって、知識だけでは人の体温を見逃す。

「わが身をつねって人の痛さを知れ」

サリン事件のどこに人の体温があるのか。人が人として生まれたにも拘らず恐ろしい妖怪と化した理解不可能な大事件。この世で最も恐ろしいのは本当の所、人間にあるのだろう。

都合主義の者達、権力主義の者達、拝金主義の者達、英雄主義の者達、日々常に己の人間体温を計ろう。貧乏人の中育った私は金持ちの傲慢が敵ではあったが、しかし犯罪の種を持つ貧乏人のひがみ、嫉妬は人間の最も卑下する醜いたまり場と思っている。

貧乏人のボンボンに育ててくれたハンメに私は大きな感謝をしている。心はいつも豊かだからである。その全てはそこに「愛」を知ったからであろう。

「愛」それは世界を開く常識人間（人類）の世界なのだから。

それからしばらくして、世の中が平穏を取り戻しつつあるように感じられたある日の早朝、親分の用事を終え、自宅へと向かっている途中、朝の来ない電話が鳴った。

高木兄貴の末妹のダンナで、高木組の幹部 沖 征史からだった。

「梁川兄貴ですか。実は高木兄貴が、兄貴が亡くなりました」

「えっ！　どういう事や！」

「姐さんが朝五時頃高木兄貴を起こしにいったら、心臓が止まっていたらしいんですわ」

声が震え、携帯電話からその涙がこぼれ落ちていた。私は無言でそのまま高木組に向かった。

「なんでや、なんでや、なんでや兄貴！」

金石の契りを交わした高木兄貴、地球が大爆発しても壊れない高木兄貴との金石の結び。天はなぜ、私をまたもや孤独なみなしごにするのか。

「天の神よ。高木兄貴を生き返らせてくれ！」

私が高木組に着いた時は、きっと笑顔の高木兄貴が待っているはずだ。しかし天の髪は私の祈りを受け入れてはくれなかった。仏になった高木兄貴の表情は、「ヒデオ一杯いこか」と笑顔に感じた。

高木兄貴が私に発した最後の言葉は、「ヒデオ、ヒデオ」酒に酔って呟いた一言だったという。


一人、守部村の武庫川の土手に登り、ビールと涙を飲みながら夜空を見上げる。

「あれやね、高木兄貴の星は」

高木兄貴の道に乗った私だったのに、大好きな高木兄貴と一緒に向かう道だったから、今の道を歩き出したのに、なぜ私一人を置いて「星になってしもたんや」。

享年三十九歳　高木 実

残されても人は一人になっても生きてゆかなくてはならない。そして、またいつもの朝がやってくる。私の組織「梁川会」が高木兄貴の置き土産「高木組」を吸収合併した。桑田親分とその兄弟分会津小鉄会会長の二人が、新しい私の組織名を考えて名付けてくれた。桑田 兼吉親分の「兼」をもらい「兼誠会」とした。

当初、この兼誠会の若い衆名簿は二百名を越えていた。私は一人前の「会長」と言われるようになったが、ヤクザの世界の親分タイプではないと自分を冷静に見てはいた。私はナンバー2の立場なら自分の力を発揮する自信はあったが、トップのタイプではないし、あまりおもしろい座ではないと感じていた。

この頃、五代目山口組では重大な事件が相次いでいた。このような流れにあって桑田親分は、「梁川、お前ら絶対、拳銃持つなよ。この世界、ほんまに狙われたら命みたいなもんあるかい。その時が来たら黙って受けたらええねん。わかったな、絶対持つなよ」と厳しく私に言った。私も親分の言うそのままを側近達に指示した。

師走の十二月、桑田親分が、「梁川、年明けたら当分東京には行けんようなるから、クリスマスは銀座に行こか」と言った。山口組内部に暗雲の立つ中から、それぞれの足音が聞こえてくる時期にあって、三代目山健組、桑田 兼吉親分の東京行きは芳しくないとは考えたが、親分の明日への燃える決意を感じた私は、この一度という旅に従うしか手立てが無かった。

東京で親分と私の車に続いて雑用係の車数台、親分の接待役にあった山健組直参、畠山 昭一組長の車が先導して走る中、真っ暗な道路にいきなり警視庁の検問が待ち構えていた。

その瞬間、映画の撮影を思わせるかのような天高く上空よりライトが、強烈にあって一斉にその光を照らした。まるで国家権力にある一方通光の権限というばかりに。

一人の私服刑事が検問で停車している私の助手席にゆっくり歩いて来た。私はウインドウガラスを下ろした。刑事は私の顔を見るなり、「梁川、礼状だ」と言って、車を捜査させるよう語ってきた。すでに私の名まで知っていた。

運の悪いことにあれほど「銃を持つな」と厳命していたにも関わらず、後続の車列に加わっていた一台から銃が見つかった。

こうして親分と私は別々の署に連行される事となってしまった。私達と共にいた全く何の関係のない堅気のホステスを含め、全員が連行された。

悔しがる私を見て桑田親分は「お前何も悪い事してないんやから謝らんでえぇよ」そう言いながら「ニヤッ」と笑みの中「ウインク」して警察の車に乗った。

「悔しい」一言だけの出来事だった。死んでも死に切れん「悔しさ」だった。信じ難い、史上まれに見る空前の逮捕劇に私はこれほど神を恨んだ事はない。

例え、反社会的なヤクザ組織と言われていても国家の危機には命をも捧げようと心に刻んでいる桑田親分に権力ある法は、何をもって理不尽で強引な法の元、逮捕に踏み切ったのか。この場合の私にある見解はその一点にして納得はそっぽを向いた。法治国家の基本に基づいて、親分は常にその行動に神経を尖らせていた。国家の権力には権力の正義がある事は当然理解しているが、「ヤクザだからだ」と言うなら、そのヤクザ専用法をつくり、権力を行使する正義が平等の法と感じるものだ。素晴らしい日本国の未来が都合主義法では……。

この逮捕劇は緊急速報ニュースで全国にテレビ報道された。私は港署に連行される途中、大阪の親分宅に電話を入れ、親分逮捕の事実を報告した。

この件は不条理の中にあって、私達は起訴されることになる。東京拘置所の冬は限り無き寒さを感じずにはいられないほどの冷気にあった。当然桑田親分もこの東京拘置所に収監されているに決まっている。その事の私の胸の中での厳しい冷気は一層のものとなっていた。私の過去の前科は基本的に自ら先に手をつけたものではなかった。学生時代から今日まで私のせいで事件を起こし、人に迷惑かけた事など全くない人間だった。

しかし、今回の事件は親分の拳銃所持禁止の強い意志を私は下の者に厳しく指示出来ていなかった結果、全て私の責任にある。にも関わらず、親分まで起訴に至ってしまった。こんな屈辱は私にある尊厳が許さない。親分には死んでお詫びしたい胸中に、無罪を勝ち取る法廷が待っている。

私担当の奈良弁護士会会長の内橋 裕和先生と東京の内藤 寿彦先生が面会に来てくれた。彼女、静と息子兼玄の面会も一切不可能だった。着替え服などは差し入れてもらえるが、手紙も出来ない状態にあった。

四十一歳にして大きな自由を奪われてしまった。四十歳までは大きな木の種を蒔く期間と考え、あらゆる冒険にある日々を過ごした。そしてこれからの十年で私の為に苦を共にさせてしまった人達の為に恩返しする期間だと確信してやって来たが、全く自由のないこの独居房では成す術がない。「悔しい」の一言だけが私を征服した。

公判が続き二年近く過ってやっと接見禁止も取れ、毎日私への面会も始まった。息子を父無し子にしたくなかったので、息子の母、彼女の言う通り、我が子の認知をし、婚姻届けまでし、彼女の日本籍に息子を入れた。その為彼女が妻、「梁川 静」として最初に私への面会に来た。

息子「兼玄」はすでに二歳となっていた。久しぶりに面会で見る彼女はずっと泣いていた。その横で息子がお互いを遮る面会室のガラス塀の台に上り、私の方へ来ようとしていたが、ガラス塀が私と息子の間で黙して映すだけだった。息子を思いっきり抱いてやりたいが、権力にあるガラス塀に成す術など有り様がない。

内橋 裕和弁護士、内藤 寿彦弁護士の二人は言う。

「きっと無罪となるでしょう。そうでないと共謀共同正犯にある司法認識が変わってしまいますからね」

内橋先生はどんな場所でも堂々とした人権派の先生だ。内藤先生は私の個人的な事にも手伝いをしてくれ、私のプライベートにも詳しくなっていた。元、検事でこんな私を理解してくれるとても人情的な優しく若いエリート先生だった。

無罪を信じていたが一審では「懲役五年」が言い渡された。

身動きのとれない私に変わって、千葉県に住まいを持つ元々私の運転手をしていた横山　直樹が面会事や全ての諸々のスケジュール担当をしてくれていた。私の兼誠会組織の細かい問題から難問まで常にこの横山が手紙や面会にて報告に明け暮れていた。本当に助けてくれた。

そして二審の判決は「懲役六年」だった。

「天の神よ。私を見捨てたのか」

四十七歳の今、「無罪」で社会復帰出来るなら、まだ間に合う。桑田親分さえ「無罪」を勝ち取ってくれたら、もう一度社会にて活躍して見せる。ヤクザ稼業の事でハンメにお願いした事は一度としてなかったが、「ハンメ、一回だけ助けて」と心の中で呟いた。だが、その答えは決して聴こえてはこなかった。

刑務官の暗い足音が私の房に響いてきた。刑務官は下を向き、小さな声で、「朴さん、控訴棄却、です」と私に告げた。最高裁は大いなる私の期待と四十代を奪った。

私は関西からは遠い秋田刑務所に収監された。実刑六年だが残刑を務めるのは約二年近くになっていた。逮捕されてから出所まで約八年近くになるという事だ。親分の刑は「懲役七年」で残刑三年以上あったのだ。私は親分を残して「シャバ」に戻りたくなかった。私の性格にあってこれほどの屈辱はない。

「天の神よ、わしをどうするつもりや！」

いくら怒っても「天の神」は息も与えてくれない。

それから二年後、出所日の早朝、刑務官がやって来た。刑務所の出口まで案内され、

「もう二度とこんな所に来るんじゃないぞ」

私は深く一礼した。四十九歳の春、曇りの中、出所した。桑田親分の秘書兼若頭補佐の先輩、荒本組長が横山 直樹と共に迎えに来てくれた。この頃、横山を私の組織「兼誠会」の若頭にさせていた。

「荒本先輩、遠い所お出迎えありがとうございます」

「兄弟（私）えらい痩せたな。体、大丈夫？」

「体は何ともありません。以前より健康になってるかもしれません」

「兄弟も苦労したな」

「先輩、親分の体はどうですか？　まだ日大病院に入院してるんでしょう？」

裁判をしている間に歯のインプラントが悪化した桑田親分は治療の為、日大病院に入院していたのだ。

「いや、今は八王子の医療刑務所の方に行ってはるわ。まぁ心配せんでも大丈夫や」

「それより、兄弟、痩せすぎや。ちょっとの間ゆっくり静養した方がええぞ。健康な体で親分の帰り

を待たないかんよってな」

「親分の残刑はあと三年位ですか？」

「そうや、三年みたいなもん、あっという間やで兄弟」

横山 直樹が私にタバコを差し出したが、元々ヘビースモーカーの私はこれを機会に一切やめようと決めていた。

秋田空港から伊丹空港まであっという間に到着した。伊丹空港のすぐ近く箕面市に我が息子と彼女が暮らしている。すぐにでも息子の顔を見たかったが、私達の車は逆方向親分宅の大阪市内方面へと向かった。まずは親分の姐さんに挨拶する為である。

伊丹空港には他団体を含め沢山の人が、私の出所を出迎えてくれた。私にある今は、親分が服役中にあって一切の放免祝いを断っていた。が、それなりに先方の方からあえて出迎えてもくれた。「兼誠会」では一切の放免祝いを禁じた。

私は神戸の山健組本部に向かった。

「え、梁川の兄弟かいな。えらいこと痩せてしもて、全く分からんがな」

幹部室に入ると、K・I若頭がいた。

「この度、私がいたらんばかりに親分の自由を奪ってしまい、本当に申し訳ございません」

「まあそれは仕方ない。あんな状況ではな。またゆっくり食事でもしよ」

そう言って出所祝いを頂いた。本部からもお祝いを頂いた。桑田親分の獄中生活にあって、このような志は辛い気持ちも隠せなかったが、ありがたい事である。あと三年、親分の帰りまで「精一杯頑張る」。

もしも桑田親分がこの世界から身を引く事があれば、当然私も同じく身を引かなくてはならないだろう。親分を一人に出来ない私の責任は大きなものと考えるからだ。


尼崎名神高速道路から阪神高速道路の池田インターに下りれば、彼女と息子が暮す家はすぐ近くだ。私の兼誠会若い衆十人と共に彼女と息子の暮す家に入った。

彼女はこの約八年、面会にてずっと顔を見ていたので痩せた私の姿にビックリする事はない。息子はすでに小学校四年生になっていた。息子の学校からの帰りを私は首を長くして待った。

その時、家のチャイムが「ピンポン」と鳴った。彼女が、「兼玄やわ」と玄関ドアを開けた。元気な息子は「お母さん！　お父さん帰ってるの！」

「奥の和室にいてるよ」

息子は飛び跳ね、「ダダダダダー」と走って私のいる和室に入って来た。

私を含め十人近い大人の顔がそこにあるが、息子は「キョロキョロ」して父親を探すが、写真で見る顔とは違って、痩せこけた私の顔が分からない。彼女が息子の肩を抱いて、「お父さんここにいるやん」と指を指した。

「え、この人がお父さん？」

「北朝鮮で苦労したからこんなに痩せてしまってんねん」

息子は急に喜んで私の座る股ぐらに「ポン」と座って甘えていた。やっと息子を抱いてやれる。息子のこの時の体温は決して忘れる事はないだろう。


この約八年間で大勢の人が他界していたことを知った。名古屋の組織の親分、お世話になった社長達、みんな死んでしまったのだ。今の私は両腕、両足とをもぎ取られた状態と感じた。ダルマは手も足も無いが、決して転んでもまた起きる。みんな星になってしまったが、若くして目上の社長達と関わってきた人間としては、先人の旅立ちは自然の法則であろう。

「今日まで本当にありがとうございました。あなた達へのご恩、一生忘れません」

人の一生がそこで終わったとしても人はその歴史からしか学べない。

「あの星の輝きがきっと私の明日に教えてとして光ってくれるだろう。その光は永遠に死なない」

早朝、私一人で喫茶店に入った。運転手と若い衆は車で待機している。いつものように新聞を開いた。

「え！」その活字を何度も何度も読み直した。

「青天の霹靂」とはこの事を言うのだ。全ての新聞が報じた内容は次の通りだった。

「五代目山口組渡辺 芳則組長引退」

この記事が真であったとしたら、桑田親分はどうなるのか？　出所したばかりの私の頭の中は真っ白でしかない。次に伝達が入った。

「三代目山健組桑田 兼吉組長引退」だった。

私は大至急、桑田親分の姐さんの自宅へと向かった。

「姐さん、親分引退ですか？」

「梁川さん、うちの四代目はＫ・Ｉさんやからね。うちの人が伝言で『梁川に言っとけ』と言ってるんよ。『Ｋ・Ｉは間違いない男やから、Ｋ・Ｉに付いて頑張れ』と。だからうちの人が引退してもＫ・Ｉさんに付いて一生懸命頑張ってうちの人の帰りを待ちましょう」

親分が引退するなら、私も責任として私も同じくこの世界から去らなくてはならないのではないか。だが、私は親分が生き続けている以上、強く生き続けてゆかなくてはならない。

自分の中で強く仕切り直して、カリスマ性にある四代目山健組、Ｋ・Ｉ組長の盃を心して頂いた。

四代目山健組Ｋ・Ｉ親分にどう尽くしてゆけるのか、その決意は新たな道として、私の中で巨大に燃え上っていた。だが、出所したばかりの私の目の前で色んな重大な出来事が次々と生まれて来る事に私の言動に甘さがあった事実は否めない。

「桑田親分がこの世界を去るなら、私も同じく去ってゆかなくてはその責任は果たせない」

私は山健組を去る事を決定した。私の組織兼誠会幹部、全員を集め、

「わしは今回、山健組を去ることにした」

「えっ、会長、それあったら自分達も堅気になりますわ」

「それはあかん。お前らはみんな高木兄貴から預かった山健組の財産や。それにヤクザやっていかな、みんなまともなめし食えんやないか。わしはわしでちゃんとやっていけるから心配せんでええ」

横山　直樹は最後まで残って、

「会長、自分は会長がヤクザしてるからヤクザになったんですわ。そやから、会長と共にいたらダメですか？」

「今のわしは直樹を食わしてゆける甲斐性がない。お前も家族守らなあかんやろ。わしの事は気にすんな。山健組に残って頑張れ」

私の若い衆はそれぞれそっと山健組に返した。私が出所してここまでたったの四ヶ月内の出来事だった。

「一般社会人、堅気として生きていく決意をした」の解答を出し、大阪、池田市内に麻雀屋、しゃぶしゃぶ屋を経営しながら、昔の夢であった実業家の道を目指した。

低迷する不動産業にて、私の情報と紹介で知人に一億円の利益を与えた。ただ、地元のヤクザ関係と堅気の私にあって喧嘩が絶えなかった。理不尽なヤクザに対して、私ことニワトリの頭は絶対許さない。このままでは一般社会人としての生活は見えず、半ヤクザ状態にしかなれない。ヤクザ気性を一日も早く脱皮しなくては実業家の夢などほど遠い。

息子の為に一日も早く一般社会人にある明るい明日を築かなくてはならない。だが、息子は私がヤクザだった事を知らない。長年、家を留守にし、母親に苦労ばかりかけて来た父親だと思い込み、私を横目でしか見ない子になっていた。

そんな日々の中、私の若い衆で兼誠会の若頭もさせた事のある横山 直樹がアフリカでの砂金のビジネス話を持って来た。あまりにも漠然とした話だったので気は進まなかったが、長年私の為に苦労かけた横山 直樹の事だったので一千万円を投資した。すると三ヶ月後、一千五百万円にして返済してくれた。アフリカ砂金を韓国まで船で運び、そこで精製して上った金を香港で取引し、現金に替えるのだ。

横山の話では、韓国での精製はコミッション代が高くつく事に日数もかかる。そこで次回からは中国に持って行って精製すれば精製費用も安くつくし、日数も韓国よりも断然早い。

一回目の成功にあって私はこの話に乗った。名古屋の兄さんから五千万円借り、知人から二千万円投資してもらい、私個人が三千万円出した。

アフリカの金山を借り入れての事業拡大にてその利益を巨大に上げようと計画した。これが成功すれば、私の為に過去苦労かけた人達に莫大な恩返しが出来る。単純な私はこの事業に賭けた。元々アフリカでの金の話はサンセット咲絵ママの実兄からのものだ。横山 直樹とサンセットの実兄は中国に砂金の山を船で届け、本人達も中国に入った。

「ようし、大きな財を成したるぞ！」だが、精製の予定の日が過ぎても二人からの解答が明確化されない。いくら返答を持っても横山は答えられない。

「会長、おかしいんです。中国側が金は全く入ってないとと言い切るんです」

サンセットの実兄も

「韓国で頼んだ方が良かったかも」

そしてこの事業はこのまま消滅と向かった。その後、横山 直樹は政府のM資金の情報を得て、

「会長には絶対に下手売らせません。フィリピンに飛んで何とか金を掘り上げて来ます」

そう言って日本を数年留守にした。

中峰 静と私は、空白だった八年間を埋められず離婚した。私は決断した。「旅に出よう」そして五十二歳からの新たな私づくりに行こう。

誰もがこの私の旅に私の終わりを見届けたつもりであったろう。だが、私は一人、本来の「朴 泰植」に戻り、本当の自分探しをこの先の人生に全てを賭けて生きたい。

喫茶店のスポーツ新聞に「新聞営業」の求人募集に住み込みとあった。営業ならやれる自信がある。とにかく今のこの状況から抜け出し、地に足を付けて前を見れるようにするのが、今私に必要な行動だ。

東京拘置所にいた頃、弁護士先生が、「梁川さんの歴史話は最高におもしろいので、一度自叙伝を書いてみて下さい」と言った事を思い出した。

私は間髪入れず、旅の準備をした。旅の先は「長野県松本市」である。身の回りのものだけを私の車（セルシオ）に詰め、ハンメの育てた私の次なる旅が始まった。私の回りの全ての人は「梁川はも

う終わった」と断定する事当然であったろう。

だが、私の中に生きる大いなる潜在能力を甘くみてはいけない。人生への挑戦にない者達の浅はかさを必ず常にいつ何時にも私個人の力によって教え伝えてゆくのが、ハンメの育てた私の人生であろう。

ポケットにたったの十万円を入れて旅立った。私にある全ての財産は息子の為、離婚した彼女に全て置いて来た。それは女性に甘く、優しい私の最後の彼女へのケジメの中での男としてであった。

「さあー行くぞ！」誰も知らない街へ。

「犬も歩けば棒に当たる」「人間が歩けばもっと何かに当たる」

私は私の星を信じて、天にある試練の向うに向かって一人、答えの見えない道路をただ々走ってゆくのであった。誰も知らない中でたった一人になった私の中でのこの解放感のすがすがしさ、誰にも気を使わせない、そして誰にも気を使わない。私の今までの過去にない、軽い肩の上、「よしっ、一丁自叙伝を書いてみよか」と決意した。

私の自叙伝、それはハンメの一生でもあった。

「ヒデ、がんばれや」

私が成功しなくては私を育てたハンメの一生も成功しない。自叙伝の意味もない。五十二歳にしてまたもや親分を獄中に残して、天下のみなしごになった私。

「こうでなくっちゃ、わしやないで」

長野県松本市内の新聞営業所に到着した。昔よく自宅にやって来る新聞屋の営業員をイメージしていたが、なんと新聞の営業は販売店とは別に組織されていたのだ。新聞の営業専門会社の事を「拡張団」と言って、そこに所属する営業員の事を拡張員と呼ぶのだ。初めて知った世界だ。

松本市内から見る風景が素晴らしかった。一月の冬景色は遠い山々に輝く白雪が眩しく、空気が気管を掃除してくれるかの如く美味しい。

私は一ヶ月目から好成績で先輩をよそに全体の三位に入った。ただ々当初は朝八時~夜七時まで一日中歩いての成績だった。出所後一〇五kgになっていた私の体重もあっという間に九七kgまで減った。

元サッカー選手でヤクザの会長までなった私がこの拡張員という会社に足を入れてしまった事に少々恥ずかしさもあったが、「人の仕事に恥ずかしいものなど無い」だ。

一生懸命働く日々に差別などもっての他だ。遠い昔の母やハンメの仕事が人から見てどのように映ろうが、生きる為の立派な仕事ぶりであった。見た目だけの偏見こそが差別されるべきであって、生きる為の仕事にプライドを築いてこそ、世知辛い世間に勝てるのだ。そして桑田親分の元気に社会復帰するその日の為、たくましく負けていない私の姿をもって迎える事が親分への恩返しであり、最後に出来る私の役目と信じている。

だが、だがである。

「天の神よ、なぜなんだ」

五十二歳の私にまたもや誠のみなしごになれと言うのか、「晴天の霹靂」何度この言葉を私の過去の人生の中で使わされたか知れない。

四代目山健組Ｋ・Ｉ親分からの報せが、その秘書から突然入った。

「桑田親分が肝臓の悪化により、危篤状態に至り、八王子の医療刑務所より執行停止となって、現在大阪の病院に移送されています。Ｋ・Ｉ親分が梁川に連絡して桑田親分の最後になるかもしれない顔を見たってくれとの伝言です」

医療刑務所から執行停止で病院に移送されるという現実は死を意味する。私は長野県松本から大至急に大阪へ飛んだ。桑田親分が入院する病室の前には山口組幹部や他団体の幹部達が群がるように集合していた。四代目山健組Ｋ・Ｉ親分が私に告げる。

「梁川、おやじの顔よう見たってくれ」

私は病室に入った。そこには姐さんもいた。

「梁川さん、うちの人の手を握ったって」

桑田親分は人口呼吸器に状態をうねらせ、意識なく、大きく呼吸するに至っていた。私は親分の手を両手でしっかり握って叫ぶ。

「親分、梁川です！　元気出して下さい！　親分！　親分！」

意識のない親分がしっかり手を握る私の手を握り返す反応をはっきりと感じた。桑田親分は「梁川が手を握っている」事をきっと分かっている。いくら「親分！　親分！」と叫んでも桑田親分は目を開けてくれなかった。ただ親分のその手だけは私に応えてくれていた。

四代目山健組K・I親分から隣の部屋に呼ばれた。

「梁川もなこれから色々頑張っていけよ」

K・I親分は、組織とはまったく関係が無い今の私に対して、桑田親分の最後の姿と対面する機会を快く私に与えてくれたのだ。

「このK・I親分は人間の体温を本当に知ってくれている侠客人だ。本当にありがとうございます」

私は心の中で何度も何度もK・I親分に真の心から感謝した。桑田親分の心臓は幾日間、激しく動いていたが、その限界は目に見えていた。そしてそっと力尽きた。

享年六十九歳　桑田　兼吉親分

私は久し振りに守部村の武庫川の土手に登り、夜空にある星の輝きの下、一人ビールを飲んだ。

「きれいやな。ほんまいつ見てもここから見る無数の星はほんまにきれいわ」

武庫川の流れる静音はいつも私を慰めてくれる。

「あれやな、あれや、あれが親分星やな」

その親分星の輝く光が、ある歌と共に流れるように私の耳に入って来た。
「あの頃を振り返りゃ　夢積む船で
荒波に向かってた　二人して
男酒　手酌酒　演歌を聞きながら
なァ酒よ　お前には　わかるか　なァ酒よ」
「親分、いつ聞いてもあんまりうまないですね」
ハンメの星もそう言っていた。
その夜、私の涙は武庫川の流れと共に大西洋の大海原と向かって行った。

長野県松本では三ヶ月間、拡張団として営業をした。その後、私は神戸朝高時代の同級生がいる東京へと行った。そこでは寮のある新聞社の拡張団に入った。この東京では、同級生蘆　羽鉉の紹介で在日朝鮮蹴球団の四つ先輩にあたる任　達文兄さんが代表の五十歳以上のサッカーチームに入る事にした。任　達文兄さんは私の過去を知っていて、「ムグンファサッカーチーム」にて温かく迎えてくれ、とても優しくしてもらった。
東京都リーグに加盟しているチームで、その実弟は、任　浩文といって在日蹴球団の一つ後輩で懐かしく会話に花を咲かせた。そのまたすぐ下の妹は金剛山歌劇団のスターで「オモニ」という韓国料理店を池袋に出していた。

蘆 羽鉉の紹介で同級の島本 秀雄も昔ながらの親友だ。彼は空手の師範にあって日々個人ビジネスに励んでいた。こうして懐かしい面々と触れ、心も豊かになっていった。

しかし世の中の不景気にあって皆の生活は楽とは言えない。東京でも三ヶ月営業をしたが、東京のゴミゴミしたビル街の中、回る営業は心を狭くさせるばかりで神経的に合わなかった。そこで運の哲学にある私の感性が訴えた。「場所を変える方式を使え」と。

コンビニですぐにスポーツ新聞を買い、求人募集に目をやった。そこには茨城県古河市を拠点とする拡張会社が載っていた。古河と言えば私が小さな頃、サッカー王国で有名だった所だ。何か他ではない親近感を持つ事、すぐに決心した。

古河市の拡張会社に電話を入れ面接に行く日を決めた。当日、同級生の蘆 羽鉉もヒマがあったので、私の車で一緒に行くことになった。最初にビックリしたのは、古河市内に入ると道路の真ん中にカボチャが落ちていた事だ。「のどかな街やな」。

面接では、拡張会社の平という姓の社長からいくつかの質問があったが、話しはすぐにまとまり、古河での生活を始めることになる。

茨城県古河市は広々した土地に農家中心の街に感じた。「いい所だね」私は常々田舎に憧れていた。新聞の営業の方も一ヶ月目「四十一の契約」を取り、まぁまぁやれたがサービスに気前の良い私はさほど儲けはなかった。それでも精神的には落ち着きを取り戻していった。

ただ単に良い暮しをしたいと思っていたなら、昔、惚れられていた銀座のチーママ達から常に誘いの電話が入ったので安定した生活はどうにでもなったろう。そこはニワトリの頭、私である。ヒモみたいな男には絶対ならない。いくら困っても昔の若い衆を頼る事も一切したくない。私が私である為には、常にニワトリの頭でなくては自分の尊厳を失い、大いなる事業家らに対してもこの先の説得力に劣る事未来がない。今はじっと耐え、運の哲学に従うのみが新たな道に明日を開く光が向うから私を照らしてやって来ると信じていた。

誰も私を知らない街、古河。この晴れやかさはなんなんだろう。古河はとても過ごしやすかった。人は金の高さだけでその人格を見ようとするだろうが、私は人の心の高さでしか人格を評価しない。金の力には限界があるだろうが、心の奥底には無限にあって、金を越えた大いなる人財に巡り逢える運の哲学を信じていた。本来の「朴 泰植、ヒデオ」を必ずこの関東の地で取り戻してやるのだ。神戸の有名な美人占い師はその昔、「梁川さんは関東にて大成功する人です。常に関東を向いて進んで下さい」と進言された事があった。今、自然とそこに向いている。裸のオッサンではあるが。

古河の平社長は地元でよく飲みに連れて行ってくれた。元々東京出身の人だ。古河にて新聞営業の日々は楽しく続いていた。お客さんによってはその事情から、不正にある「バク（新聞代を私持ちで約束する）」を打つ事もあった。それも前向きな営業の一つと成ってゆくのが新聞屋とも言えた。度が過ぎると身を滅ぼす事にもなりかねないが。だが、気前の良い私にとって新聞契約の利益は少々すぎる。「レッツビギン！」とにかく何かをやろう、そう考えていた。

古河にて新たな彼女「京美」という女性に巡り逢えた。彼女「京美」には離婚した前夫に「藍」というかわいい娘十歳の子がいる。地元農家の娘でとても明るい女性だった。夜、彼女の仕事が終わった後、レストランデニーズで毎日明け方まで話しに花を咲かせた。自然と男と女になっていた。楽しかった。本当に楽しい日々が続いた。

「この子の為にもそろそろ何か動かんといかんな」

無一文の私にとって、彼女の存在はその明日の為の光を与えてやらなくてはならない。古河の田舎にあって関西弁の私は無一文、こんなどこの馬の骨とも知れない私を信じてついて来てくれる私より十二歳年下のそんな彼女に夢ある明日の光を私の力によって与えてやるのが、男と女にある男であろう。彼女の心底からの明るさに私の中にある大いなる散在能力がじっとしていられなくなっていた。

無一文の私が新たに何をどう起こすのか、大変難しいスタートを切らなくてはならない。

まず「経済交流会」として同級生、先輩、後輩を集め、会費一万円の食事会を一ヶ月一度のペースで行う。利益主義なる組織として、不景気にある現在にお互いの力を借りる組織として夢を与えるのだ。この会には十名以上が集まった。目の前に特別なビジネスはなくても人が集まる論理に必ずそのビジネスは必然的に生まれる理を私は感じていた。

私は運転代行業を能率的にあげる方法として、世界最小バイクの製造を進めた。本田技研の元技術者に頼み完成させ、「アシストワン」の誕生を実現させ、会社も設立した。

従来の運転代行業は二人一組で軽自動車に乗ってお客さんの車を送ったあと、二人でまた帰って来る。この二人にかかる経費を世界最小バイクを利用すれば、バイクを使い一人でお客さんを迎えに行き、お客の車のトランクにこのミニバイクをしまい、送り届けた後、トランクからミニバイクを降ろし、一人で帰って来る。この方法なら二人いる人件費が一人で済み、ミニバイク（原付）税年一千円で車検もなく、車庫もいらない。軽自動車よりも数段経費もかからず、利益も増進と考えた。この世界最小バイクは重量二一kgで長さ八〇cm前後とあって女性でも軽く持てる。このバイクの取材にあって新聞、埼玉版、茨城版に大きく記事となった。

だが、これから先の商売にあって、生活は苦しかった。そんな中、彼女の内助の功に助けられた。彼女は私のやる事に全力で応援してくれる。いつも明るく笑顔いっぱいで応援してくれる。だからこそ、「やらねばならない」私が明確にあってそこにいた。そしてこの日々なる彼女の明るさがきっと光る未来をひきつける一つの確信でもあったのだ。

金はないが、心の宝がある。これこそ真なる金にない成功の道なのだ。明るい中に金はあとから勝手に付いてくる。それが私の言う心の金持ちであり、財を真に成す道となるのだ。

とは言え、生活の苦しさに不安がない訳ではなく、私にあるプレッシャーも相当なものとなっていた。そんな時、同級で親友の島本 秀雄が、「建設会社を設立しないか？」と相談があった。人脈はそれなりに「経済交流会」で揃った。あとは自ら、ビジネスを進めてゆく事と課題は残っていた。建設なら私も過去それなりに実績と経験がある。資金は全て島本が段取りした。

私が代表取締役会長となり、島本を代表取締役社長とした。こうして東京池袋にて旋風を巻き起こす建設会社をスタートさせたのだ。社員も六名入社させ、日々私は営業に走った。いくつかの解体の仕事も取ったが、利益は少ない。しかし、それなりに大手ゼネコンとの仕事も入り、未来にこの会社が光をはなつ予測には確信を得ていた。

私の年間所得も生活に支障なく安定した。全ては友、島本のおかげである。裏返せば私のおかげにある島本の人生に花を添えてやりたい。ただ、私のもつ営業能力はその共同経営の柱でもあった。そこに全く堅気だが以前より兄弟付き合いをしていたサービス業社長が私達の顧問となり、巨額な資金を投資してくれ、我が会社はその未来に大勢の人脈が共に夢を描いていった。その中に新たなブラザー池田 和男氏が金石の友となった。このような友は本当に嬉しいものだ。今、希望と夢との実現は友の中にある。

「友よ遠方より来たる」昔の人はよくそう言って妻をおしのけてでも友との友情を大事にした時代があったが、世知辛い今の世の中にあってもそういう昔堅気の友が存在している事の現代に感謝と共にその喜びを天の神に伝えた。

古河の平社長も私の過去全てを知ったあとも大いに支援してくれていた。何かの縁だが、本当に嬉しい人物だ。私の新聞の仕事はすでに辞めていたが、平社長の会社になんらかのトラブルがあれば常に飛んで行くようにしていた。

ただ、建設業の営業だけでは私の元来持す全体的感性が閉じこもってしまい過ぎていた。もっと私にある奇跡なる感性は何かに役立つはずなのだが、しかしそれがなんなのか全く見えない。そういう心の毎日にあって悶々とした私に直面していた。


ある昼過ぎ、平社長とあるレストランで昼食を取り、酒を飲んでいた。

その時、世界をも震撼させる悪夢なる歴史の一ページがこの日本国にて発生したのだ。

二〇一一年三月十一日午後二時四十六分
茨城県古河市のレストランにて平社長と私との食事中、いきなり強烈な揺れにあった。最初はいつもの地震ぐらいにしか思わなかったが、その揺れは次第に一層強力となり、長時間に渡って私達を襲い続けた。レストランの客はその揺れの激しさと長さに驚き、一斉に店から飛び出した。私と平社長も身の危険を感じ、店の外にある駐車場に出た。その駐車場に立つ私達にもこの地震の揺れは終りなく襲い続けた。いく時過ったのかその地震はやっと消えた。

「平社長、すごかったね」

「梁川さん、これは相当あちこちでやられてるよ」

私と平社長はそれぞれ自宅に戻ってその被害の確認に急いだ。

私の自宅はすでに彼女「京美」も駆けつけていた。「キョン（京美）の家、大丈夫か？」

「うん、ちょっと物が落ちて壊れたけど大した事なかったよ」

私の部屋は台所のレンジ、ジャーなど、細かい物が床に落ちた位で大きな被害には至っていなかった。そしてすぐテレビをつけた。東北地方全体に大きな地震が起きたと報道されていたが、その時はその津波の恐怖を知る事皆無であった。だが、日が過つ事その地震にある津波なる被害に私は「天の神」を恨んだ。

大至急、仙台市の先輩を見舞いに行き、その浜の悲惨さを目の当たりにした。東北地方を襲った津波は歴史的な恐鬼流で二万人以上と言われる人命を奪った。テレビの中の世界は作り物しか見えない。だが、悲しむヒマ無く、紛れもなく、この映像は現実のものであった。いくら一人の私が天を突くほど叫んだとしてもこの津波の現実は変えられない。

「わしのやってきた事なんてちっぽけな事やないか」

被災者達の今にある現実は私をアリの一穴に放り込んだ。

「みなしごがなんじゃ！」「金がなんじゃ！」「貧乏がなんじゃ！」「わしがなんじゃ！」

小さい私などどいくら能書きを言ってもあまりにも小さすぎる。自分のあまりにも小ささに悔し涙を流し続けたあの地震以降。神戸の地震の時は隣の都市、大阪にいた。今回の地震では東北の玄関口茨城県にいた。私はこの短い人生に歴史的な震災を肌に触れるすぐ横にいて二度も目の当たりにしたのだ。

「天の神」を恨む以前に「天の神」から私への真のメッセージを感じなくてはならないのではない

か。そのメッセージがなんなのか、もしその真がわからない私なら、もはや「ハンメの詩」は詩ってはならない。こんな形で悟りに目を開く事に己の恥を知ったが、知った以上、ハンメの育てた私の人生はもしかして今から始まってゆくのではないか。

朝鮮人だと言われ、見えない差別にあっても、元ヤクザだと横目で見られ区分けされようとも、みなしごの貧乏人だと見下げられても、私を育てた「ハンメ」の愛なる真実だけは誰からも差別させない。決して正しい人生を歩いて来た訳ではない私。正義と悪魔との行き来、自慢出来るものなど何一つ無い私。今は地上にて天下の大いなるみなしごだ。

だが、全宇宙にあっては永遠なる愛、ハンメが常に私をみなしごにはしない。たった一つ信じるものがある私は、ある意味人生の成功者かもしれない。だが、ハンメの育てた私は己、人の温もりの中で生きていては、私を育てたハンメの永遠なる愛に背く事生きる値うちなど一つも無い。

自分だけが知ってる真実。売名行為と言われても自分を騙せない真実があれば、それが人の道にある真実、ボランティア精神、それは日本古来にある歴史の魂ではなかったのか。暴力団なんかじゃない。一般人の中に任侠精神（ボランティア）があってこそ、普段なる暮しの中に助け合う平和が存在しうるのではないか。

今大事な事は、敗北者とは違う弱者の立場にある人達への支援にあるのではないのか。だが、こんなきれい事を言うちっぽけな私に一体どのような社会への貢献が出来るというのだ。

己が食う事に精一杯の私に一体何が出来るというのだ。しかしハンメの育てた私はやらなければハンメの成功も無い。この体一つでは社会貢献なる言葉は言葉でしかなくなる。「天の神よ、金儲けさせてくれ！」法治国家に則り、合法にある事業にて「利益を上げさせてくれ！」。

その金の使い方によって心の宝物になるのだ。まず私自身を清め、清めたその手で何か社会に尽くしたい。

「ハンメに誓うよ」かわいい「ヒデ」になって、社会の為にある私になって、いつかハンメのいる星の仲間入りをしたい。

「人は赤ちゃんとしてこの世に誕生する。
そして自分の為にだけ毎日泣き叫ぶ。
日々過ちを繰り返し成長してゆくのが子供。
理性にある大人として世に挑むも

下手を重ねる事人間の子である。

人間が善に向かってもがく時
社会はその更生に熱い手を差し伸べてこその人間社会。

偏見と差別は新たな犯罪人を育てる業務に過ぎない」

「よーしっ！　ハンメ！　やったるでぇー！」

人は人を愛して死んでゆくんや
決して人を恨んで死んだらあかん
人間ってほんまはみんなええ人だらけやから
「ヒデ、人間なれや」

ハンメの詩　完

私の思う在日とは？

朝鮮半島人系には三つ目の国籍が新たに生まれているのかもしれない。

終戦後、日本にいる朝鮮人は、その苦にある大いなる孤児状態と至り、その大半が元々一つの朝鮮半島に帰国していったが、そのまま日本に滞在にあった朝鮮人が在日として呼ばれ存在した。その時の朝鮮半島人全ての国籍が「朝鮮」しかなかった。

その後、朝鮮半島は各々南北に分断され、南は大韓民国（韓国）、北は朝鮮民主主義人民共和国（北朝鮮）という形で独立した。日本国内に留まっていた朝鮮半島人は当初からの国籍「朝鮮」をそのままにしていたが、韓国の成長と共に日本においての便利性もあり、韓国籍に変更する人達が急激に増えてゆく。元々北朝鮮支持でもない朝鮮半島人であっても現在「朝鮮籍」のまま日本に暮している人が沢山存在しているのが現実であって、その人達全員を含め、「在日」と私は言う。

このような国なる孤児「在日」という立場は「韓国籍」「朝鮮籍」どちらにも属さない事、紛れもなく三つ目の「在日籍」と考える。日本国内で「在日」と言えば、朝鮮半島人の事を意味する。決して他の外国人を見て単に「在日」とは呼ばない。私は幼い頃から在日にある「総連」「民団」両組織と関わって来たが、私の祖先なる地がたまたま韓国内にある事の理由と日本においての便利性のみにあって「朝鮮籍」から「韓国籍」に変更するに至った。

私は日頃から朝鮮半島人全体、一つの「朝鮮コリア」なる平和の意味をもって「朝鮮人」（朝鮮読みではチョソンサラン）と呼ぶようにしている。そこになんら区分けした思想的背景は一切無い。私の息子は母親の「日本籍」にした。日本で生まれ育ったらその魂は基本的に日本人でしか形式されてゆかないからである。

現在の妻も日本人にあって、私も「日本籍」を所持するになんの戸惑いもないが、私なる過去を持す者には中々その道、帰化は日本国が開かない。しかし、私は新たな新人類なる三つ目の国籍、「在日籍」に留まる事そう嫌ではない。

「経済人　ソフトバンク　孫 正義」

「学者　東京大学教授　姜 尚中」

優れた「在日籍」にあった人達はこの日本において大いなる大活躍をしている姿、この日本にあって「本当に嬉しい」。

私がこの先いくら小人であったとしてもこの日本国内の中にあって、何か日本社会に尽くせる活躍がしたい。それは新人類「在日籍」皆の思いではなかろうか。

〈主な登場人物の現在〉

新田 三彦（守部村の幼馴染の親友）
――貿易商として現在、中国や韓国から繊維関係を輸入する会社を神戸にて経営し、国内大手販売会社と堅く商売している。

都 亢基（守部村の幼馴染の親友）
――現在神戸にて株式会社 都産業を設立。最終処分場を経営し、社会的にも認められた立派な人物となっている。

ソンギュン（守部村の幼馴染の親友）
――意味不明な言動に廃人と化し、超長髪（ロングヘアー）にて守部団地あたりを走り回っているとの事。

金 正秀（在日朝鮮蹴球団同期）

——千葉県浦安にてキムチ屋・ラーメン屋（金ちゃんラーメン）を三十年営み、現在もその商売を以て繁盛させている。

金 光浩（神戸朝高のサッカー部キャプテンの先輩）

——二十代にて北朝鮮代表としてワールドカップ予選に出場。北朝鮮代表がワールドカップに出場した際、コーチとして参加。ＪＦＬの日本チーム監督も経験。現在、高等学校のサッカー部監督として後進の育成に活躍している。

クラブＪ善恵ママ

——二〇〇八年、病に倒れこの世を去った。

サンセット咲絵ママ

——尼崎市内においてラウンジ最長経営年数にあって、現在も営業し、励んでいる。

息子の母彼女

——現在も大阪にて日々、仕事に頑張っている。

息子兼玄
――私の元で東京の高校に通い、ボクシング部に日々精を出し、張り切っている。
名古屋の兄
――名古屋にて優良建設会社を育て、現在次男にその二代目を譲り日々元気に過ごしている。
平 義範（茨城県古河市の新聞販売店所長）
――日夜新聞なる拡張員への育成と教育に励み立派な繁栄振りにある。
朴 勝男（神戸朝高時代のサッカー部監督）
――京都市内にて讃岐うどん店を営み、夫婦共々仲むつまじく過ごしている。
島本 秀雄（同級の親友）
――建設会社社長として私のサポートに日々汗を流してくれている。

〈追伸〉
関東に流れ着いた私にあって家族のように温かく接して頂いた豊川家ファミリーへの御感謝と心よ

りのお礼をこの書を借りて申し上げたく存じます。
「こんな理解しにくい私を今日まで温かく見守って頂き、本当にありがとうございます」

豊川家ファミリー
長男　任　達文（元在日朝鮮蹴球団の大先輩）
——元天才プロボクサーにあって現在、東京都リーグムグンファクラブ代表。
妻　明美
——嫌な顔一つせず、私の激論をいつも優しい笑顔で明け方まで聞いてくれる美人な姉さん。
次男　任　英文
——知的で上品な話し方で大きな腹で接してくれる。
三男　任　浩文（元在日朝鮮蹴球団後輩）
——いつも明るく美声なる歌を聞かせてくる笑顔に目が消える後輩。
末妹　任　ヒョンスク（元金剛山歌劇団のスター）
——皆の憩いの場にある韓国料理店「オモニ」を経営するそのパワーに容姿、スタイル共に群を抜いている。

池田 和男（サービス業社長）

――任 達文先輩の紹介にあって真のブラザーとして大応援してくれる金石の友。

松田 和子

――飲食店「オモニ」のママ紹介。池袋でエステサロンを経営する美の伝道師。

この度は乱筆乱文にある私の自伝原稿をパソコンにて丁寧にまとめて下さり、心よりご感謝申し上げます。本当にありがとうございました。

〈私の現在〉

朴 泰植

梁川 玄太郎

・建設会社（東京）会長

・不動産会社（大阪）顧問

・サンケイ新聞総和店　東京エリアトータルキャプテン

・世界最小バイク　アシストワン事業　代表

・日東国際学院（神奈川）留学生募集担当第二部室　部長

・げんたろう後援会オフィス設立（茨城　古河）

ハンメの詩

梁川 玄太郎　朴 泰植自伝

2012年11月20日〔初版第1刷発行〕

著　者　梁川 玄太郎　朴 泰植

発行人　佐々木紀行

発行所　株式会社カナリア書房

〒141-0031 東京都品川区西五反田6-2-7 ウエストサイド五反田ビル3F

TEL 03-5436-9701　FAX 03-3491-9699

http://www.canaria-book.com

印刷所　株式会社シナノパブリッシングプレス

装　丁　田辺 智子

D T P　ユニカイエ

ISBN978-4-7782-0236-1 C0036
